副詞 と 文

工藤浩 著

ひつじ書房

はしがき

1) 副詞と 文とに かかわる、いちど 発表した 文章を あつめた 論集で ある。改稿は こころみる ことも できず、およそ 字句の 訂正 明確化 に とどまった。

　わかい ころ、時枝文法の 副詞論に 批判の きもちを いだいてから、副詞の 再編成を めざした 比較的 きめこまやかな しごとに つかれてきて、おおきな みとおしが ほしく なってくると、文や 叙法性の おおきな 構想の スケッチに むかっていく 展望を もとめた ようだ。研究の こころの バランスを とっていたのだろうか。まずしくも、気くばりを わすれない 精一杯の しごとであった。「もくじ」の 部だての なづけには 多少の おもいが こめられている。論の ねらいを よみとって いただければ ありがたい。

2)　B部の「情態副詞」の 章末に「ついに、「ハキダメ」からの 逆襲の ひぶたは きって おとされたのである」(本文 p.194)と かきつけた あとしまつとしては、ウェブサイト「三鷹日本語研究所」の「ノート」の ページ：
　　http://www.ab.cyberhome.ne.jp/~kudohiro/note.html
に、試論(essay)とか 批評(critique)とか いった 文章を、不定期だが かきついだり かきためたり している。いっしょに 関心を もっていただけるのなら たいへん うれしい。ウェブサイトは、引退した 年金生活者に かんたんに つくれる、気ままで 率直な 発信地なのである。「権威」は ないが、いちど きてみても ソンは しないと おもう。通信費だけ あれば、関心欲と 共感とで つながりうる 世界が つくれるのだ。

3)　去年 仁田義雄さんから おもいがけず 出版を すすめられる 幸運が あり、ことばに あまえた。ことし 2016 年は かぞえ 70 歳の 古稀に あたり、ものぐさものの わたしも みづから ことほぐ しごとが ひとつ できた。激務に いそがしい 仁田さんに 同時代的な 配慮の いただけた ことが ありがたかった。孤立しては いなかった のだろうか。

　　2016 年 古稀の としはじめに　　　　　　　　　　　　工　藤　　浩

も く じ

はしがき ……………………………………………………………… iii

A　副詞論から《かざし》論へ ……………………………………… 1

叙法副詞の意味と機能 ……………………………………………… 3
評価成分をめぐって ……………………………………………… 59
限定副詞の機能 …………………………………………………… 81
程度副詞をめぐって ……………………………………………… 99
「どうしても」考 ………………………………………………… 123
「たった」は副詞か連体詞か …………………………………… 159
「もし線路に降りるときは」という言い方 …………………… 167
［書評］渡辺実著『国語意味論―関連論文集―』……………… 173

B　「はきだめ」の 逆襲と 再生と ……………………………… 183

「情態副詞」の 設定と「存在詞」の 存立 ……………………… 185
山田文法批判 ぬきがき ………………………………………… 195
日本語の文の時間表現 …………………………………………… 209

C　文から《叙法性》へ ………………………………………… 225

現代日本語の文の叙法性 序章 ………………………………… 227
文の機能と 叙法性 ……………………………………………… 255
こと‐ばの かた‐ちの こと …………………………………… 277

D　みとり図 2 葉 ………………………………………… 287

1) 語と文の組織図 …………………………………… 289
2) 動詞述語のパラダイム …………………………… 290

初出一覧 ……………………………………………………… 291

A

副詞論から

《かざし》論へ

叙法副詞の意味と機能

その記述方法をもとめて

0. はじめに

0.1 目的と対象

　表題にいう〈叙法副詞〉とは、筆者の理解では、山田孝雄1908の「陳述副詞」の一部、ただし、中核的な一部を占めるべきものである。山田は、用言の、ひいては「句」の二大要素として、〈属性〉と〈陳述〉とを考え、それに応じて「語の副詞」を「属性副詞」と「陳述副詞」とに二大別したのであった。山田の「陳述」という用語は、その後、あいまいなもの、未分明なものとして批判され、渡辺実1953・1971の「叙述」と「陳述」や、芳賀綏1954の「述定」と「伝達」に代表されるような精密化を受けてきた。と同時に、その精密化の流れの底流には、文が大きく二つの側面に分かたれること、すなわち、詞的か辞的か、客観的か主観的か、対象的か作用的か、ことがら的か陳述的かなど、学者により用語はさまざまで、したがって内容にも異なりがありはするものの、文にそうした大きな二側面あるいは二要素があることは、多くの学者によって共通して認められていると言ってよいように思われる。

　本稿では、「陳述」というある意味では手垢のつきすぎた用語を、そうした二大別の一つとして、つまり広義に用いることにしたい。すなわち、〈陳述性・のべかた・predicativity〉という用語を／単語や単語の組合せ（連語）を、文として成り立たせる諸特性／と仮に定義して用いることにする。この〈陳述性〉という用語のもとに、具体的に何を理解すべきかについては、まだ分からないことが多いが、少なくとも、

　　　叙法性・かたりかた modality
　　　評価性・ねぶみ　　　evaluativity

題述性・係結び　　theme-rheme
対比性・とりたて　focusing

などが、問題になるだろう。
　こうした文の陳述性のうち、副詞あるいは副詞的成分に関係のあるものとしては、a）叙法性、b）対比性、c）評価性、の三つがあると思われる。例を挙げれば、

　　a）<u>たぶん</u>晴れる**だろう**。／<u>どうぞ</u>来**て下さい**。／<u>はたして</u>ある**だろうか**。

など、推量、依頼、疑念といった、文の語り方＝叙法性に関係するもの、

　　b）<u>ただ</u>君**だけ**が頼りだ。　／　<u>少なくとも</u>十年**は**かかる。

など、限定、見積もり方といった、文の特定の部分の「とりたて」——つまり、表現されていない、他の同類の物事との範列的 paradigmatic な関係づけ——に関係するもの、

　　c）<u>あいにく</u>雨が降ってきた。　／　<u>奇しくも</u>その日は父の命日だった。

など、文の叙述内容に対する話し手の評価・感情的な態度に関係するもの、の三つである。こうして、筆者は現在のところ、陳述副詞について、

陳述副詞 ｛ a）叙法副詞
　　　　　b）とりたて副詞
　　　　　c）評価副詞

のような見取り図をもっている。
　本稿は、このうちa）叙法副詞を対象とし、その本格的な記述の前段階として、若干の方法論的な問題について検討することを目的としている。

なお、b) とりたて副詞については、工藤浩1977で「限定副詞」という名（これは渡辺実1957に従った）で概観したことがある。c) 評価副詞については、工藤浩1978で「注釈副詞」の一部として言及した。ただこの工藤浩1978は、事実の面でも理論の面でも混乱があり、本稿において修正が加えられることになる。結論だけ言うと、「注釈副詞」としたもののうち、評価的・感情的なものだけを評価副詞として残し、その他は叙法副詞のなかに、〈下位叙法 sub-modality〉の副詞として繰り入れることにした。

0.2　資料

本稿は実態記述そのものをめざすものではないが、用法の使用量のかたよりが、その語の性格規定に重要な意味をもつという主張を含んでおり、随所に計量的記述がある。その場合の資料は、論文末に掲げる84の作品から全例採集しカード化したものである。＊印をつけた25の作品は西尾寅弥・高木翠が、それ以外は工藤浩が採集した。後者については、複数の人間によるチェックを受けていないため、採集者の不注意による採集もれが皆無とは言いがたいが、大勢に影響するようなことはないと思われる。

また、資料作品の書かれた時代が、1898年〜1974年にまたがり、作者の出身地も全国にわたり、通時的変化や方言的差異が問題になるような用例も含まれている。ジャンルのかたよりもある。これは、共時的研究における資料の等質性という点からは短所であるが、使い方次第では長所にもなりうる。特定の用法がある時期にかたよったり、ある作者にかたよったりすることが分かれば、通時的変化や方言的・文体的異なりを推測する手がかりとはなるだろうし、それらを除いて集計しなおすこともできるのであるから。ただ、そういう理想を言うには、本稿の資料は貧弱すぎるのではあるが。

ところで、本稿ではこれ以上、そうした資料の性格については、議論しない。とくに議論しなくても論旨に大きな狂いの生じないことに、話を限ったつもりである。なお、資料の引用に際し、漢字字体と促音・拗音表記は、印刷の便宜にしたがった。

1. 「叙法」と「叙法副詞」について―その予備的規定と概観

1.1 文の叙法(性)modality という用語は、動詞の形態論的カテゴリーとしての(叙)法 mood に対応する構文論的カテゴリーとして用いることにするが(鈴木重幸 1972)、しばらくは両者の違いは見ない。叙法(modality, mood)の規定のしかたとしては、大きく分けて、二つの立場がある。ひとつは、文の事柄的内容に対する話し手の(心的)態度、といった主体的・作用的な側面から性格づける立場であり、もうひとつは、文の事柄的内容と現実との関係、とか、主語と述語との関係のありかた、といった客体的・対象的な側面で性格づける立場である。

こう言えば、日本文法の世界では「(不)変化助動詞」をめぐる金田一春彦と時枝誠記との論争が、すぐ思い浮かぶ。英文法の世界では、筆者のとぼしい知識のかぎりでも、O.Jespersen (1924) の mood の定義「文の内容に対する話し手の心的態度」(訳本 p.460) は、前者の代表であり、彼によってあまりにも簡単に批判された H.Sweet (1891) の mood の定義「主語と述語との間の色々異なった関係を表わす文法形態」(訳本 p.118) は、後者のひとつの代表と言えそうである。

ソ連のロシア語学においては、これまた、管見のかぎりで言わせてもらえば、В.В.Виноградов (1955) に代表される「発話(речь)の内容と現実とのさまざまな諸関係を文法的に表現する諸形式」(p.268) といった、客体的に規定する立場が主流をなしているようである。そのさい Виноградов はまた、「具体的な文では、人称性・時間性・叙法性の意味は、話し手の観点から定められる。しかし、その観点自体は、発話の瞬間における、話相手との関係、および、文に反映され表現される現実の〈断片・切れはし〉との関係の中における、話し手の客観的な位置によって規定されるのである」(同頁) と述べることも忘れていない。ちなみに、この論文とほぼ同一内容のものが、1954 年のアカデミー文法のシンタクスの序説の一部におさめられている。1970 年と 1980 年のアカデミー文法では、叙法性を、客観的なものと主観的なものとに二分して扱っている。客観的叙法性とは、「文内容と現実との関係」であって、主に動詞の法 mood や文音調によって示される；主観的叙法性と

は、話し手の文内容に対する関わり方(отношение 関係〜態度)であって、語順や文音調や挿入語などの補足的な文法手段によって示される；という。

　В.З.Панфилов (1971, 1977) は、これらの問題を、文の形式的シンタクスのレベルと、文のアクチュアルな分析(伝達機能的シンタクス)のレベルという、二つのレベルの別に関連させて、再編成しようとしているようである。これが、V.Mathesius をはじめとするプラーグ学派の流れをも汲むものであることは疑いない。その点では、イギリスの Halliday (1970) が、Modality を interpersonal な機能のものとし、quasi-modality による Modulation を ideational な機能のものとして区別しつつ、その絡みを見ようとしているのも、同趣のものと言えようか。【そのほか、Hintikka (1969) や Lyons (1977) に代表されるような様相論理学からのアプローチも盛んである。】

　こうした研究が、従来の「未分化」な研究を精密化するものであることは間違いないとしても、旧来の主体―客体の理論的対立を止揚し得るものなのか、あるいは、問題を分割しただけにとどまるのか、今の筆者には判断できない。――といったところで、筆者は、自らの領分である日本語の現実に立ち戻らなければならない。

　ところで、こうした、主体的な面から規定するか、客体的な面から規定するかという理論的対立があるということは、じつは裏を返せば、規定されるべき現象にその両側面がある、ということでもあろう。Виноградов も明言していたように。そして、日本でも金田一春彦 1953 が、結局は一方を切り捨ててしまうのだが、一応は指摘したように。たとえば、「彼も行くらしい」において、ラシイと推定しているのは誰かと問えば、それは話し手である(作用面)し、行クラシイという蓋然的な状態の主は何(誰)かと問えば、それは「彼(も)」である(対象面)。つまり「らしい」は、前者から見れば／話し手の推定的な態度／であり、後者から見れば／一定の蓋然性／、くだいて言えば、「彼(も)行く」という事柄内容が、現実との関係において一定の蓋然性(ラシサ)をもっていることを意味している。金田一は前者の見方を否定するのだが、その後の、渡辺実 1953 や南不二男 1964 の研究が示唆するように、もう少し連続的な見方をした方がいいだろう。すなわち「彼も行きそうだ」のように／様態性／とでも言うべき対象面が強く押し出されているも

のもあり、「彼も行くだろう」のように／話し手の推測性／という作用面が強く押し出されているものもあって、対象面、作用面どちらかにかたよるにしても、この二面は同居し得るのだ、と。

　また、「彼も行きますか？」「はやく行きなさい」のような、質問や命令の叙法については、ほとんどの学者が一致して／話し手の態度／という面で見ているが、そしてそれは間違いではないのだが、同時に、話し手の置かれている現実との関係において／不確定、不確実な事柄／を聞き手に質問したり、／まだ実現されていない事柄／を聞き手に命令したりするのであって、心的態度の面のみを見るのは、やや片手落ちなのではないか。対象面 noema なき作用面 noesis などないだろうし、「『精神』にはもともと………物質に『とりつかれて』いるという呪いが（かかっている）」（広松渉編訳『ドイツ・イデオロギー』）のだろう。

　このように考えてきて、本稿では〈叙法性 modality〉を

　　話し手の立場からする、文の叙述内容と現実および聞き手との
　　関係づけの文法的表現

と規定しておくことにする。この規定は折衷的であいまいなものだが、それだけに、研究の出発点としては、対象を広めにとりやすいという利点をもつ。なおこの規定は、筆者の読み違いでなければ、Виноградов の考えにもっとも近い、というより、言いかえにすぎないといってよいものである。

1.2　さて、こうしたうえで、その内部を見ていくことになる。

　まず、叙法性を、文の統一——成立のための特性、つまり陳述性の一つだとする点から考えれば、叙法性のもっとも基本的なものは、その関係づけ（ここでは、態度といってもいい）が、①発話時のもの、②話し手のもの、という二つの特徴をもつものである。「しよう・しろ・してくれ・するだろう・するそうだ・するか」などがこれであり、また終止の位置に立った「する。／した。」が、上の marked form との対立において、unmarked form として／断定／をになうとすれば、それもここに入る。これは芳賀綏 1954 のいう

「陳述」、〈述定〉と〈伝達〉とにあたる。
　これに対して、金田一春彦 1953 が指摘しているように、

- 彼はつかれているらしかった。
- 銃声（である）らしい物音が遠く聞こえていた。

などは、話し手の推定とは言えても、発話時のものではない。

- 彼はつかれていたらしい。

の場合は、終止の位置に立つ現在形であることによって、発話時の話し手の推定という基本叙法性 modality をもつのだが、「らしい」という助動詞自体としては、テンスの対立をもち、連体形をもつ点で、「だろう」などとは区別しなければならない。また、やや特殊な例を引くようだが、

- 彼女によれば、彼は来ないかもしれないそうだ。

のような「かもしれない」は、ことがらの可能性（不確定性）を示す対象的な性格の方が強いが、これを不確実な判定という作用面で見るとしても、その判定作用の主は、話し手というより、直接的には「彼女」であろう。このほか「するようだ・しそうだ・するにきまっている・すると見える」等々の形式が、過去形をもち、連体形・条件形など文中の位置に立つ語形（または機能）をもち、また、判定作用の主が必ずしも話し手ではない、といった性格をもつ。これらを、二次的叙法、あるいは擬似叙法 quasi-modality と呼んでおく。先の規定のうち、「話し手の立場からする」という部分が間接化される点で、擬似である。
　以上は、現実認識に関わる、いわゆる判断的な叙法であるが、願望ないし当為的な叙法にも、同様の二次的なものがある。たとえば、

- ぼくも　行きたかった。

- 行き<u>たい</u>**人**を　さがす。
- **彼も**　行き<u>たい</u>らしい。

のように用いられる「したい」は、擬似叙法である。このほか「しなければならない・してもいい・してはいけない・するつもりだ」等々の形式が、願望―当為的な擬似叙法として挙げられる。

　ただ、こうした擬似叙法の諸形式も、

- **ぼくは**　行き<u>たい</u>。
- **ぼくは**　行く<u>つもりだ</u>。

のように、一人称主語をとり、自らは終止の位置に立って現在形をとる場合には、発話時の話し手の関係づけ＝態度と一致する。また、

- **きみは**　行か<u>なければならない</u>。
- **きみが**　行く<u>といい</u>。

などでは、二人称主語その他の条件のもとで、命令や勧誘に準じた性格をもつ。これらを、助動詞・補助動詞としてではなく、文の述語として見るときには、一次的な基本叙法である、としてよいかもしれない。中右実1979のいうモダリティとは、このことなのだろう。

　こうした、助動詞として見るか、文の述語として見るかという区別、ややラフに言い換えて、形態論的なムードとして見るか、構文論的なモダリティとして見るかという問題は、叙法副詞との構文的な関係を見ようとするときに、深刻な問題として立ちあらわれてくるだろう。

　ここで、中西宇一1961や寺村秀夫1979が否定辞をメルクマールとして、北原保雄1972が「あり」をメルクマールとして、いわゆる助動詞や複合辞を分類していることに触れて、さらに考えをふかめるべきかもしれない。肯定―否定という「みとめかた」(鈴木重幸1972。Halliday

（1970）の polarity）を（擬似）叙法に含めていいのかどうかという問題もある。しかし、これについては別の機会にゆずることにして、副詞の問題へと急ぐことにしたい。

1.3 本稿でいう〈叙法副詞〉とは、以上見てきたような擬似叙法をも含めた文の叙法性に関わりをもつ副詞である、とラフに規定しておく。

　日本語においては——多くの言語と同様に、あるいはそれ以上に——述語が文の叙法性表現の中核である。基本的には、述語の叙法が文の叙法性を決定する。叙法副詞がなければ文の叙法性が定まらない、というような文は、少なくとも日本語にはないだろう。

　　＊　<u>けっして</u>　行く。　⇒　行かない。　／　<u>けっして</u>　行か**ない**。
　　　　cf）I'll <u>never</u> go. / <u>Никогда не</u> буду．Je n'y vais<u>jamais</u>.
　　＊　<u>どうぞ</u>　行く。⇒行ってください。　／　<u>どうぞ</u>　行っ**てください**。
　　＊　<u>もし</u>雨が降って（降った）、行かない。　⇒　<u>もし</u>雨が降っ**たら**…
　　　　cf）<u>If</u> it rains, ………

　叙法副詞は、必要に応じて、述語の叙法の程度を強調・限定したり、文の叙法性を明確化したりするものであって、文構造上必須のものではないという意味では、語彙的な表現手段である。ただ、その語彙的な内容が、実質概念性・対象性が希薄で、形式関係性・作用性が濃厚であるという意味では、文法的である。いまここでは、叙法副詞を、文の叙法性の語彙＝文法的な表現手段だと考えておく。叙法副詞の文法的な記述は、その語彙＝文法的意味と文法的な機能（文の中での役割や、他の部分との関係）とを、相関するものとして見ることになるだろう。細部の議論に入る前に、叙法副詞を一覧しておくことにする。

1.4　叙法副詞　代表例一覧

A　願望―当為的な叙法
　a）基本叙法
　　1）依頼――どうぞ　どうか　なにとぞ　なにぶん　／　頼むから
　　2）勧誘・申し出 etc.――さあ　まあ　なんなら（なんでしたら）
　b）擬似叙法
　　3）希望・当為 etc.――ぜひ　せめて　いっそ　できれば　なんとか
　　　　　　　　　　　なるべく　できるだけ　どうしても　当然　断じて
　　　cf）意志――あくまでも　すすんで　ひたすら　いちずに etc.
　　　　　意図――わざと　わざわざ　ことさら　あえて etc.

B　現実認識的な叙法
　a）基本叙法
　　4）感嘆・発見 etc.――なんと　なんて　なんともはや
　　5）質問・疑念――はたして　いったい　／　なぜ　どうして etc.
　　6）断定――勿論　無論　もとより　／　明らかに　言うまでもなく
　　7）確信――きっと　かならず　ぜったい（に）　断じて
　　8）推測――多分　恐らく　さぞ　定めし　大方　／　大概　大抵
　　　　　　　／　まさか　よもや　／　たしか　もしや　さては
　　9）伝聞――なんでも　聞けば　　cf）D情報源　〜によれば etc.
　b）擬似叙法
　　10）推定――どうも　どうやら　／　よほど
　　11）不確定――あるいは　もしかすれば　ことによると　ひょっとしたら
　　　　　　　　　／　あんがい
　　12）習慣・確率 etc.――きまって　かならず　きっと
　　　　　　　　　　　／　とかく　えてして　ややもすれば　ともすると
　　　　　　　　　　　／　いつも　よく　／　大抵　大概　普段
　　13）比況――あたかも　まるで　ちょうど　／　いかにも　さも
　　14）否定
　　　　イ）判断性――けっして　／　まさか　よもや　／　断じて

　　　　　　部分否定——必ずしも　一概に　あながち　まんざら
　　　　　　とりたて——別に　別段　格別　ことさら
　　ロ）程度性——たいして　さほど　さして　ちっとも　すこしも
　　　　　　　　　一向(に)　でんで　／　まるで　全然　まったく
　　ハ）動作限定——ろくに　めったに　さっぱり　ついぞ　たえて
　　　（不可能）　とても　とうてい　なかなか　どうしても
　　　（疑問詞）　なんら　なんの　なにも　なにひとつ etc.
　　ニ）慣用句——毛頭　皆目　寸分　とんと　おいそれと(は)etc.
　　　　cf）否定的傾向——所詮　どうせ　どだい　なまじ　へたに
　　　　（相対的テンス）まだ　もう　いまさら
　　15）肯定——かならず　さぞ　ぜひ
　　　　cf）一般の程度副詞　ある種のアスペクト副詞

※A願望—当為的叙法にも、B現実認識的叙法にも用いられるもの
　　　　　きっと　かならず　絶対(に)　断じて　／　もちろん　無論

C　条件—接続の叙法
　　16）仮定条件——もし　万一　かりに　／　いったん
　　　　　　　　／　あまり　よほど　／　どうせ　同じ
　　17）仮定逆条件——たとえ　たとい　よし　よしんば
　　18）逆条件(仮定～既定)——いくら　いかに　どう　どんなに etc.
　　19）原因・理由——なにしろ　なにせ　何分　／　さすがに　あまり
　　20）譲歩——もちろん　たしかに　なるほど　いかにも
　　21）譲歩～理由——せっかく

D　下位叙法 sub-modality
　　22）確認・同意——なるほど　確かに　いかにも　全く　／　道理で
　　23）うちあけ——実は　実の所　実を言えば　本当は　正直(言って)
　　　　思い起し——思えば　考えてみると　思い起せば
　　24）証拠立て——現に　事実　じっさい　だいいち

            たとえ ―― いわば　いうなれば　言ってみれば
 25）説き起し――およそ　そもそも　一体　大体　本来　元来
　　（概括）　　　　一般に　概して　総じて
　　まとめ　――結局　畢竟　要するに　要は　つまり　早い話(が)
　　（はしょり）　どうせ　どっちみち　いずれにせよ　所詮　とにかく
 26）予想予期――案の定　やはり　はたして
　　　　　　　　めずらしく　案外(に)　意外にも　／　かえって
 27）観点〜側面――正しくは　正確には　厳密には　／詳しくは etc.
　　　　　　　　　技術的には　時間的には　文法的には etc.
　（情報源）　　　〜によれば　〜に従えば etc.　　cf）9）伝聞

　以上のリストには、資料に10例以上あるものを、原則として挙げた。ただし、D類には一部例外がある。

　二つ以上の項にまたがるものがあるが、これには、同時に二重の叙法性をもつもの（まさか・よもや etc.）と、多義語もしくは「構文的同音語」（Greenbaum (1969) p.6）とみなしたもの（はたして・きっと・まるで etc.）とがある。後者については、第4節で触れる。

　「たしかに・きまって・できれば」など、副詞とするか用言の一語形とするかについて、また、「言うまでもなく・ひょっとしたら・実を言うと」など、語としての単位性（複合副詞化の程度）について、議論の余地のあるものも、このリストに挙げてある。とくに、D下位叙法の項に目立つ。これについては第5節で、一般論として触れるにとどまる。

1.5　さてこのリストでは、大きくA〜Dの四種に分けたが、これを二分法的に整理してみれば、次のようになるだろう。ABCの三種は、いわゆる呼応現象をもつものであり、Dは、広義の平叙文に限られるという叙法的な共起制限はある（から叙法副詞の一種なのだ）が、積極的に一定の述語形式と呼応する現象が見られないものである。次にABCのうち、AとBが主文の述語と呼応する（しうる）ものであるのに対し、Cは、原則として複文の従属節の述語と呼応するものである。細かいことを言えば「もちろん………だ。し

かし………。」や「もしこれがぼくのものだったらなあ。」といった独立用法もあるが、それは二次的なものとして扱ってよいだろう。最後に、Bが話し手または動作主の意識や行為に関わりなく、存在または実現する事態の認識(知)に関するものであるのに対し、Aは、話し手または動作主の願望や意志(情意)に関するものである。

　AとBにはそれぞれ、a) 基本叙法に関わるものと、b) 擬似叙法に関わるものとが区別しうるが、これについては第3節で議論する。AとBの両叙法にまたがる「きっと」などを※印をつけて特立しておいたが、これは第4節で議論するための便宜である。

　議論の順序としては、まず第2節で代表的な叙法副詞の基本性格である〈呼応〉について考えることから始め、ついで、第3節で基本叙法と擬似叙法との区別とその連続の問題を、第4節で文の中での意味や機能がどこまで単語の中にやきつけられているかという問題、つまりは多義語や構文的同音語の問題を考え、最後に、第5節で下位叙法というやや特異で周辺的な叙法副詞の位置づけを試みつつ、他の品詞類や「陳述的成分」としての従属節などとの関係の中で、叙法副詞の位置を展望したい。

2.　呼応の「形式」とは、どういう性格のものか

　この節では、叙法副詞が呼応する形式とはどういう性格のものか、という点について「どうぞ」を例にして考えてみることにする。「どうぞ」が共起して用いられる形式としては、「してください」が代表的なものとして挙げられるが、そのほか「してくれ・してちょうだい・してくださいませんか」などや「していただきたい・(するよう)お願いします」などとも共起して用いられることもあり、現象的には多様である。多様ではあるが、これらを一括して〈依頼〉の叙法を表わす形式と見なすことは、常識のレベルで許されるだろう。

　ただ、ここで注意しておかなければならないことは、「お願いする」という動詞自体や「していただきたい」という組合せ形式自体が、〈依頼〉の叙法的意味をもっているわけではない、ということである。たとえば、「して

いただきたい」という形が次のような形で用いられた文には、「どうぞ」を共起させることは出来ない。

* どうぞ
  - a 来ていただきたい**方々**に連絡しているところです。
  - b **かれは**あなたに来ていただきたいのでしょう。
  - c わたしはあなたに来ていただきたかっ**た**のです。
  - d わたしはあなたに来ていただきたく**ない**。

「どうぞ」がなければ、a〜dの文は文法的である。「していただきたい」という組合せ形式は、連体(a)など文中の位置 position にも立ち、人称的にも、主体が一人称に限られるわけでもなく(b)、また、過去(c)や否定(d)の形をもとりうるものであって、それらに共通する「していただきたい」自体の意味は、依頼ではもちろんなく、「自行自利(してもらい)」の「謙譲(または丁寧)」の「希望」とでも言うほかはないものである。こうした性格の「していただきたい」が依頼に準じた〈意味〉を実現し得るようになるのは、形態的に〈肯定〉の〈現在〉の形をとり、構文機能的に〈終止〉の位置に立って、構文意味的に〈一人称のシテ〉と〈二人称のウケテ〉とくみあわさるという条件のもとでである。つまり、

　　　e　わたしは　あなたに　来ていただきたい。

という文は、依頼文に準じる文とも解しうるようになる。しかし、厳密にはこの文はまだ、希望の平叙文としての性格の方が本質的であろう。というのは、この文は、

　　　e'　じつは　わたしは　あなたに　来ていただきたい(のです)。

のように、「じつは」という副詞と共起しうるが、この「じつは」は

　　　*　じつは　来てください。　／　来てくださいませんか。

のような依頼の文には用いられないものなのである。また、「どうぞ」と共起させる場合も、

　　？　どうぞ　わたしは　あなたに　こちらに来ていただきたい。

という「わたしは」という主語のついた文は、非常に不自然である。

　　f　(あなたに／は)　どうぞ　こちらに来ていただきたい。

のように一人称主語がない方が、許容度が高いのではないか。二人称補語の「あなたに／は」もない方がふつうだが、相手を指定ないし特立する必要のある場面では、顕在してもおかしくないだろう。【なお、「どうぞ」と「していただきたい」との共起そのものに、まだ不自然さ(contamination性)を感じる人(林大氏)もいることは確かだが、その場合は「どうか」との共起の例で同様の趣旨のことが言えると思う。】
　こうしてみると、「していただきたい」という組合せ形式が依頼に準じた〈意味〉を獲得するためには、構文意味上は〈一人称のシテ〉が必要なのだが、依頼(さらには命令)の叙法の述語として機能するためには、意味上のシテならぬ、構文機能上の主語が、表現上の単なる省略としてではなくて、文法構造上の制約として〈消去〉されなければならないのではないか、と思われてくる。この現象は、

　・(あなたが)行きなさい。
　・(あなたは)行ってください。

といった命令文・依頼文において、命令・依頼という発話行為の主体である話し手が一人称主体の形では、文の中にけっして顕在しえないことに対応する事実なのではないか。平叙文の一種に組み込まれる希望や希求といった擬似叙法とは異なり、命令文(はたらきかけ文)の一種である依頼の叙法として機能するためには、話し手自らを対象化して一人称主語として表現すること

が許されない——というか、対象化して表現すれば、平叙文になってしまう——のだと考えられる。

　ちなみに、ｆの文で「あなたに／は」という聞き手を指示する補語が表現されない方がふつうであることは、命令文が通常「主語なし文」であることに対応する事実であろう。命令文では、聞き手を指示する語は、

　　・<u>田中さん</u>、こちらに来てください。
　　・<u>君</u>、さっさと行きなさい。

のように、呼びかけの独立語として機能するのが基本である。

　　・<u>田中さんが</u>、こちらに来てください。
　　・<u>君は</u>、さっさと行きなさい。

といった形で主語・主題として表現されるのは、ｆの場合と同様、指定性または特立性といったとりたて性のある場合にほぼ限られる。

　なお、勇み足を覚悟で言えば、こうした「君が／は　行け」型の文は、主語・主題をもつことによって、

　　・君が　行くべきだ。
　　・君は　行かなければならない。

のような、当為の擬似叙法形式による平叙文に近い性格をもたされるのではないか。つまり、「君が行け」型の文は、「君、行け」という命令文と「君が行くべきだ」という当為の平叙文との間にあって、中間的あるいは二面的な性格をもつ文なのではないか、と疑われるのである。いまだ、思いつきの域を出ないが、これは、文の叙法間の相互関係の問題であり、しかも、文の叙法性と文の構造性との相互規定の問題でもあるように思われる。今後の課題のための覚え書きとしたい。

以上の「していただきたい」と基本的に同じことが、「お願いする」にも言える。くりかえしをさけて、論証例をあげるに止めさせてもらう。

＊　どうぞ　　a　よくお願いすれ**ば**、ききとどけてくれるだろう。
　　　　　　　b　**彼は**、彼女にきてくれるよう、お願いするらしい。
　　　　　　　c　わたしは、彼にきてくれるよう、お願いし**た**。
　　　　　　　d　わたしは、彼にきてくれるよう、お願いし**ない**。
　　　f　どうぞ　一日も早く来てくださるよう、お願い申し上げます。
？e　どうぞ　**私は**一日も早く来てくださるよう、お願い申し上げます。

　さて、以上のことから、叙法副詞の呼応する〈形式〉は、たとえば「していただきたい」や「お願いする」の「終止形」といった、単語―形態論レベルの形式ではなく、文の中で他の一定の単語と結びつきながら機能している述語―構文論レベルの形式なのだ、と言えるだろう。「どうぞ～してください」のような形態論的な依頼形(丁寧な命令形)と呼応する場合は、こうした二つのレベルの別をわざわざ言う必要はないのであるが、それは、依頼形が、文―述語の叙法性が語形態にまで十分にやきつけられた形式だからである。形態論的な語形変化が、構文論的な意味機能の基本的な表現手段 grammatical processes である以上、形態論的な形式と構文論的な形式とが基本的な部分で一致するのは当然である。(後述するように「呼応」を形態論的な形式においてのみ見ようとする立場が一応成り立つのもこのためである。)だが、それとともに、構文論的な意味機能の表現手段が語形変化に限られるわけではなく、語順(文中での位置)やイントネーション、それに他の文の部分との結合関係(とくに人称関係)なども表現手段として働くのである以上、呼応の形式を形態論レベルでのみ見ることは許されない。

　こうした区別は、次のような場合にも、現実的に意味をもってくる。

　　　a　たぶん　彼は行く。　／　私も行く(ことになる)。　　〈推量〉
　　　b　断じて　私は行く。　　　　　　　　　　　　　　　　〈意志〉

のような文に用いられた「たぶん」や「断じて」を記述・説明する場合や、

  a' きっと <u>彼も行く</u>。 ／ きっと<u>私も行ける</u>。   〈推量〉
  b' きっと <u>私が届けに行く</u>。   〈意志〉

のような文に用いられた「きっと」の多義性を記述・説明する場合、つまりは、いわゆる無標の unmarked 形式が問題になる場合である。
　aとbの違い、a'とb'の違いは、「行く」が動詞の「終止形」あるいは「断定形」だといった形態論レベルの説明だけでは、解けない。bの「断じて」やb'の「きっと」が呼応しているのは、「行く」という語彙的に〈意志動作〉を表わす動詞が、形態的に〈非過去形〉をとり、構文的に〈一人称のシテ〉とくみあわされることによって得られた／決意／の叙法をになった述語である、という記述が最低限必要である。(先の／依頼／の場合と異なり、／決意／の場合は、一人称主語の構造上の消去は起こらない。)そのほか、たとえば、

- <u>もし</u>雨が降った<u>場合／時</u>は、来週に延期します。 〈仮定〉
- <u>あまり</u>大きいもの<u>は</u>、かえって不便です。 〈条件〉
- <u>せっかく</u>たたんでおいた<u>洗濯物を</u>、メチャクチャにされた。〈逆接〉
- <u>けっして</u>ひとりで行っ<u>てはダメ</u>ですよ。 〈禁止〉
- <u>とても</u>ひとりで行く<u>のは無理</u>だ。 〈不可能〉
- <u>どうやら</u>なにかかくしている<u>節がある</u>。 〈推定〉

などなど、一般に「相当形式」とか「準用形式」とか呼ばれているものも、ここでいう構文論的な形式(あるいは迂言的形式)と考えられる。こうした文に用いられた副詞の記述においても、これらの形式を条件づけている文構造の分析が必要とされるだろう。
　以上のように叙法副詞の呼応を考えるということは、橋本進吉1929(1959)が、山田孝雄の陳述副詞を「感応副詞」または「呼応副詞」と捉えなおしつつ、「山田氏の陳述副詞のうち、確かめる意及び決意を表はすもの

は、必ずしも、言ひ方を制限しない」として、「かならず・是非・所詮」などを呼応副詞から除こうとした、そのような立場には、本稿は立たないということである。橋本流の形式本位の立場をつきつめていけば当然起こりうる傾向、そしてじっさい一部に存在する傾向、たとえば「たぶんあしたは晴れる。」や「たぶん晴れそうだ。」などの文を〈たぶん……だろう〉という呼応の乱れと見るような、形式主義的かつ規範主義的な傾向(たとえば池上秋彦)と、その裏返しとしての「本来陳述副詞はどんな述語と呼応するのが標準的な用法か、ということについて、あまり厳格なことは言えないような感じもする」(島田勇雄)というような、言語事実に対して良心的ではあるが、構文現象の基本に対して懐疑的・消極的になってしまう傾向とを、同時に克服したいのである。

〈呼応〉というのは、むろん形式に現われる現象であるが、その「形式」は、なにもいわゆる接尾辞(複語尾)や助辞(助詞)や活用形に限られはしないのである。形態素や助辞がつかないことも、無標形式 unmarked form という一つの形式(語形)であることはもちろん、文の中での位置 position や分布 distribution といった外形に現われる、他の語との結びつきとその構造的型もまた、いわば構文論的な文法形式なのである。

以上考えてきたような〈形式〉についての見解は、奥田靖雄1973に決定的に負うものである。誤解もしくは我田引水の類いがなければ幸いである。

3. 擬似叙法の副詞をめぐって

3.1 「ぜひ」について

第2節で見た「どうぞ」の場合は、その共起する形式が「してください・してくださいませんか・していただきたい(のですが)」等々にわたるとはいっても、それらは構文論的な単位としては〈依頼〉の形式として統一的に見うるものであった。その意味では「どうぞ」の呼応は単純だとも言える。

ところが、「ぜひ」という副詞の場合は、もう少し事情が複雑であって、次のような諸形式と共起して用いられる。

依頼・命令：してください；　しろ・しなさい　etc.
勧誘・意志：しよう・する；　するつもりだ　etc.
希望・希求：したい；　してほしい・してもらいたい　etc.
必要・適切：しなければならない・すべきだ；　するといい　etc.

「どうぞ」と比べて共起の範囲が広いが、無制限ではない。

＊　ぜひ　きのう私が行きました。
＊　ぜひ　いま田中くんが走っている。
＊　ぜひ　あしたは晴れるだろう。

などの、ごくありふれた現実認識―報告的な叙法の平叙文――テンスが典型的な形で分化している文――には用いられない。【補：橋本進吉1929(1959)が「必ずしも言ひ方を制限しない」という言い方で、「ぜひ」を呼応副詞から除こうとしたとき、この自明とも思える現象は、彼の目には見えなかったのであろう。研究方法の差異である。】

なお、「ぜひ私も行きました。」がもし言えるとしたら、それは、
・　そうと知っていたら、私も　ぜひ行きましたのに(ものを)。
？　そうと知っていたら、私だって　ぜひ行きましたよ。
のような反実仮想の場合であろう。反実仮想の「過去形」は、叙法形式の一種であって、意味的に確定した過去の表現ではないため、「行きまし(た)」が、未確定の意志性をもつことを排除しないのである。

また、上の共起形式一覧に「するといい」という形式が挙がっているが、この形式のすべての用法に「ぜひ」が共起できるわけではない。

・　生花を長持ちさせるには、茎を斜めに切るといい。
？　生花を長持ちさせるには、ぜひ　茎を斜めに切るといい。
cf.　生花を長持ちさせたかったら、ぜひ　茎を斜めに切るといいよ。

cf. <u>君も</u>　ぜひ　行ってみるといいよ。

不定人称の（目的―手段関係を表わす）構文に用いられて、一般的な〈適切さ〉を表わす場合には、「ぜひ」は共起しにくいように思われる。cf. の文のように「ぜひ」を用いる場合には、特定の聞き手に〈勧める〉意味が付け加わるようである。

　このように、「ぜひ」という副詞にも一定の叙法的な制限があることは確かであるが、その「制限」をどのように規定するかとなると、【橋本進吉ほどの学者が一般化に失敗したことからも察せられるように、】ことはそれほど簡単ではない。まず、問題になるのは、共起形式のなかに「したい」などを始めとする擬似叙法の形式が含まれていることである。そして、じっさい、

　　・私も是非あなたに一度あの長老を見せたかっ<u>た</u>んです。（青銅の基督）
　　・<u>御父上も</u>是非ご覧になりたいだろうと考えまして………
　　　　　　　　　　　　　　　　　　　　　　（シナリオ戒厳令）

のように「ぜひ」は、発話時ならぬ過去の希望を表わす文にも、話し手ならぬ文主体（動作主）の希望を表わす文にも、用いることができる。また、手元の資料にはなかったが、

　　・私の<u>ぜひ行ってみたい国</u>はアフガニスタンです。

のような純然たる連体節――「ガノ可変」（三上章1953）のものと一応しておく――に用いられる用法も、あり得るだろう。筆者の手元の資料になかったということの意味については、またあとで考えることにして、「ぜひ」が過去の希望形式とも、一人称以外の文主体の希望表現とも、さらに連体節の希望とも共起しうるということは、「ぜひ」が擬似叙法に関わる副詞でありうることを意味している。

このことは、「どうか」と比べてみると分かりやすくなる。

- どうか倅が中学を卒業する迄首尾よく役所を勤めて居<u>たい</u>。（平凡）
- どうかまにあいます<u>ように</u>。　　　　　　（シナリオ　忍ぶ川）

のように「どうか」は、前節で見た「どうぞ」とは異なり、聞き手をめざさない、内心の希望や祈りを表わす文にも用いられるのだが、また、

＊　どうか ｛ 私はあなたに一度あの長老を見せたかったんです。
　　　　　　御父上もご覧になりたいだろうと考えまして……
　　　　　　私の行きたい国はアフガニスタンです。

といった用法には立たない点で、「ぜひ」とも違っている。つまり「どうか」は、〈話し手の発話時の〉希望なり祈りなのであるのに対して、「ぜひ」は、文あるいは節の〈有情主体〉の〈テンスの対立を持つ〉希望であり得るのである。そうだとすると、

- ぜひ　今度来てくれ。　／　来てください。
- ぜひ　行こうよ。　　　／　行きましょう。
- ぜひ　私も行きたい。　／　行くつもりだ。

など、発話時の話し手の、依頼や勧誘や決意、あるいは希望や意図を表わす文に用いられた場合であっても、「ぜひ」という副詞は、その文の〈話し手性〉〈発話時性〉といった基本的叙法性の面には、直接は関わらない、と見た方がよいことになるだろうか。

　「ぜひ」という単語の意味の統一的な把握のためには、まずは、そうした見方をしてみることが必要だろう。一つの語に一つの「本質」的な意味（「意義素」）を求めたいという、ある意味では、素朴な欲求があっても不思議はない。そうした欲求は、「ぜひ」と共起しうる／依頼・命令・決意・希望・当為／等々の述語に共通して存在し、かつ、

＊ぜひ私も行った。／＊ぜひ彼が走っている。／＊ぜひ晴れるだろう。

等々の「ぜひ」と共起しえない述語には存在しないような、意味特徴を抽出するように、我々に命ずるだろう。そうした抽出作業の結果、依頼・決意・希望等々の述語の叙法性は、概略、

　　依頼「してくれ」＝［実現の必要性］＋［話し手の聞き手への要求］
　　決意「しよう」　＝［実現の必要性］＋［話し手の自らへの要求］
　　希望「したい」　＝［実現の必要性］＋［有情主体の自らへの要求］

といった具合に「成分分析」できたとしよう。すると、「ぜひ」はその述語に含まれる［実現の必要性］という擬似叙法的な意味特徴（もしくは、それを有する形式）と呼応する副詞だ、ということになるだろう。【補：意義素論者服部四郎なら、必ずやこう分析したはずである。】

　以上のべてきたことを、南不二男（1964、1967）の文の四段階理論にひきあてて言えば、次のようになる。「ぜひ」は、Ｂ段階の連体節には収まるが、Ａ段階の「―ながら」句には収まらない。「どうか」は、連体節には収まらないが、

　・どうかあしただけでも晴れてほしいものだが、雲行きは怪しいなあ。

のようなＣ段階の「―が」節には収まる。そして、「どうぞ」は、

　・どうぞ、こちらに来ていただきたいのですが、（いかがでしょう）。

のような、ほとんど終助詞的といっていい用法の「が」節には収まるが、この三尾砂1948のいう「半終止」の用法は、Ｃ段階というよりはＤ段階に近いというべきものである。すくなくとも、

＊　どうぞ、こちらに来ていただきたいから／し、お呼びしたのです。

など、他のＣ段階の従属節には収まらない。こうして、「どうぞ」は［相手（＝聞き手）］の出てくるＤ段階の副詞、「どうか」は［自分（＝話し手）］のＣ段階の副詞、「ぜひ」はそれ以前のＢ段階の副詞、ということになるだろう。

　このようなエレガントな記述が得られることは、たしかに魅力的である。しかし、これだけの記述では、なにか大事なことを分析しえていないという思いが残る。妙な言い方になって恐縮であるが、じつは南不二男(1964：p.15)では「ぜひ」がＤ段階の要素として挙げられていたのである。ただし、その後の南(1967、1974)では、言及がひかえられているようであるが。

　筆者の常識的な日常的言語感覚もまた、「ぜひ」をＢ段階の要素だといってすませておくことに違和感がある。「どうか」をＣ段階の要素だとした点も同様である。こうした常識感覚（いわゆる「直観」）を生み出しているのは何かと言えば、おそらく、どういう用法にどれだけ使用されているかという使用量（使用頻度）の実態であるだろう。手元の資料によれば、「どうか」は、全96例のうち84例(87.5％)がＤ段階の依頼形式と共起して用いられており、「ぜひ」も、全119例のうち93例(78.2％)が、Ｃ・Ｄ段階の発話時の話し手の、希望・決意・命令・依頼等の叙法形式と共起して用いられているのである。つまり逆の面から言えば、「どうか」をＣ段階だとする根拠は、わずか12.5％の使用例であり、「ぜひ」をＢ段階だとするのは、たかだか21.8％の使用例を基にして言っているのだ、ということになる。

　このように考えてくると、ある用法が可能か否か（○か×か）という二項対立的な記述方法の機械的な適用は、それだけでは十分な記述が得られないというばかりではなく、少数の特殊例の性格を、一般的な基本性格にまで不当に拡張するという論理的誤りを犯す危険さえあるのではないか、と思われてくる。

　しかし、結論を急がず、別の例も見てみることにしよう。

3.2 「主体」的な推量と、「客体」的な蓋然性

いままでは、「どうぞ」にせよ、「ぜひ」「どうか」にせよ、A）願望—当為的な叙法を例に考えてきた。ここで目を転じて、B）現実認識的な叙法についても見てみよう。問題の多そうな「推量」的な副詞をとりあげることにする。ここでははじめから数値を示そう。問題の副詞が、どのような形式とどのくらい共起して用いられているかを、表にして示す。（次頁）

この表を見れば、推量的な副詞群は、四つにひとまず分けられよう。かりに名まえもつけておけば、

① 確　信：きっと　かならず　ぜったい（に）
② 推　測：おそらく　たぶん　さぞ　おおかた etc.
③ 推　定：どうやら　どうも　よほど
④ 不確定：あるいは　もしかすれば　ひょっとしたら etc.

しかし、四つに区分しうるということ以上に、ここで重視したいのは、この四種の相互関係、いわゆる連続的な関係である。連続は二つの――とはいっても根は同じ、二つの面で言える。

ひとつは、対象面から言えば事態実現の確実さ（蓋然性）が、作用面から言えば話し手の確信の度合いが、①から④の方向で低くなっていくことである。この面では、④不確定（不確信）の延長上に「はたして／いったい……（だろう）か」「さあ（どうかなあ）」などの／うたがい／や／ためらい／を表わすものが位置するだろう。また、①確信（確実）の先に「もちろん・むろん」などの／断定（確定）／がある。①の「きっと」などは断定に近いものではあるが、それはあくまでも話し手にとって未確認（未確定）の事態についての"推量判断"である。その点、

　　・「やっぱり、奥さまは、きのうの勧告を、拒否なさいましたか？」
　　　「退職勧告？　もちろん拒否したよ」と志野田先生は言った。
　　　　　　　　　　　　　　　　　　　　　　　　　（人間の壁）

副詞＼述語	する φ・のだ	ーはずだ	に決っている・にちがいない	のではないかと思う・われる	だろう・まい	ーらしい	ーようだ・みたい・と見える	ーしそうだ	かもしれない・だろうか	する節がある・せぬとも限らぬ	計	推量以外
きっと	139	38	8	3	66	12		1	4	8	279	85
かならず	17	5	2	1	11						36	146
絶対(に)	48										48	38
おそらく	31	18		1	112	5	10	2	1	2	182	-
たぶん	19	1		2	74		1		2	3	103	-
さぞ					52	1		1			54	-
おおかた	2	1			24	1					28	13
たいてい	3			1	7						11	80
たいがい	2				4						6	33
どうやら	5					1	29	10		1	46	39
どうも	13	1				6	24		1		45	385
よほど・よっぽど	6	2		7		2	12	9	3	2	43	150
あるいは				3	2	4			53	3 1	66	69
もしかすれば	2			1	1	1	11		30		46	-
ひょっとしたら	2				7				16	1	26	-
ことによると	1				4				7	1 1	14	-
あんがい		1		1	3	1		1	8		15	81

[表の注記]
- 「もしかすれば」の項は、「もしかしたら」「もしかすると」を含む。条件の形「-ば・-たら・-と」を包括する点、「ひょっとしたら」「ことによると」の項も同様。
- その他の副詞の項は、表に出した形以外を含まない。たとえば「絶対(に)」は「絶対」と「絶対に」を含むが、「おそらく」には「おそらくは」を含まず、「さぞ」には「さぞや」「さぞかし」「さぞさぞ」を含まない。
- 述語形式の項（見出し）は、代表形である。たとえば「らしい」には、「らしく」「らしかった」「らしい(人)」などを含み、「のではないか」には、「のではいか」「のではないだろうか」のほか、「のではありませんか」「のではあるまいか」等々を含む。
- 呼応すべき述語部分が省略された用例は、「計」の中に数えていない。倒置文は含む。そのさい「来るよ。きっと」のような句点で切れたものも、倒置と見なして含めた(ただし1例のみ)。

- 「もちろん、私も、賭け**てるわ**」と一語一語切るやうに言った。
  　　　　　　　　　　　　　　　　　　　　　　　　　　　　（闘牛）
- 妻は無論喜んで私を迎**へた**。　　　　　　　　　　　　　（野火）
- 無論、ぼくは、あなたの病気を、重要な研究対象と考**へてゐる**。
  　　　　　　　　　　　　　　　　　　　　　　　　　　　　（木石）

などの如く、話し手に既に確認された事態（の報告）について用いることのできる「もちろん」「むろん」とは明らかに異なっている。「もちろん」の類をかりに／断定（あるいは確定）／と呼んで、／推量／の一種としての／確信／と区別しておく。

　ただし、「もちろん」の類にも、「もちろん彼は来てくれるだろう」のような未確認の推量用法があり、単純に割りきれるわけではない。また確認＝断定か、未確認＝推量かのちがいは、叙法の別であるとともに、とき tense の区別とも深くかかわっているだろう。このあたりの正確な位置づけは今後の課題としたい。

　このように、スル・スルダロウ・シソウダなどを区別しつつも、未確認推量の下位類という、程度差をもった同類であると考えることによって、

- 今日は<u>来れないわよ</u>、<u>多分</u>。地の人の宴会だから。　　（雪国）
- あなたがいなくなると<u>多分</u>私はそういう用ばかり多く<u>なりそうよ</u>。
  　　　　　　　　　　　　　　　　　　　　　　　　　　　　（女坂）

などの例を、呼応の乱れとしたり、呼応には厳格なことが言えないとしたりすることなく、それが少数例の非基本的用法としてある（ありうる）ことを、正当に記述説明することが可能になる。

　連続的な関係のもうひとつの面は、①「きっと」②「たぶん」③「どうやら」④「あるいは」などの叙法性の度合い、三上章流に言えば、「陳述度・

ムウ度」の強弱である。③「どうやら」と④「あるいは」には、

- ある日、どうやら梅田へ出掛けたらしかった。　　　（夫婦善哉）
- この智恵子にどうやら秘かに慕情を寄せてゐたらしい松下は、〈中略〉ニヤニヤし乍ら、どうしたいと言った。　　（故旧忘れ得べき）
- 或ひは召使かも知れなかった。　　　　　　　　　　　（野火）
- あるひは協力者たり得たかも知れなかった者も、ある事情から、その頃は急速度にわしに背を向けて離れて行った。　（生活の探求）

の如く、過去や連体節内の推量一蓋然性と呼応する用法が、少なからずある。「どうやら」では46例中11例で23.9％、「あるいは」では66例中7例で10.6％である。これが、①「きっと」②「たぶん」「おそらく」になると、

- それはきっと刑務所のなかで何度も考えつくされた話にちがいなかった。　　　　　　　　　　　　　　　　　　　（真空地帯）
- おれはきっとてめえが尋ねて来るときがあることを見ぬいてゐて、〈中略〉知らせてやりたかったのだ。　　　　（あにいもうと）
- それが、一度や二度のことなら、たぶん、佐蔵にわからずにすんだかもしれなかった。　　　　　　　　　　　　　（子を貸し屋）
- この辺には多分沢山ゐる筈の同じ画家仲間が、どうしてこの家を見過してゐたらうかを疑った。　　　　　　　　　　　（真知子）
- 恐らく他の女動手を使ってゐるのにくらべて、三倍も四倍も、能率がちがふにちがひなかった。　　　　　　　　　　　　（木石）
- 彼は恐らくこの半年間といふもの、手を通したことがないと思はれる皺だらけの制服を着、〈下略〉　　　　（故旧忘れ得べき）

の如き例がないわけではない。しかし、このうち、推量形式の「過去形」と共起した例は、文字通り過去になされた推量ではない。じつはそんなものはありえないのであって、ありうるとしたら過去の蓋然性についての判断【補：または、自由間接話法的な過去形（いわば「─と思った」の省略）】で

あるが、それでもなさそうである。とくに『子を貸し屋』と『木石』の例は反実仮想の過去形であり、その仮想―推量自体は発話時のものである。こうした問題があるが――この問題は、先の「どうやら・あるいは」にもないわけではないから、片手落ちにならぬよう、これらも含めて数えることとしても――その数は、「きっと」279例中7例で2.5％、「たぶん」103例中7例で、6.8％、「おそらく」182例中14例で7.7％、である。

　ちなみに、「おそらくは」は「おそらく」と多少性格を異にして、全24例中5例で20.8％である。用例数がさほど多くないので、あまり確かに言うことはできないが、「は」がつくことによって、かえって「詞」的になるようであるのは、おもしろい。筆者の語感では、「ぜひ」と「ぜひとも」、「もし」と「もしも」でも、「も」のついた方がより客観的であるように思われるが、これは手もとの資料ではなんとも言えない。

さて、こうした数値をどう見るか。たとえば「たぶん」は、6.8％とはいえ、過去・連体節内の蓋然性(推量)の用法に用いられる以上、擬似叙法だと見るべきだろうか？　内省にもとづいて可能か否かとテストしていく研究者なら、まちがいなくそうするだろう。6.8％もあるのだから。じっさい、奥津敬一郎(1974§9.2、10.2)が、「たぶん」や「だろう」を、「文頭詞」や「文末詞」とせず、「判断詞」という「詞的要素」だとする論法は、これである。たしかに、無と有(6.8％)とは質的に異なる。その限りでこの方法はまちがっていない。しかし、6.8％の用例と93.2％の用例と、そのどちらでその語の基本性格を規定すべきか、ということが問題にならないような方法は、歴史的社会的所産としての言語の研究方法としては、危険なものである。言語現象には常に「中心的なものと周辺的なもの」とがある(cf.TLP 2、1966)、という想定に立つならば、とれない方法である。
　①「きっと」で2.5％、②「たぶん」で6.8％、「おそらく」で7.7％、④「あるいは」で10.6％、③「どうやら」で23.9％、という数値は、やはりすなおに、叙法性・「辞」性の強から弱への連続と見るべきであろう。そして④の不確定、③の推定ないし様態より、さらに対象的コトガラ的なものとし

て、「きまって」「いつも・よく」「とかく」など、習慣的・反復的な事態の起こる確率に関する副詞があると見るべきだ。先の表にも示した「大抵」「大概」などは、「大抵の男」「大概の物」のような実体量を示す数量詞の用法から、

- 山に行く時はたいてい深田久弥と一緒だ。　　　　　（私の人生観）
- 山上という女は十時ごろには大概帰って行った。　　（暗夜行路）

のような、事態の確率を示す用法をへて、

- 大将のことだから、大抵出かけて来るだらうけれど…。（多情仏心）
- 例の(考えておこう)だから、大概いいだろうと思う。　（暗夜行路）

のような、推量と呼応する用法を派生しかけている、と推測される。「おおかた」の場合は派生が一応完了して、多義語もしくは同形異品詞として分化している。「大抵・大概」は、いまだ過渡的な状態にあると思われるが、共時的研究としても、こうした(叙法副詞から見て)周辺的なものも、そういうものとして記述すべきだろう。そしてそのさいの手がかりは便用量であろう。質的なちがいは量的なちがいとして現象すると、筆者には思われる。

　前節まで、基本叙法と擬似叙法とを質的に異なったものとする点に力点をおいて考えてきた。本節では、両者を程度差をもって連続するものとする点に力点をおいて考えた。この二つの見方は矛盾・排除しあうものではない。いわば段階的に連続しているのである（森重敏 1965、pp.34–6）。《分類》とは本質的に、段階差と連続相とを同時に捉えなければ出来るものではない。そして、その具体的な姿は民族語によって異なるだろう。

　　個体(民族語)には、特殊相ばかりでなく普遍相もむろんやどっており、フンボルトの言う「比較言語研究」──今様には、対照的 contrastive 研究ないし対比的 confrontational 研究、および類型的 typological 研究

——は成立すると思われる。だが「分類学的言語学」を、おそらくは最低の鞍部で「乗り越え」てしまった人たちの中には、"universal な意味分類"の名のもとに、英語の分類にひきあてて日本語を分割しておきながら、両言語には興味深い共通性・平行性が見られる、などといった循環論に陥っている人たちもいるように見える。国語学史にひきあてて言えば、鶴峯戊申 1833『語学新書』以前とも言うべきこうした傾向が、「日英文副詞（類）」のみの特殊現象であれば幸いである。いや、これは他人事ではないかもしれない。本稿のいう「叙法」が、英文法なりロシア文法なりの翻案にすぎないのか、大槻文彦の"折衷"の域には達しているのか、それとも………という問いかけは、おこたってはならないのだろう。

4. 文の中での意味機能と単語としての意味機能―「やきつけられ度」

4.1 「きっと」と「かならず」

前節 3.2 で、「たぶん」は 6.8%の用例ではなく 93.2%の用例の方で、基本的性格を記述すべきだと述べた。しかし、23.9%の擬似叙法用法と 76.1%の基本叙法用法とをもつ「どうやら」は、どうだろう。76.1%という過半数が基本叙法と共起しているから基本的叙法副詞だと単純に言ってしまうのは、まずいだろう。なぜなら「ゆっくり」のような全く叙法に関わらないと思われる副詞でも、擬似叙法的述語と共起する例が過半数をしめることはないだろうから。また、共起現象の数値を単純にウノミにすると、たとえば「とっとと（歩け）」という副詞は、（ある作品に限れば）命令と共起した例が過半数をしめるから、命令と呼応する叙法副詞だ、ということになりかねない。

ここには問題が二つある。一つは、「ゆっくり」などの非叙法副詞をも含め、それを基準の一つとして「叙法度」を計る方式を求めること。これは現在の筆者の手にはあまる。もう一つは、「共起」することと「呼応」することとは、並行関係にあることも多いが、原理的には区別すべきかもしれない、という問題である。こちらは、避けて通るわけにはいかない。こちらに

一応の解答を出さなければ、計量的方法も求められないだろう。
　「共起」現象は、同じレベル（節 clause）に同居しているということだから、比較的単純に形式化しうる。「呼応」は、単なる同居ではなく、むすびつきであるから、つきつめていけば"意味"的関係である。「ぜひ私も行きたい。」の「ぜひ」を話し手の希望と呼応していると見るか、有情主体の希望と呼応していると見るか、実現の必要性と呼応していると見るか、という問題が生じるのも、このためである。最終的には、分析者の解釈力が問われることになる。しかしまた、「共起」と「呼応」が基本的に――あるいは大多数の場合というべきか――並行関係にあることも、事実である。先の「とっとと」も、

　　しゃんと腰をのばして、とっとと歩いている。　　　（厭がらせの年齢）

のような用法を自らは使用しないという世代も、すでに存在するかもしれない。とすれば、叙法副詞化の傾向にあるとは言ってよいのかもしれない（とはいえ「とっとと………出て行け／歩け／しまえ」など、退去・消滅の意の動詞にほぼ限られた、慣用句性の高いものだろうが）。
　「共起」はいわば量的現象、「呼応」は質的関係だが、質的なものが量的現象を生じるとともに、量的現象が質的変化をもたらすとも、一般的に言える。文の中での意味機能が、使用のくりかえしの中で、しだいに単語の意味機能としてやきつけられていくのである。「共起」と「呼応」とが、基本的なところで並行することは、不思議なことではない。

　ここで、話をもうすこし具体的にしよう。前節で／確信／の副詞として扱った「きっと」は、ほかに次のような用法にも立つ。

　　・明日は屹度入らして下さいましね。　　　　　　　（或る女）
　　・よろしい、きっと糾明しましょう。　　　　　　（自由学校）
　　・新さん、済まない、そのうちに、きっと行くよ。　　（末枯）

など、依頼・命令・意志といった《願望―意志的な叙法》と共起する用法に44例、

- 何か嘘をつくと、その夜はきっと夜半に目が覚めた。（田園の憂鬱）
- 一盃やると、きっとその時代のことを思出すのが我輩の癖で………だって君、年を取れば、思出すより外に歓楽が無いのだもの。（破戒）
- 高いノックの先触れで入って来たのは、三日に一度きっと帰ってゐる**富美子**であった。　　　　　　　　　　　　　　　　（真知子）

など、一定の条件の下にくりかえして起こるコトガラの確率の高さを表わす用法に41例である。これは、前節末にふれた「きまって・いつも」「よく・往々にして・えてして」などと類義関係をなすもので、過去や連体節内の用例も珍しくはない。ところで、／確信／の用法は279例であった。

　これでもまだ、一語一義的に考えることは不可能ではないかもしれない。「きっと」を／きわめて高い確率で／とか／例外なく／とかの意味だとして、確信や命令の叙法と共起する場合も、図式的に示せば

- 〔きっと彼は来る〕φ／ダロウ。
- 〔きっと来〕いよ／てね。

の如く、「きっと」はコトガラの確率を限定するのみで、叙法とは呼応しない、累加もしくは包摂の関係にあるのだ、と「入れ子」式に考えるのも、論理的には一応可能だろう。奥津1974は、じっさいそうしている。しかし、それは「きっと」だけを見ていれば、の話である。

　「きっと」に似た副詞に「かならず」がある。

- 必ずあんたを狙ってこっちへ来るだろうな………。　　　　　　　　　　　　　　　　　　　　　　　（シナリオ女囚701号）
- この男をマークすれば必ず奴は現われる………。　　　　　　（同上）

のような、特定の個別的なことがらについてのアクチュアルな確信・推測と共起する用法に 36 例、

- 必ず無傷でお返ししよう。　　　　　　　　（シナリオ宵待草）
- はい、必ず参ります。　　　　　　　　（シナリオ華麗なる一族）
- 私も裁判には必ず一緒に行ってやるからな。（シナリオ狭山の黒い雨）

のような、アクチュアルな意志・決意と共起する用法に 29 例、

- 一匹が鳴くと、必ず何処かで又一匹が呼応する。　　　　（麦と兵隊）
- 父は勝った時には必ずもう一度遣らうと云った。　　　　（こころ）
- 生あるものは必ず滅する。　　　　　　　　　　　　　（阿部一族）

のような一定の条件の下にくりかえされることがらや、普遍的な現象などの確率が（ほぼ）100%であることを表わす、擬似叙法の用法に、これがいちばん多くて、96 例用いられている。以上のほか、

- この面、頭に叩き込んで、必ずひっ捕えて来い………いいな。
　　　　　　　　　　　　　　　　　　　　　　　（シナリオ女囚701号）
- 年頃になったなら、必ず木下と姿はして欲しいといふのであった。
　　　　　　　　　　　　　　　　　　　　　　　　　　　（河明り）

のような、命令や希求と共起した例が 9 例、

- 所有者が真に所有権を主張したい品物は、必ず戸の内側に納わなければならない。　　　　　　　　　　　　　　　　　　（自由学校）

のような、義務・必要と共起した例が 12 例ある。しかし、これら（とくに後者）は、個別的なことがらではなくて一般的な命題に近いものが多く、また個別的なことがらであっても、『河明り』の例のように、希求に関わって

いるか疑わしいものが多い。／確率／の用法に加えるべきかもしれない。じつは、先に／確信／と／意志／の用法とした中にも、波下線で示した条件をもった各1例のように、あるいは／確率／の用法とすべきかと疑われる例がないわけではない。こうした疑問が「きっと」にくらべて、はるかに多く出るのも、「必ず」の基本的用法が／確率／であるためであろう。さて、このように「きっと」と「かならず」は、用いられる用法の範囲としてはさしたるちがいはないように見えるが、各用法の使用量のかたよりは明らかに異なっている。

	確信	意志命令	確率	（不明）
きっと	279	44	41	
かならず	36	29	96	（＋21）

　一語一義的に考えた方がよくはないかという誘惑は、「かならず」の場合に、とりわけ強い。確信的推量と呼応する機能も、それを限定強調する意味も、「きっと」にくらべて、そのやきつけられかたが弱いのであろう。「きっと」と「かならず」とを、ともに一語一義的に考えるのは、両者の構文的な機能（用法）のちがいを、そしてそれに応じてやきつけられた（やきつけられつつある）意味のありかたのちがいを、見過すことになる。「きっと」は多義的に考えてよいが、「かならず」は一義と考えるべきだとするのは、「きまって」とのちがいを説明しにくくするだろう。

　　　かならず 　｛あした来て下さい。
　＊　きまって 　｛あしたは晴れる。

「きまって」と「かならず」とのちがいを一義的につけようとすれば、おそらく〔習慣的・反復的なことがら〕という特徴の有無ということになるだろう。外延の広い「かならず」をひとからげに規定しようとすれば、当然その内包は希薄なものとならざるをえない。それはよいとしても、こんどは「きっと」との、次のようなちがいを論ずる基盤を失うことになるだろう。

```
 *　かならず ｜   ｛あの子はどこかに行ったのだ。    〈説明文〉
              ｛あれは鈴木さんだよ。            〈名詞文〉
    きっと  ｜   ｛田中さんは来ませんよ。          〈否定平叙文〉
```

　使用頻度の高い基本的な語彙の多くは多義語である。それは外延的に広い用法に立ちつつ、内包を貧弱なものにしないための、必然的ななりゆきなのだと言っていい。多義語は、人間の英知である。一語一義説は、言語体系の基本的なところで無力な理論・仮説なのではないか。
　一語一義説とは対極をなす、単語の意味を「用法の総体」だとする説もまた、極端で受け入れがたい。文の中での用法（意味と機能）が、すべて単語にやきつけられた性質ではあるまいから。また、文の意味が単語の意味の総和以上のものであることは、もはや言うまでもあるまい。そうでなければ、そもそも構文研究など、おこりようもなかったろう。
　一語一義説も、意味＝用法説も、いずれも単語の意味を、あるいは語形にあるいは文の用法に、一対一に対応させようとする単純化にすぎない。真実は、この両極の間に、どこまでやきつけられたものとしてあるか、という形で存在するように思われる。

　最近、佐治圭三 1980（学界展望）は、尾上圭介 1979 の「は」の研究を批評し、ひきつづいて高橋太郎 1978 の「も」の研究を批評するという文脈のなかで、こうした語（的な形式）の分析方法として、語の「文脈的実現」の中に、「中心的性質」「共起的性質」「副次的特徴」「現象的外見」（「個別的臨時的特徴」）を区別して記述する方法を提案している。これは、単純な本義説を修正、精密化しつつ、「羅列的」な用法記述を克服しようとする試みと見られ、興味ぶかい。佐治は「中心的性質」について

　　「は」のような、一定の語形と意味（対象的意味とか機能的意味とか）を
　　持つ形式には、それがどこに現れていても常にもっている性質があるも
　　のと仮定し、それを「中心的性質」と呼ぶ。（p.46。下線は引用者）

と述べ、「中心的性質」「共起的性質」その他を同心円の形で図示している。これは、この方法が基本的には本義説に属していることを示すのだろう。ただし、前半の〈「は」のような………形式には〉の部分の意味が、つまり、〈「は」のような〉が制限的連体なのか非制限的連体なのかが、問題ではある。もしあらゆる(多義的な)形式に、の意だとしたら、一般方法論としてまずいと思われる。国語研(宮島達夫)1972(第2部)や、池上嘉彦1975(§12.3、4)が指摘し、実証・論証しているように、「連鎖状」の意味派生によって、全体に共通する意味特徴が見出せない多義語もあるのだから。そこで、この部分は、「中心的性質」が見出せる形式もある(多い)、の意だと解することにする。そう解してよいのなら、副詞の記述にとっても、有益で重要なてつづきとなるだろう。

　「きっと」の場合、さきほどの用法記述から、三つの意味があるとしてみる。ひとつは〔特定の事態の存在・実現(あるいは事態の説明)の確実さについての、話し手の確信〕、ふたつめは〔まだ実現されていないことがらが、確実に実現されることを期待する話し手の気持ち〕、みっつめは〔一定の条件のもとに一定のことがらが、ほとんど例外なくくりかえされる確率性〕、と仮定する。最後のものには／文語的／という文体的な特徴もあるだろう。こうしたうえで、3つの意味が「きっと」という一語に統一されている根拠を問うとき、この場合は、共通の特徴として／確率の高さ／がとりだされる。これが「中心的性質」なのだろう。また、三つの意味が文の中で実現する条件を問うとき、①アクチュアルな判断を表わす述語と共起した場合は、〔話し手の確信〕、②アクチュアルな意志命令などの述語と共起した場合は〔話し手の期待〕、③一定の条件を表わす状況成分(およびポテンシャルなテンスの述語)と共起した場合は、〔くりかえし現われる事態(の確率)〕という、「共起的性質」がとりだせるのだろう。もし、②の意味は分化していない、やきつけられていないとすれば、①または③の「副次的特徴」ないし「現象的外見」ということになるのだろう。こうした精密化は、たしかに必要だ。

　しかし、共通の特徴／確率の高さ／が「中心的」な性質だとするのは、ことばじりをとらえるようだが、賛成できない。あえて言うなら、「一般的性

質」と呼ぶべきではないだろうか。「中心的」というのは「本質的意味」にまぎれやすいから。そして、共通特徴／確率の高さ／が、本義＝本質的意味だというのは、現代語の記述として本末転倒であり、③のすたれつつある意味が本質的意味に最も近い、というアナクロニズムになるから。

　「中心的」という名づけ方・捉え方は、こういう危険を排除できるだろうか。また「中心的性質」「共起的性質」などを同心円状に思い描くのは、この危険に一歩ふみだしてはいないだろうか。いくつかの意味が分化し、それらが他の意味と、共通面と特有面とをもちつつ関係し、構造をなしている、と見た方がよくはないだろうか。「連鎖状」の多義語の場合、一般的「中心的」意味は求められず、その多義の構造こそが、その語の統一性の根拠となるだろう。──こう考えてきたとき、今まで無視してきた問題につきあたる。

　　④　きっとにらみかえす。／　きっと結んだ口もと
　　⑤　きっと申しつけたぞ。／　しゃべらぬよう、屹と念を入れて置くぞ。

のような「きっと」──アクセントは頭高型──との関係である。⑤が②と関係するのは比較的見やすい。④はどうか？　一つの多義構造をなすか否か、つまり、多義語か同音語か、また、そのさいアクセントのちがいをどう評価するか、という問題になる。これは、本稿の説明能力をこえている。最終的な解決は、構造の移りゆきを体系的にとらえる「歴史」的な研究にゆだねられねばならないのかもしれない。しかし、叙法副詞の共時的記述という限定の中でも、その記述方法は、歴史的研究と矛盾しないようにたてられなくてはならないと思われる。「やきつけられた意味」あるいは「意味のやきつけられ度」という、あいまいといえばまことにあいまいな用語に固執するのは、このためである。ただし、佐治提案のような精密化の努力が必要であることもまた、確かなことである。

　なお、高橋太郎 1978 が「羅列的でまとまりを欠いたものに感じられる」としても、それは、「中心的性質をはっきりおさえ」ていないから

ではなく、多義の間の関係を構造的にとらえることにまだ成功していないからであろう（高橋1978、p.16, 47）。多義語を構造的に記述するのは、言うに易く行なうに難いことではある。【しかし、そこから逃げるわけにもいかないだろう。】

4.2 「ぜひ」について　ふたたび

　以上見てきたように、構文的な意味・機能が使用のくりかえしの中で、単語にやきつけられるのだとすれば、そしてそれが共時的には、使用量のかたよりとして現象するだろうと考えるならば、さきに3.1で「ぜひ」を〔実現の必要性の強め〕という意味をもつ擬似叙法的な（B段階の）副詞だとした扱いは、再考を要することになるだろう。すでに述べたように、資料とした84作品に見られた119例の中には、内省によってありうるとした純然たる連体節内の用例は一例もない。これは、まずは、筆者の手もとの資料の貧弱さを示すものなのだろう。

　理想的には、ありうると内省される用例がすべて実際に採集されるまで網羅的な採集をつづけるべきなのだろう。筆者の現在の資料が理想にほど遠いことは告白しなければならない。ただ、こうした資料でも、筆者の内省だけでは得られなかっただろうと思われる用例用法を、少なからず含んでいるということも、言っておくべきだろう。なお「ぜひ」119例の中には、名詞用法のもの、呼応すべき述語が省略されたもの、それに「ぜひとも」「ぜひにも」「ぜひ＼／」などは含めていない。

しかし、この貧弱な資料の中にも、

- 是非、お話し**たい**ことがあるの。入らっしゃいよ、サァ。（自由学校）
- 君の力で是非手に入れ**てほしい**ものがある。（シナリオ華麗なる一族）
- 私はそれまでに、ぜひ一軒ひとまご乞ひに行って来**たい**ところがあるので、手廻しに少し早く起きたんですよ。　　　　　　（桑の実）

など、「〜こと／もの／ところ／ひと etc. がある」という形の「連体」の例なら 11 例ある。また、

> ・私は近いうちに暇を見て、是非、空気清浄の競馬場へ清遊に赴き度い旨返信した。　　　　　　　　　（故旧忘れ得べき）

という、準引用とでもいうべき「連体」も 1 例ある。「〜タイのだ・ものだ」など叙法助辞化したものももちろんあるが、連体節内の用法いかんを問うているいまは、考慮の外におく。この「〜タイことがある」式の文の分割は、

　　　a）私(に)は ｜(ぜひ)行って来たいところが｜ある。

のような、"存在構文"のものではなくて、

　　　b）私　は｜(ぜひ)｜行って来たいところがある。

ではないか。つまり「タイことがある」式の形式は、「複合述語的な構文」[国語研（鈴木・南）1963、p.170–]に近づいたものであって、「ぜひ」が連体節に収まる例と見なすには無理があるのではないか、と思われる。そう思われる根拠は二つ指摘できる。一つは、いわゆるガノ変換ができないことである。

　　　　私は　　 (ぜひ)お話したいことがある。
　　？　私が　 　(ぜひ)手に入れてほしいものがある。
　　＊　私の　 　(ぜひ)あなたに紹介したい人がある。

もちろん、

私の(ぜひ)お話したいことは(が)、**この点に**ある。

は可能だし、

　　　私の(ぜひ)君の力で手に入れてほしいものが、**ここに**ある。

も、おちつきはわるいが、不可能ではないかもしれぬ。しかし、これらは問題の文とは、明らかに意味が異なり、構造的にも異なる。ａ型の文である。さらに、「〜人がある」の場合は、「ある」と「いる」との対立がからみ、

　　＊　私のあなたに紹介したい人が、ここにある。　　　　（存在構文）
　　　cf. 私は(きょう)あなたに紹介したい人が三人あります。（準所有構文）

は、ちょっと言いがたい。
これが第二の根拠に関連するのだが、

　　　ぜひあなたに紹介したい人がある。

という、いわば非人格的用法を、

　　　ぜひあなたに紹介したい人がいる。

のように「いる」に置きかえて半「人格」化することまでは、構造を変えずに可能かもしれないが、

　　＊　(私は)ぜひあなたに紹介したい人がいらっしゃいます。

と尊敬語化することは、意味・構造を(ａ型に)変えずには不可能である。「(私は)……たい人がある」の「人が」は、存在文の主語ではなく、「私は」を主語とする「準所有文」の一部(補語？)である。（参照：屋久茂子1967）

なお、第一の根拠のガノ変換の例文で、「私が」に？をつけておいたが、これは、「私」が新情報となるような文脈では一応可能であろう。ただし、三尾砂のいう「転位の判断文」として、文末は「〜のです」の形になるだろうが。

以上二つの現象は、「〜タイものがある」等を「複合述語的な構文」とする証拠には、直接にはならないのであるが、「ぜひ」が連体節に収まる証例とはいいがたいことの証拠にはなるだろう。たしかなことは、「〜タイものがある」等が「ぜひ」と比較的に共起しやすい特徴的な形式だということである。ひとしく、形式的に「連体」とはいっても、おおざっぱに言って、

- ぜひ来てもらいたい<u>田中君</u>に連絡する。　　　〈純然たる補語〉
- ぜひ来てもらいたかった<u>人</u>が来ていない。　〈逆接性をもつ主語〉
- 田中君は、ぜひ来てほしい<u>人</u>です。　　　　　〈述語名詞〉
- ぜひ行きたい<u>人</u>は、手をあげなさい。　〈条件句性をもった主題〉
- ぜひ会いたくなった<u>時</u>は、電話します。〈条件句性をもった状況語〉
- ぜひたのみたい<u>用</u>がある。　　　　　　　　　〈Nがある式〉

のような例で、上から下へ行くにしたがい実質体言性が弱まり、「ぜひ」の使用量は高まるのではないか、と臆測をたくましくしてみたくもなる。ひとしく「連体」とは言っても、その関係する体言が、文全体の中でどんな役割り＝機能をはたしているか——たとえば、主語か補語か状況語か述語か、また、逆接的か条件的か中立的か、など——にしたがって、その体言の「体言らしさ」も異なり、そこにかかる連体節の叙法性の強さ「ムウ度」も異なるのではないか。「ぜひ」の叙法性の本格的な記述としては、おそらくこれをも問わなければならないのだろう。

先に、考慮の外においた「のだ・ものだ」など述語の一部として叙法助辞化したものが、こうした「体言らしさ」の弱まりの極に位置することは、ほぼまちがいあるまい。なお、連体節の叙法性に関しては、三上

章 1953 が「トイフ抜け」の「連体まがい」(p.281)とアダ名した現象もからんで、さらに複雑化する。

こうした複雑さをはらむ「連体」を、安易に擬似叙法か否かのメルクマールの一つとした 3.1 の記述は、それだけでも単純化のそしりをまぬかれないだろう。そこでは、「ぜひ」は、それと呼応する接尾辞「―たい」等と同じ扱いを受けていたことになる。それがおかしいことは、『雑誌 90 種』の調査資料で言える。

		総 数	中立的名詞	述 語名 詞	条件的名 詞	形 式名 詞	N がある式	合　計
雑誌	たい	662	27(4.1)	11(1.7)	13(2.0)	38(5.7)	10(1.5)	99(15.0)
90 種	ぜひ	37	0	0	0	0	3(8.1)	3(8.1)
本稿		119	0	0	0	1(0.8)	11(9.2)	12(10.1)

これは、どんな体言にかかる連体節の中に、どのくらい用いられているかを示す表である。カッコ内は％。これによって、「ぜひ」が「―たい」より叙法性が強いことが見てとれよう。またも三上章 1953 のことばを借りれば「ムウドを硬化する作用」(p.309)を「ぜひ」にも認めなければならない。「ぜひ」がＢ段階的な擬似叙法性をもつことは否定できないし、また否定する必要もないのだが、同時に、Ｃ・Ｄ段階的な基本叙法性が、かなりの程度にやきつけられている、と見なす必要もあるのである。ただ、先の「きっと」のように多義語と見なすべきかどうかは、まだ問題である。基本叙法性は、まだ「副次的」なものにとどまっているかもしれない。この問題は、「ぜひ」の通時的調査と、またたとえば、工藤真由美 1979 のような述語の叙法の通時的調査とをふまえつつ検討されるべきであろう。今後の課題としたい。なお、

　　　・どうぞ／どうか／ぜひ／なるべく、お立ち寄りください。

の四つはどうちがうか、その使い分けは？　という実践的要求に対して、そ

れぞれD、C、B、Aという異なった段階の要素で、たとえば「なるべく」は「ナルベクユックリ歩キナガラ」という用法をもつ、といった指摘をするだけでは、十分ではないだろう（ただし、程度副詞との交渉を物語るものとしては、重視すべきだが）。「なるべく」も依頼文に用いられることが少なくないからこそ、上の質問も出て来るのだということの確認が、文法研究においても、出発点であるとともに到達点の一部にならなければならないだろう。

5. 「下位叙法」の副詞（成分）について

5.1 「下位叙法」の副詞と仮称するものの語例は、1.4のリストにD類としてあげたが、この類については、いまだ分析が十分でない。その下位区分も便宜的である。まず、実例をいくつかあげよう。

- <u>実は</u>当初予想していたよりかなり悪い状態で、<u>正直なところ</u>、当行としても困っている**のです**。　　　　　（シナリオ華麗なる一族）
- あんた、<u>本当は</u>お芝居じゃなくて、うちの座長が好き**なんじゃない？**　　　　　（シナリオ旅の重さ）
- <u>思えば</u>、長い一月あまりだっ**た**。　　　　　（自由学校）
- それは少年たちの心の悲劇を表現した悲しい詩である。<u>いわば</u>少年たちの訴えであり、告白である。　　　　　（人間の壁）
- 方法は容易に見付かるのである。<u>現に</u>アメリカにそのサンプルがある**ではないか**。　　　　　（厭がらせの年齢）

これらは、述語部分だけでは表わしきれない、さまざまな文の叙法性を表わし分けるものである。とはいえ、まったく新たな叙法性をうみだすのではなく、述語によって基本的に定められた叙法の大枠——平叙ないし確認要求——の中で、その下位種としての種々ののべたてかた（すなわち「下位叙法」）を表わし分けるものである。

ここでいう「平叙」の叙法とは、希望や当為の擬似叙法をも含む。下位叙

法の副詞は、一般に、

 ＊　じつは——君が行きなさい。
 ＊　つまり——一緒に行きましょう。

のように、／はたらきかけ（命令）／の叙法には用いられないが、

 じつは——君が行く<u>べき</u>（なの）だ。／君が行か<u>なくてはいけない</u>（のだ）。
 つまり——一緒に行き<u>たい</u>のです。／一緒に行って<u>ほしい</u>のです。

など、当為や希望・希求の擬似叙法を対象化して（「—のだ」と）"のべてる"叙法には用いられる。これをも含んで／平叙／の叙法と言う。また、

 ＊　じつは——あなたはあした出席されますか？
 ？　つまり——かれはほんとに来てくれるだろうか。

など、基本的な／質問・疑問／の叙法には用いられないか、用いにくいようである——ここは、もっと精密化する必要がある——が、

 じつは——あなたはあした出席されるんでしょう（／上昇調）。
 つまり——かれも来てくれるんではありませんか（／上昇調）。

のような、一定の答を予期しつつ、同意や確認を相手に求める「質問」文には用いられる。これを／確認要求／の叙法と呼んでおく。

> 「確認要求」という用語は、国語研（宮地裕）1960、1963から借りたが、内容が一致しているか定かでない。上昇調の〜ンデハナイ（アリマセン）カ（／）は宮地は「判定要求」とするようにも見える。なお下降調の（タブン）〜ノデハナイカ（＼）は、すでに平叙のうちの／推量／に移行したものと筆者は見ているが、これら、宮地1951のいう「見かけの疑問形

態」については、なお検討を要することが多い。

　さて、このように下位叙法の副詞は、おおむね平叙ないし確認要求の述語としか共起しない、という叙法的共起制限をもつ。前節で筆者は、「共起」と「呼応」は平行する、と言った。また「呼応」はつきつめれば意味的関係だ、とも言った。ならば、この下位叙法副詞の共起制限も呼応ではないか、と問うてみる必要があろう。じっさい「思えば、不幸な生涯でした」では、過去の平叙(回想)法と、「案の定、来なかった／来ていない。」では、過去・現在の「確認」の叙法と呼応している、と見ることも出来るかもしれない。
　問題は、そうした叙法的意味が述語の形式の中にどこまでやきつけられていると見るか、にかかっている。それが「思えば」「案の定」などの副詞と共起する環境において、臨時的な facultative なものとしてあるのだとすれば、呼応ではない。副詞こそが下位叙法性を決めているのだから。しかし、それが述語の意味としてもやきつけられていると見ることができるなら、呼応だということになる。だが、そう見るための形式的根拠があるだろうか。
　「ことによると」という複合的な叙法副詞と、「―かもしれない」という複合的な叙法(補)助動詞とは、おそらく、歴史的に相互に影響を与えながら、挿頭と脚結として、その形式と意味とを定着させてきたのだろう。「間違いなく」と「―にちがいない」など、形が似すぎて共起することはまれだろうが、挿頭と脚結との相互関係を考えさせるものとして、象徴的なものではある。叙法副詞と述語の叙法形式とに、こうした相互作用があるのだとすれば、単純な割りきりはつつしまなければならない。じっさい、

- 思えば、遠くへ来た<u>もんだ</u>。
- どうせ、負ける<u>にきまっている</u>。
- 所詮、遊び<u>にすぎない</u>。

といったような共起の傾向がないわけではない。さらに、先に触れた「じつは」と「つまり」など、一般化して／うちあけ／と／まとめ(はしょり)／とアダ名しておいた類は、「―のだ」と共起する例が半数近い。この〈用言ノ

叙法副詞の意味と機能　49

ダ〉に〈体言ダ〉をあわせて、／説明／の叙法——あるいは佐久間鼎1941の「品さだめ」、三尾砂1948の「判断」と呼ぶべきか——を表わす形式と見なせるのなら、もはや呼応と言うべきかもしれない。D下位叙法の副詞は、B現実認識的叙法の副詞へと連続する、と考えられる。

　にもかかわらず、B'とせずDとして一類をたてたのは、そうした形式が筆者に見出しがたい語が、少なくないからである。形式を見出さぬまま、述語に文の叙法性を読みこんでしまっては、誤まった述語絶対主義に陥るからである。それは、「入子式」構文観に転一歩である。しかし他方で、形式と内容（意味・機能）とが常に調和しているわけでもなく、歴史の中の一時点においては、矛盾をはらんだ様相を呈することがある——V.Mathesius（1911＝1964）のいう潜在性 potentiality を、また S.Karcevskij（1929）のいう非対称的二元性 dualisme asymetrique をこう理解（曲解？）しうる——とすれば、下位叙法副詞のような過渡的周辺的な語類の分析・位置づけは、なお慎重に検討する必要があるのだろう。

5.2　さて、いま下位叙法の副詞が「少なくない」と言った。しかし、その少なくないものの中には、「じつは・本当は」とか「実を言えば・言ってみれば」とか「実のところ・早い話（が）」といった、形態上、単位性が問題になるものもまた、少なからず含まれている。このことをめぐって、三つのことを考えて、本稿のしめくくりとしたい。

　まず確認しておきたいことは、これらは単位性に問題があるとはいえ、なんらかの程度に一語化ないし慣用句化したものであるということである。それは、使用量、語形変化の退化、格支配・被修飾性の喪失といった形式的な裏付けが、それなりの程度に指摘できよう。個々の吟味は省かせてもらうが、

　　　ex)　＊　実を言う。　　　＊　実を言わない。　　　＊　実を言え。
　　　　　　＊　私がつくづく思えば、遠くへ来たもんだ。　cf)　今にして思えば
　　　　　　？　非常に厳密には、これは副詞ではない。　cf)　非常に厳密に言えば

第二に、これらが慣用句(的なもの)としてあるということは、裏を返せば、その母体として、もっと自由な組合せのものがあるということである。

- 僕は……まあ、結論から言いますと、いまの沢田先生の御提案には、急には賛成しかねると思うんです。　　　　　　　　（人間の壁）
- 極端ないい方ですが、日本の軍隊のなかに道徳はなかったと私は思います。　　　　　　　　　　　　　　　　　　　　　（人間の壁）

など、三上章1953が「発言のムウド」(p.318–)、国語研(鈴木・南)1963が「ことばそのものに対して補足的説明を加え、かつそのことばを導入する陳述的成分」(p.82)と呼んだものがそれだろう。下位叙法の副詞とは、その無限の母体の中から、なんらかの必要があって、複合副詞へと定着・凝結しつつあるものなのだろう。こうした、母体としての従属節と、定着・凝結としての副詞という関係は、なにも平叙性のBやDにのみ見られるわけではない。「頼むから・お願いだから、悪いけど・よかったら」などが、「なんなら・できれば」ほどではないが慣用句的なものとして、Aドウゾ類へと連なり、「へた(を)して………したら」「まかりまちがって………なったら」などが、Cモシ類のすそ野をなすだろう（これらを一類として立てなかったのは語例がさほど多くないからである）。

　こうして、叙法副詞は全体として、前置き的・注釈的な従属節を母体とする品詞だ、ということになるだろう。

　最後、第三点。叙法副詞(陳述副詞)が、他のことがら的成分からは切り離された、独立語的、遊離語的な成分をなすことは、何人かの学者の認めるところ。いまそれに関連して

- この vision という言葉は面倒な言葉です。生理学的には視力という意味だし、常識的には夢幻という意味だが、〈下略〉　（私の人生観）
- 厳密には、これは病気ではない。　　　　　　　　　　　（朝日新聞）

の如く、助詞「は」を伴い、語順も文（句）頭に位置して独立化する、「観点」の下位叙法副詞があることを指摘しておきたい。この「生理学的には」「厳密には」などは、じつは、「観点」と見なせば叙法的だが、ことがらの「領域・側面」と見なせばことがら的——状況語もしくは側面語——だといった、中間的な存在である。それだけに、陳述副詞化の第一歩が、文構造的には、ことがら成分（修飾語・状況語など）の"独立化 обособление"にあるのではないかと思わせる。

　　ほとんど同じことが、本稿の対象外だが、「ありがたくも・親切にも」のような評価副詞（成分）にも言えるだろう。また「たぶん——多分に」「じっさい——実際に」「格別——格別に」「あまり——あまりに」等々の語尾「に」の消失も、同趣のものと言えようか。

こうして、叙法副詞の機能の一般化として、ことがら的な"修飾語"とは区別して、感動詞や接続詞とともに"独立語"とする考え方も出て来うる。ただし、述語との呼応——叙法の限定——を重視すれば"叙法語"もしくは"陳述語"を、一つの成分として、あるいは独立語の下位類として立てることになるだろう。結論はむろん、いま出せない。感動詞・接続詞の検討を欠くから。

　叙法副詞から感動詞（応答詞）化するものに、「どうぞ・なるほど・いかにも・もちろん・まったく」などがある。「さあ・まあ」などは逆の方向のものか。

　接続詞との関係は、かなり深刻である。本稿で「下位叙法」の副詞としたものの大半を、接続詞とすべきだと考える人も多いだろう。とりわけ文章論研究者、国語教育関係者に。〈文の述べ方を示す〉ことと、〈前後の文を関係づけ接続する〉こととは、排他の関係にない。極論すれば、接続詞は、すべて叙法副詞に入れた上で、承前性をもつ（下位）叙法副詞という下位類とすることも、形式論理的には、不可能ではない。しかし、こうした妄想は、「下位叙法」の副詞の性格づけが不十分だから、生じたのにちがいない。この面でも、たとえば中村明1973のような地味な作業が、方法論的反省を伴ない

つつ、なおつづけられねばならぬのであろう。

以上、遅々とした歩みの「陳述副詞の記述的研究」の中間報告とする。

［付記］本稿は、奥田靖雄氏、鈴木重幸氏、それに森重敏氏の諸論考から、いちいち引用するのがはばかられたほどの大きな影響をうけて書かれている。心からの感謝の念で記させていただく。——それ自体としては不毛であった、かの「論外」争（『国語学』65, 67）から、15年が経過した。未熟な本稿に、鈴木・森重両氏の名を連ね記すことが、世にいう恩を仇で返す類いとはならぬことを、いまは念じるのみである。

資料一覧（詳しくは『国立国語研究所年報』16〜18、27を参照されたい）
I　文学作品

国木田 独歩 1898『武蔵野』*	泉 鏡花 1900『高野聖』*
伊藤 左千夫 1906『野菊の墓』*	島崎 藤村 1906『破戒』*
田山 花袋 1907『蒲団』	二葉亭 四迷 1907『平凡』*
森 鴎外 1913『阿部一族』*	有島 武郎 1913『或る女』*
鈴木 三重吉 1913『桑の実』*	夏目 漱石 1914『こころ』*
徳田 秋声 1915『あらくれ』*	芥川 龍之介 1915『羅生門』*
久保田 万太郎 1917『末枯れ』	佐藤 春夫 1918『田園の憂鬱』*
菊地 寛 1919『恩讐の彼方に』*	武者小路 実篤 1919『友情』*
志賀 直哉 1921『暗夜行路』*	長与 善郎 1922『青銅の基督』
正宗 白鳥 1923『生まざりしならば』	里見 弴 1923『多情仏心』*
宇野 浩二 1923『子を貸し屋』	宮本 百合子 1926『伸子』*
宮沢 賢治 1927『銀河鉄道の夜』*	小林 多喜二 1929『蟹工船』*
横光 利一 1930『機械』	野上 弥生子 1930『真知子』
永井 荷風 1931『つゆのあとさき』*	谷崎 潤一郎 1933『春琴抄』*
尾崎 一雄 1933『暢気眼鏡』	室生 犀星 1934『あにいもうと』
佐多 稲子 1936『くれない』	阿部 知二 1936『冬の宿』*
高見 順 1936『故旧忘れ得べき』	川端 康成 1937『雪国』*
島木 健作 1937『生活の探究』	中山 義秀 1938『厚物咲』

堀 辰雄 1938『風立ちぬ』* 　　　　　火野 葦平 1938『麦と兵隊』
船橋 聖一 1938『木石』 　　　　　　岡本 かの子 1939『河明かり』
太宰 治 1939『富嶽百景』 　　　　　丹羽 文雄 1947『厭がらせの年齢』
井上 靖 1949『闘牛』 　　　　　　　伊藤 整 1949『火の鳥』
獅子 文六 1950『自由学校』 　　　　井伏 鱒二 1950『本日休診』
大岡 昇平 1951『野火』 　　　　　　野間 宏 1952『真空地帯』*
三島 由紀夫 1954『潮騒』 　　　　　石原 慎太郎 1955『太陽の季節』
円地 文子 1957『女坂』 　　　　　　石川 達三 1959『人間の壁』

II　科学説明文・論説文など
小林 秀雄 1934–51『私の人生観』　　笠 信太郎 1950『ものの見方について』
(以下『現代日本思想大系 25・科学の思想 I』から)
長岡 半太郎 1936「総長就業と廃業」
武谷 三男 1947「革命期における思惟の基準」
湯川 秀樹 1948「物質世界の客観性について」　　渡辺 慧 1948「原子党宣言」
(以下『現代の教養 6・学問の前線』から)
石田 英一郎 1965「抵抗の科学」　　藤森 栄一 1965「旧石器の狩人」

III　映画シナリオ
『年鑑代表シナリオ集』1971〜74 年版(ダヴィッド社)から以下の作品
　1971：やさしい日本人　　水俣——患者さんとその世界　　婉という女
　　　　女生きてます　　八月の濡れた砂　　遊び　　男はつらいよ——寅次郎恋歌
　1972：約束　　忍ぶ川　　女囚七〇一号——さそり　　旅の重さ
　1973：戒厳令　　人間革命　　時計は生きていた　　狭山の黒い雨
　　　　津軽じょんがら節　　日本沈没
　1974：華麗なる一族　　極私的エロス・恋歌 1974　　妹　　わが道
　　　　砂の器　　宵待草　　田園に死す

参考文献

Altman, H. 1978 *Gradpsrtikel-Probleme*. TBL Verlag Gunter Narr, Tubingen.
АН. СССР. 1954 《Грамматика русского языка. Т. II синтаксис》 Москва.
АН. СССР. 1970 《Грамматика современного русского литературного языка》 Москва.
АН. СССР. 1980 《Русская грамматика. Т. II синтаксис》 Москва.
Arndt, W. 1960 "'Modal Particles' in Russian and German." *Word* 16–3.

Bartsch, R. 1972 *Adverbialsemantik*. Athenaum Verlag, Frankfurt am Main.

 = 1976 *The Grammar of Adverbials*. North-Holland. (transl. by F. Kiefer)

Bellert, I. 1977 "On Semantic and Distributional Properties of Sentential Adverbs." *Linguistic Inquiry* 8–2, pp.337–351.

Часовитина, Л. А. 1959 "Модальные слова в современного японском языке." В 《Японский лингвистический сборник》 Москва.

Черевко, К.Е. 1967 "Лексико-грамматические разряды наречий в современном японском языке 《Исследования по японскому языку》 Москва.

Черевко, К.Е. 1971 "Наречия в системе частей речи современного японского языка." 《Вопросы японского языка》 Москва.

Danes, F. 1964 "A Three-level Approach to Syntax" *TLP*.1

Danes, F. 1968 "Some Thoughts on the Semantic Structure of the Sentence." *Lingua* 21.

Danes, F. ed. 1974 *Papers on Functional Sentence Perspective*. Academia. Prague.

Gardiner, A.H. 1951(2) *The Theory of Speech and Language*. Oxford UP. London.

 = 1958 『SPEECH と LANGUAGE』(毛利可信訳述　研究社)

Головнин, И.В. 1979 《Введение в синтаксис современного японского языка.》 Москва.

Greenbaum, S. 1969 *Studies in English Adverbial Usage*. Longmans London.

Grepl, M. 1973 "K podstate modalnosti" 《Otazky slovanske syntaxe》 III. Brno.

 = 1978 "О сущности Модальности" В 《Языкознание в чехословакии》 Прогресс, Москва. (перевод В. Ф. Васильевой)

芳賀　綏 1954「"陳述"とは何もの？」(京都大『国語国文』23-4)

Halliday, M.A.K. 1970 "Functional Diversity in Language as seen from a Consideration of Modality and Mood in English" *Foudations of Language* 6.

Halliday, M.A.K. 1976 *System and Function in Language*. Selected Papers edited by G. R. Kress. Oxford UP, London.

橋本進吉 1929 = 1959「日本文法論」(『国文法体系論』岩波書店)

Hintikka, K.J.J.,1969 *Models for Modalities*. Dordrecht, D. Reidel.

Huang, S-F. 1975 *A Study of Adverbs*. The Hague.

池上嘉彦 1975『意味論』(大修館)

泉井久之助 1967『言語の構造』(紀伊国屋書店。1939 年初版　弘文堂)

井手　至 1958「副用語の機能」(大阪市大『人文研究』9-2)

Jackendoff, R. S. 1972 *Semantic Interpretation in Generative Grammar*. MIT Press, Cambridge.

Jacobson, S. 1978 *On the Use, Meaning, and Syntax of English Preverbal Adverbs*. Almqvist &

Wiksell International. Stockholm.

Jespersen, O. 1924 *The Philosophy of Grammar*. George Allen & Unwin, London.
　　= 1958『文法の原理』(半田一郎訳　岩波書店)

Kajita, M. 1968 *A Generative-Transformational Study of Semi-Auxiliaries in Present-Day American English*. Sanseido, Tokyo.

梶田　優 1976『変形文法理論の軌跡』(大修館)

Karcevskij, S. 1929 "Du Dualisme Asymetrique du Signe Linguistique." *TCLP* I. In: Vacbek ed. 1964. pp.81–87.

亀井　孝 1971『日本語学のために』(吉川弘文館)

川端善明 1958「接続と修飾」(京都大『国語国文』27-5)

川端善明 1963「助詞『も』の説 1, 2」(『万葉』47, 48)

川端善明 1964「時の副詞　上, 下」(京都大『国語国文』33–11, 12)

川端善明 1978「形容詞文・動詞文概念と文法範疇」(『論集日本文学・日本語 5　現代』)

金田一春彦 1953「不変化助動詞の本質 1, 2」(京都大『国語国文』22-2, 3)

北原保雄 1972「『あり』の構文的棟能について論じ, 助動詞の構文論的考察に及ぶ」(和光大学『人文学部紀要』6)

国立国語研究所(宮地)1960『話しことばの文型(1)』

国立国語研究所(宮地・鈴木・南)1963『話しことばの文型(2)』

国立国語研究所(宮島達夫)1972『動詞の意味・用法の記述的研究』(秀英出版)

Конрад, Н.И. 1937 《Синтаксис японского национального литературного языка.》Издательское товарищество иностранных в ссср, Москва.

工藤　浩 1977「限定副詞の機能」(『国語学と国語史』明治書院)

工藤　浩 1978「『注釈の副詞』をめぐって」(春季国語学会研究発表会)

工藤真由実 1979「依頼表現の発達」(東京大『国語と国文学』56-1)

Lehrer, A. 1975 "Interpreting certain adverbs: Semamtics or pragmatics?" *Journal of Linguistics* 11.

Ломтев, Т.П. 1972 《Предложение и его грамматические категории》МГУ, Москва.

Lyons, J. 1977 *Semantics* 2. Cambridge UP, Cambridge.

Mathesius, V. 1911 = 1964 "On the Potentiality of the Phenomena of Language." (transl. by J. Vachek.) In: J. Vachek ed. 1964, pp.1–32.

マテジウス 1981『機能言語学』(ヴァヘック編　飯島周訳　桐原書店)

松本泰丈(編)1978『日本語研究の方法』(むぎ書房)

三上　章 1953『現代語法序説』(刀江書院。1972年増補復刊　くろしお出版)

南不二男 1964「述語文の構造」(国学院大『国語研究』18)

南不二男 1967「文の意味について 二三のおぼえがき」(同上誌 24)

南不二男 1974『現代日本語の構造』(大修館)

三尾　砂 1948『国語法文章論』(三省堂)

三尾　砂 1958²『話しことばの文法』(法政大学出版局)

宮地　裕 1951「疑問表現をめぐって」(京都大『国語国文』20-9)

宮地　裕 1971『文論』(明治書院)

森重　敏 1959『日本文法通論』(風間書房)

森重　敏 1965『日本文法―主語と述語―』(武蔵野書院)

中村　明 1973「接続詞の周辺」(国語研論集『ことばの研究』4)

中西宇一 1961「打消の助動詞を中心とする助動詞の二分類」(『国文学　言語と文芸』3-6)

中右　実 1979「モダリティと命題」(『英語と日本語と』くろしお出版)

Nilsen, D. L. F. 1972 *English Adverbials*. Mouton, The Hague.

仁田義雄 1979「日本語文の表現類型」(『英語と日本語と』くろしお出版)

奥田靖雄 1967「語彙的な意味のあり方」(『教育国語』8, 松本編 1978 所収)

奥田靖雄 1970『国語科の基礎』(むぎ書房)

奥田靖雄 1968～72「日本語文法・連語論―を格の名詞と動詞とのくみあわせ 1～9」(『教育国語』12, 13, 15, 20, 21, 23, 25, 26, 28)

奥田靖雄 1973「言語における形式」(『教育国語』35, 松本編 1978 所収)

奥田靖雄 1975「連用・終止・連体……」(布村政雄 名で, 宮城教育大『国語国文』6, 松本編 1978 所収)

奥田靖雄 1980～81「言語の体系性」(『教育国語』63～66, 未完)

奥津敬一郎 1974『生成日本文法論』(大修飾)

Palmer, H. E. 1969 *A Grammar of Spoken English*. Maruzen reprint, Tokyo.

Palmer, F. R. 1979 *Modality and the English Modals*. Longman, London.

Panfilov, V. Z. 1968 *Grammar and Logic*. (transl. by H. A. Vladimisky) Mouton, The Hague.

Панфилов, В.З. 1971 《Взаимоотношение языка и мышление》 Наука, Москва.

Панфилов, В.З. 1977 "Категория модальности и её роль в конституировании структуры предложения и суждения." *Вопросы языкознания* 77-4.

Quirk, R. et. al. 1972 *A Grammar of Contemporary English*. Longman, London.

Quirk, R. et. al. 1973 *A University Grammar of English*. Longman, London.
= 1977『現代英語文法　大学編』(池上嘉彦訳　紀伊國屋書店)

佐治圭三 1977「述語の構造と文の成分」(京都大『国語国文』46-5)

佐治圭三 1980「学界展望―文法(理論・現代)」(『国語学』121)

佐久間鼎 1941『日本語の特質』(育英書院)

鈴木重幸 1972a『日本語文法・形態論』(むぎ書房)
鈴木重幸 1972b『文法と文法指導』(むぎ書房)
Sweet, H. 1891 *A New English Grammar, Part I.* Oxford UP, London.
　　　= 1980『新英文法―序説』(半田一吉(部分)訳　南雲堂)
高橋太郎 1974「連体形のもつ統語論的な機能と形態論的な性格の関係」(『教育国語』39, 松本編 1978 所収)
高橋太郎 1978「「も」によるとりたて形の記述的研究」(国語研『研究報告集 1』)
高橋太郎 1979「連体動詞句と名詞のかかわりあいについての序説」(『言語の研究』むぎ書房)
寺村秀夫 1975 〜 78「連体修飾のシンタクスと意味 1 〜 4」(大阪外大『日本語・日本文化』4 〜 7)
寺村秀夫 1979「ムードの形式と否定」(『英語と日本語と』くろしお出版)
時枝誠記 1941『国語学原論』(岩波書店)
時枝誠記 1950『日本文法　口語編』(岩波書店)
TLP 2 1966 *Travaux linguistiques de Prague*. 2. Les problemes du centre et de la peripherie du systeme de la langue. Academia. Prague.
Vachek, J. ed. 1964 *Prague School Reader in Linguistics*. Indiana UP. Bloomington.
Vachek, J. ed. 1966 *The Linguistic School of Prague*. Indiana UP. Bloomington.
Виноградов, В.В. 1950 "О категории модальности и модальных словах в русском языке"В 《Труды Ин-та русского языка АН СССР》Т. II . (В:Виноградов 1975)
Виноградов, В.В. 1955 "Основные вопросы синтаксиса предложения"В 《Вопросы грамматического строя》Москва. (В:Виноградов 1975)
Виноградов, В.В. 1972² 《Русский язык》Высшая щкола, Москва.
Виноградов, В.В. 1975 《Избранные труды исследования по русской грамматике》(Состав. М.В. Ляпон и Н.Ю. Шведова)Наука, Москва.
渡辺　実 1949「陳述副詞の機能」(京都大『国語国文』18–1)
渡辺　実 1953「叙述と陳述―述語文節の構造―」(『国語学』13/14 合併号)
渡辺　実 1957「品詞論の諸問題―副用語・付属語―」(『日本文法講座』1 明治書院)
渡辺　実 1971『国語構文論』(塙書房)
屋久茂子 1967『が格の名詞と組みあわさる「ある」の用法』(国語研・言語効果研究室)
山田孝雄 1908『日本文法論』(宝文館)
山田孝雄 1922『日本口語法講義』(宝文館)
山田孝雄 1936『日本文法学概論』(宝文館)

評価成分をめぐって

表題の「評価成分」というのは、湯沢幸吉郎(1934)や時枝誠記(1936)に先駆的な指摘や分析があり、渡辺実(1949、1957、1971)に至って、いわゆる陳述副詞に類するものとして「註釈(の誘導副詞)」「批評(の誘導形)」「解説(の中止法)」という名で分析が深められたものに関係する。先学の驥尾に付して、自分なりに詰めてみようとして、かれこれ20年近く前に、「注釈の副詞をめぐって」と題して口頭発表してはみたものの、基本的なところで分からないことが残り、活字化しないままになっていた。このたび、渡辺実先生の古稀のお祝いに加えていただくにあたり、この、出し遅れたレポートのようなもので、誠に恐縮ではあるが、ご批評をいただければと思って、提出することにした。長い間放っておいただけで、いかほども進歩していないのが恥かしいかぎりである。

1. 概観

1.1 本稿に「評価成分」と称するものは、次の1a)～3a)の下線部のような**用法**に立つ、文の成分をさす。

  1 a) <u>さいわい</u>　朝のうちに雨はあがった。
  2 a) <u>あいにく</u>　主人は外出しております。
  3 a) <u>意外にも</u>　ヤクルトが優勝した。

その形式上の特徴として、

  ⇒1 b) 朝のうちに雨があがった<u>の</u>は、さいわいだ(った)。
  ⇒2 b) 主人が外出している<u>の</u>は、あいにくです。

⇒ 3 b）ヤクルトが優勝した<u>のは</u>、意外だ（った）。

のような、ひっくりかえし文の述語に変形できることが挙げられることが多いが、これは、評価成分が意味的に、後続のことがら内容全体にかかわっていることのあらわれであり、この操作はあくまで、そのことを見やすくするためのパラフレーズなのだと考えた方がいい。この変形的な特徴を一次的な特性だと考えると、

　　きのう　田中くんが来た。　⇒　田中くんが来たのは　きのうだ。
　　ここで　田中くんと遊んだ。⇒　田中くんと遊んだのは　ここだ。

のような「きのう」や「ここで」などの状況成分も同様だ、ということになってしまうだろう（この点を捉えて、一時期の英文法がそうしていたように、状況成分をも含めて「文修飾副詞」を立てるというのなら、それはそれで筋は通る）。
　　また、a）の文では、文の主張 assertion はあくまで、述語の「あがった」等の出来事の記述にあるのに対し、変形したb）では、「さいわいだ」等の評価判断の方に主張がある、という重大な違いが両者にはある。a）とb）には、評価と、その評価対象としての出来事という、意味的な関係の等価性があるだけで、文の陳述性は同じではない。
　　ところで、後続のことがら内容に対する〈確認〉を表す「もちろん・たしかに」も、

　　4 a）<u>もちろん</u>　あしたまでには仕上げます。
　　⇒b）あしたまでに仕上げる<u>のは</u>　もちろんです。
　　5 a）<u>たしかに</u>　きのうかれは来ました。
　　⇒b）きのうかれが来た<u>のは</u>　たしかです（＊でした）。

のように変形できるところから、この評価成分と同一視されることが多い。工藤浩（1978）の「注釈の副詞」も、その立場であった。だが、渡辺実（1949）

に言及しながら、川端善明（1958）がつとに指摘しているように、両者には次のような違いがある。意味的に「評価」（川端 1958 の「批評」）を表わす方は、

1 c) 朝のうちに雨があがっ<u>て</u>、さいわいだ（った）。
2 c) 主人が外出してい<u>て</u>、あいにくです。
3 c) ヤクルトが優勝し<u>て</u>、意外だ（った）。

のように、出来事を中止形「〜して」にした重文構造に変形でき、評価述語はテンスの対立をもつのに対して、意味的に確認という下位叙法性（川端 1958 の「注釈」）を表わす「もちろん・たしかに」などの方は、

4 c) ＊ あしたまでに仕上げ<u>て</u>、もちろんです。
5 c) ＊ きのうかれが来<u>て</u>、たしかです（でした）。

のごとく、中止形の重文構造がとれない。このように、出来事を記述した節と対等の重文の述語にはなれず、b)のような、出来事を主語節とするひっくりかえし文の述語になれるのみであり、しかもテンスの対立をもたない（cf. 5b）ということは、それだけ、実質的な意味と多機能の叙述性とを持つ〈用言〉としての性格が弱く、意味の形式性ゆえに単機能化する〈副詞〉としての性格が強いことの現われだと言ってよい。「もちろん・たしかに」は、「当然・明らかに・いうまでもなく・まちがいなく」などとともに、下位叙法副詞と考えた方がよいと、今の私は考えている（工藤 1982 参照）。なお、これらのうち「当然・まちがいなく」は、次のような形でも用いられるが、

彼は、謝っ<u>て</u>　当然だ／然るべきだ／あたりまえだ。
これを副詞と考え<u>て</u>　まちがいない／よい／かまわない。

これは、もはや重文ではない。叙法的な補助用言（脚結）へ、移行しかけた用

法である。「当然(に)——(て)当然だ」「まちがいなく——(て・に)まちがいない」「うべ——(う)べし」「あに——(あ)ぬ」など、挿頭と脚結とが並行的に生成発展することは、よくあることである。

　以上のように考えて、本稿では、問題の「評価成分」を、

　　文の叙述内容に対する話し手の評価を表わす、先行する独立的成分

と、位置・機能・意味の面で、規定しておくことにする。「評価」には、情意的なものもあれば、知的なものもある。個人的な予想や期待を基準にした評価もあれば、共同主観的ないし社会的に定着した評価、いわゆる評判や定評もある。評価を単に「主観的」なものと見なす風潮もあるようだが、それは、評価の一般化としては、狭すぎる。

1.2　叙述内容＝コトガラは、**意味**的に大きく命題・出来事・人の行為などに分けうるが、先の「さいわい」の類の評価対象がそのすべてにわたる（2.1.1節　参照）のに対し、次の「感心に・親切に(も)」の類は、〈人の行為＝ヒトのするコト〉に対する評価に限られるが、叙述内容に対する評価の重要な一部として、評価成分に含めて考えていくことにする。

　　6 a）感心に　かれは　よく　はたらく。
　　　b）かれが　よく　はたらくのは　感心(なこと)だ。
　　　c）かれは／*が　よく　はたらいて　感心だ。
　　　d）かれは　よく　はたらくのが　感心だ。
　　7 a）親切に(も)　かれは　道を　ていねいに　教えてくれた。
　　　b）(?) かれが　道を　ていねいに　教えてくれたのは　親切(なこと)だ。
　　　c）かれは／*が　道を　ていねいに　教えてくれて　親切だ。
　　　d）(?) かれは　道を　ていねいに　教えてくれたのが　親切だ。

以上を、比較の便宜上、人間主語構文に統一して図表化すれば、次図のようになる。

	確認的叙法性 勿論　確かに		ことがら評価 幸い　意外にも		人行為評価 感心に　親切にも	
b　人ガ………ノハ──	＋	＋	＋	＋	＋	（＋）
c１人ガ………シテ──	－	－	＋	＋	－	－
c２人ハ………シテ──	－	－	－	－	＋	＋
d　人ハ………ノガ──	－	－	－	－	＋	（＋）

　この、変形されうる統語型の違いは、その成分の〈範疇的な意味〉の違いに基づくところが大きいものと思われる。とくに問題になる〈人の行為〉に対する評価成分について考えてみよう。西尾寅弥(1972)では、「人に関する属性」を表わす形容詞が、「持続的性質と一時的態度・ようす」の観点から、次のような三種に分けられている(pp.124–132)。

　　Ａ：人の持続的・内的な性質・特徴を表わすもの。
　　　　無口　勝ち気な　内気な　はで好きな　凝り性な　／
　　　　意地っ張りな
　　Ｂ：ＡとＣとの両面性をもつもの。
　　　　大人しい　親切な　快活な　正直な　勝手な
　　　　頑固な　強情な　真面目な　几帳面な　のんきな
　　Ｃ：人の一時的・外的な態度・ようすを表わすもの。
　　　　かいがいしい　そっけない*　大げさな*　婉曲な
　　　　真剣な　本気な　念入りな　丹念な　気楽な*

　文法的な面では、Ａ類は、構文機能的に、人への連体修飾が多く、構文意味的には、人を主体にするものであり、Ｃ類は、構文機能的に、連用修飾、または動作名詞への連体修飾が多く、構文意味的には、人の動作・態度などのコトを主体にするものであり、そしてＢ類は、Ａ類とＣ類の両面性をもつものである、とされている。

この分類に従って言えば、評価成分には、B類、つまり人の性質(属性)であるとともに、行為の様態(偶性)でもあるものが多いと言える。A類は、より純粋に人の性質を表わすために、人への超時間的な連体規定用法にかたより、時間性をもつ行為・出来事にかかわる連用修飾用法には立ちにくいが、「—も」を付けて、構文的な独立—遊離化を鮮明にすれば、評価用法には用いうる。C類は、行為の個別・具体的な様態だから、「—も」の形にしても、行為限定性つまり修飾性がぬぐいきれない。ただし、＊印を付けた語は、「気楽な人」「大げさな人」「そっけない人」という連体用法も、「—も」の形の評価用法も可能であり、B類に準じて考えてもよいのではないか、と思われる。

1.3 評価成分は、**機能**的には「文の叙述内容に対する」もの、つまり対立するもの、独立するものであって、一次的には叙述内容を詳しくするものではない。したがって、次のような意味的には評価を表すといえるものでも、行為や出来事(状態変化)のあり方を(について)限定するものは、本稿でいう「評価成分」ではない。

　　太郎は　<u>上手に</u>　歌を歌った。
　　ご飯が　<u>おいしく</u>　炊けた。

これらは、文の叙述内容としての、行為(中)の様態や、出来事の(成立後の)状態を、価値の側面から限定するものであって、これらには、事態の修飾性つまり叙述内容の拡大—詳細化が、明白に認められる。それらが叙述内容の内部にあることは、

　　太郎、上手に　歌を<u>歌え／歌おうよ／歌ったか</u>。
　　ご飯が　おいしく　<u>炊けない／炊けたらなあ／炊けたか</u>。

など、種々の叙法性をもつ文に自由に用いられ、叙法性の種別に基本的に関与しないことから、確認できる。

太郎は、地図を書いて、道順を親切に教えてくれた。
　　　太郎は、親切にも、地図を書いて道順を教えてくれた。

の場合、動詞の直前に置かれた「親切に」の方は、「やさしく、ていねいに」といった意味の方向にずれており、行為の様態を限定する修飾用法と見られるが、主題の直後に置かれた「親切にも」の方は、行為自体は限定しておらず、太郎の行為に対する評価用法と見られる。次のように「親切に」は命令文にも共起可能だが、「親切にも」は不可能であって、確定した行為の叙述文（いわゆる平叙文）に、ほぼ限られる（2.2節 参照）。

　　　太郎、地図を書いて、道順を親切に教えてあげなさい。
　　＊太郎、親切にも、地図を書いて道順を教えてあげなさい。

　以上のように、評価成分と、評価的な修飾成分とは、基本的に区別しうるが、次のような連続相―相互移行の現象もある。
　まず、評価成分の「さいわい・あいにく」が、先の1a) 2a)のような文に用いられた場合には、その評価の対象面としての「時機（タイミング）の一致・不一致」がいわば〈裏面〉に潜むわけだが、それに関連して、

　　　タクシーが　ちょうど　いいあんばいに　通りかかった。

の「ちょうど」や「いいあんばいに」のような境界事例が問題になってくる。
　また、多くの学者が代表例として挙げる「珍しく」も、

　　　珍しく、田中さんが出席した。

では「出席が久々だ・稀だ」といった間隔や頻度の時間的側面を〈含み〉としてもつ。
　こうした「さいわい」や「珍しく」が裏面や含みとしてもつ叙述内容の

〈装飾〉性は、「上手に」や「おいしく」が正面から文字通りの意味として叙述内容を限定する〈修飾〉性とは、基本的には区別できる。個別的な境界が微妙になることがあることは、分類の無効を意味しはしない。大事なことは、相互移行が起こる諸要因を確認することである。

なお、次のような「解説」的な中止用法と、評価成分との差は微妙である。

太郎は、<u>親切(な人)</u>でね、地図を書いて道順を教えてくれたよ。

これを、二肢述語文の前句と捉えるか、評価成分と捉えるかの問題である。これについては、形容詞・名詞述語(判断文)と動詞述語(記述文)とが組み合わさる二肢述語文の用法の種々相について見極めがついていないので、最終的な判断は保留せざるをえない。

1.4 ここで、評価成分の〈**代表的な型**〉と〈**代表的な語例**〉を整理しておくことにする。谷部弘子(1986)と細川英雄(1989)を参考に、私見を加えて整理すれば、次のようになるだろう。[　　]に括った例は、境界事例として問題になる例である。

　　a)「―φ」形式：「―も」不要　評価用法のみ
　　　コト：あいにく(と) さいわい(に,にも,にして) 不幸にして(にも) [あたら めでたく]
　　　　　　運悪く 運よく 折悪しく 折よく／不運に 幸運に　　[さすが(に・は)]
　　　　　　[ちょうど 都合よく いい按配に いい具合に(動作修飾へ)]
　　　　　　珍しく 不思議に(と、や) 奇妙に　　　　[妙に 変に(状態修飾へ)]
　　　ヒト：かわいそうに 気の毒に 感心に 生意気に 物好きに お節介に

　　b)「―も」形式
　　b1) 形態が固定的なもの
　　　　奇しくも いみじくも はしなくも ゆくりなくも はからずも
　　　　　　　[早くも(時へ)／辛くも 脆くも 心ならずも(動作修飾へ)]

　　　　　［よくも　曲がりなりにも／いやしくも　仮にも（叙法副詞へ）］

　b２）修飾用法が稀で、ほぼ評価用法専用（「内容」の連用用法はある）
　　コト：残念にも　惜しくも　不本意にも　無念にも　心外にも
　　ヒト：奇特にも　卑怯にも　非常識にも　不覚にも　無能にも

　b３）評価用法「―も」⇔修飾用法「―φ」　両用型
　　コト：うれしくも　悲しくも　なつかしくも　情けなくも　愉快にも　不愉快にも
　　　　　不当にも　空しくも　皮肉にも／意外にも［案外(に)（程度・叙法へ）］
　　ヒト：大胆にも　不用意にも　うかつにも　親切にも　けなげにも　頑固にも

以上のa）とb1～3）が代表的な評価成分である。

　ここで、品詞論的処理について付言するなら、形態的に固定しているb1）と、その形での用法が評価専用であるa）は、品詞としても**評価副詞**としてよいだろう。b2）は「―に思う」のような内容の連用用法を別扱いしてよければ、評価副詞に含ませうる。b3）は、形容詞と扱うべきだろう。

このほか、次のc）～f）も、評価成分、またはそれに準ずるものと考えられる。

　c）「―ことに(は)」
　　形容詞：うれしいことに　悲しいことに　不思議なことに　気の毒なことに
　　動　詞：驚いたことに　困ったことに　馬鹿げたことに　びっくりしたことに

　d）「―(もの)で」
　　変なもので　妙なもので　正直なもので　意地の悪いもので／案に相違で

e）「―ながら」

　　残念ながら　遺憾ながら　はばかりながら　失礼ながら　不本意ながら
　　当然のことながら　簡単なことながら　ばかばかしいことながら

f ）その他、前置き節・挿入句など

　　恥かしい話ですが　まことに残念ですが　／　事もあろうに
　　あに図らんや　果せるかな　悲しいかな　やんぬるかな

このうち、d) e) f)は、それぞれ基本的には、中止・逆接・前置きなどの形で、意味機能的にさまざまなものが含まれるものであって、評価的に働くのは「妙」とか「残念」とかの形容詞の意味の働きによるところが大きい。d)中止の形の評価成分についての位置づけや範囲は、先述したように未確定であるが、評価成分らしき例文をあげておく。

・「だけどね、おじさん、<u>変なもので</u>、はじめは、ほんの自分の商売の、まあいわば『だし』のつもりで借りていたんだけど、この頃じゃあ、<u>妙なもので</u>、あたし、太一ちゃんの顔を見ないと寂しい気がするのよ。――」　　　　　　　　　　　　　　　（子を貸し屋）
　　cf. 人間というのは<u>妙なもので</u>、若いときに貰った奴がどうしても一番好いような気がするね。　　　　　　　　　　　　　　　　　（破戒）
　　　　　＃これは、重文（あるいは二肢述語文）の例である。
・<u>正直なもので</u>、彼の胸中には、もう、五百助や駒子のことは、影も留めなくなった。
・ところが、<u>意地の悪いもので</u>、その日に、カラリと、梅雨が晴れたのである。　　　　　　　　　　　　　　　　　（以上の二例　自由学校）
・馬鹿野郎、と思って出来上がるのを見たら、<u>案に相違で</u>たいへん繁盛している様子である。　　　　　　　　　　　　　　　（私の人生観）

【補記：最後の例は、「案に相違して」という「解説」成分の変種（variants）と考えるべきであったのだろう。「解説」成分の位置づけについては、用言

の中止形 ないし 重文・複文の 本格的な研究に まつほかないこと、先述の通り。】

　逆接ないし前置きの形のe）とf）は、次のように決断文や依頼文にも用いうる点で、a）b）の代表的な評価成分と異なる。【補記：この点を捉えて、「注釈」成分という別種を立てる余地もある。［cf. Greenbaum（1969）］】

　　<u>まことに残念ですが、</u>　お断わりします／断ってください。
　　＊ まことに　残念にも、　お断わりします／断ってください。

　c）「―ことに」の形は、形容詞のみならず評価・感情的な動詞からも作られ、一般に修飾用法と紛れるのを防ぐ利点もあってか、現在もっとも生産的と言ってよい型である。たとえば、b3）のうち「うれしくも」などの感情形容詞類の多くは、文体的に文語体に限られ、口語体では「うれしいことに」の方が用いられる、といった傾向が見られる。
　ただこのc）は、とくに「―ことには」の形の場合に顕著なのだが、次のようにテンスをもつとともに、話し手以外の評価主体を顕在化しうる点で〈節 clause〉性が高く、a）やb）の評価成分が語形態で、評価主体は原則として話し手に限られるのとは、異なる。

・が、たぶんおせきももうその家にはいないだろう、と予想していった**おみのの**<u>意外だったことには</u>、ちょうどそのとき彼女の順番だったと見えて、そこの店の、ガラスのはまった障子の向こう側に、厚化粧をしたおせきが、客を呼ぶためにすわっていた。（子を貸し屋）
・が、<u>三郎の安堵したことには</u>、さすがの明智も、節穴から毒薬を垂らして、そこをまた元々通り蓋しておくという新手には、気づかなかったと見えて、天井板が一枚もはがれていないことを確かめると、もうそれ以上の穿鑿はしませんでした。　　　（屋根裏の散歩者）

　ちなみに、この点は「彼が言う（の・こと）には～」「ぼくの考えるには

〜」「私、思いますに〜」などの下位叙法の成分にも同様の例があり、共通の源をもつのだろう。こちらも、主体を話し手に制限しながら、「思うに」「考えてみるに」などを経て「案ずるに」「要するに」「加うるに」などの下位叙法副詞や接続副詞に連なっていく。

　次の例は、評価成分「〜ことには――した」が主題構文「〜ことは――ことだ」と構文的な混線 contamination をおこしたものと考えてよいだろう。その際、文末の「ことだ」が、形式名詞の述語か、詠嘆的な叙法助動詞化したものか、という多義性ないし曖昧性も関わっているだろう。この点も、同様な現象が逆の方向への移行だが、「実は・本当は・要は」といった主題形式出身の下位叙法副詞に、見られる。

- ところで、<u>哲学者にとってまことに厄介なことには</u>、実証科学が、疑いもなく万物に共通な性質、すなわち量というものを引き受けてしまった後には、質の世界しか残っておらぬという**ことです**。
（私の人生観）
- 今頃主婦の部屋へ何の用があるのであろうと思っているうちに<u>惜しいことには</u>もう私は仕事の疲れで眠ってしまった。翌朝また眼を醒ますと<u>私に浮んで来た第一のことは</u>昨夜の屋敷の様子であった。<u>困ったことには</u>考えているうちにそれは私の夢であったのか現実であったのか全く分からなくなってきた**ことだ**。　　（機械）
- <u>意外なことには</u>、五百助は、公務執行妨害の現行犯で、引致されたので、逮捕に向った一隊が狙ったホシ（犯人）の一人では、なかった**ことであった**。　　　　　　　　　　　　　　　（自由学校）

2. 構文的な諸特性

2.1 文の意味的な構造との関係

2.1.1 叙述内容の意味的なタイプ―述語の種類

　渡辺実（1949）がすでに指摘している通り、動詞述語、形容詞述語だけでなく、次のように、名詞述語とも共起し、いわば、述語の品詞・意味的種類

を選ばないものもある。

- 家は廟か何からしく、幸い煉瓦造りの壁に囲われた堅固な建物である。　　　　　　　　　　　　　　　　　　　　（麦と兵隊）
- 幸いに芝の祖父でも本郷の父でも賢い人々だった。　（暗夜行路）
- あいにく両氏とも東北大教授であれば、あるいは大学が離すのを肯んじないかもわからぬ。　　　　　　　　　　（総長就業と廃業）
- 敏感な高橋少年は一目見たばかりで、一座の中心人物は陸軍大臣でもなく参謀次長でもなく、意外にもこの怪老人であることを直感した。　　　　　　　　　　　　　　　　　　　　（偉大なる夢）
- 運悪くリヤカーは病院のものではなくて、お町さんを乗せて来たものであった。　　　　　　　　　　　　　　　　　（本日休診）
- 逃走中のトラは十一日がくしくも満一歳の誕生日。あわれな命日となる可能性も。　　　　　　　　　　　　　　　（新聞記事）

しかしまた、「ありがたくも・無惨にも・皮肉にも」などコトガラ評価のものでも、名詞述語文の例が考えにくいものも多い。

- そして大急ぎの穴ふさぎが、ありがたくも私たちの小劇団に仰せつかったのだ。　　　　　　　　　　　　　　　　（火の鳥）
- 女雛の顔は、無惨にも、鼠に噛りとられている。
　　　　　　　　　　　　　　　　　　　　（シナリオ 婉という女）
- この高木理恵子の死が、皮肉にも容疑者と理恵子の関係を裏づける結果になったのであります。　　　　（シナリオ 砂の器）
- はしなくも、明治大正の教育と、戦後の教育との、大きな落差がここに露出されたかたちだった。　　　　　　　　（人間の壁）

叙法的な「もちろん」などや状況的な「昔・家では」などと異なり、評価成分はその評価対象としての叙述内容との間に、意味的な共起制限があるからである。なお、名詞文といっても「通りかかったのは、ありがたくも友軍

だ」「彼は皮肉にも冷酒だった」といった「ひっくりかえしの名詞文」や「はしょりの名詞文」および「〜した様子だ・形だ」といった擬似的名詞文（新屋映子 1989 の「文末名詞文」）は、別扱いにすべきである。また、

- 屋根も廂も、おそらくは土台迄も傾いた古家で、この新しいもの好きでは今正に東京を凌駕してアメリカに追随しようという大阪に、<u>不思議にも</u>多く残っている景色である。　　　　　（大阪の宿）
- 意外にも、古いが特長のある斑痕が目についた。<u>珍しく</u>、上部の切れた斑痕である。　　　　　　　　　　　　　　　（本日休診）

など、一見、名詞文の例に見える例もあるが、それぞれ「多く残っている」「上部の切れた」の部分を評価対象とする、連体節内部での用法と考えるべきであろう。前者は、「<u>それは</u>［不思議にも多く残っている］景色だ」という構造であって、「不思議にも［<u>それは</u>……景色だ］」という構造ではないし、後者も「<u>それは</u>［珍しく上部の切れた］斑痕である」という構造である。また、

- 一人の老教授だけが<u>大胆にも</u>首を横にふった。　（夜と霧の隅で）

などの〈人の行為〉に対する評価の場合は、意味的に当然のことながら、基本的に動詞文に限られる。ただ、行為評価の多くが、個々の行為を対象にする傾向が強い中にあって、「感心に」など、それだけでなく習慣的な行為をも対象にする性格をもつために、性質をあらわす形容詞句とも共起しうるものも、ある（「かみさんは<u>感心に</u>口の堅い方ですね」）。

2.1.2　評価対象としての、〈主語〉と〈動作主〉—ヴォイス

　人の「行為」評価といっても、受身構文も含む。たとえば「おろかにも」の場合、

　　　<u>警察は</u>、<u>おろかにも</u>田中氏を逮捕した。

田中氏は、おろかにも警察に逮捕された。

のように、能動にも受動にも用いられ、それぞれ〈主語〉に立つ人間（や組織）の行為の「おろか」さを評価している。それに対し、

　　　太郎は、花子に上手にだまされ（てしまっ）た。
　　　　cf）太郎は、上手に、花子にだまされ（てやっ）た。
　　　その仕事は、太郎によって見事に成し遂げられた。

のような行為についての評価的限定の場合、通常、主語の人間ではなく〈動作主 agent〉に対する評価である（通常でない例は cf 参照）。ただし後者「見事に」は、見方を変えれば主語「仕事」への評価とも言え、それだけコトガラ評価に近いとも言える。ちなみに、

　　　新入社員は、恐ろしそうに／恐る恐る係長に声をかけた。
　　　係長は、新入社員に恐ろしそうに／恐る恐る声をかけられて、気分を害した。

のような心理面での動作限定の場合も、通常、動作主の心理である。
　　また、「不運」の場合は、

　　　不運にも、その老人は、その子を車でひいてしまった。
　　　不運にも、その子は、その老人の車にひかれてしまった。

のように、能動受動ともに、それぞれ主語の人間が「不運」だとも言いうるが、

　　　不運にも、雨が降っていて、車がスリップしたのだ。

とも言える点、基本的にはコトガラ全体への評価と考えるべきだろう。

以上、大雑把ではあるが、「不運に―おろかに―見事に―上手に」の順に、叙述内容への食い込みの程度が強まり、述語に対する独立の程度が弱まると言えるであろう。

2.2　文の陳述的なタイプ―テンス・ムード

　前小節までに挙げてきた例からも知られるように、評価成分が用いられる文は、**叙法**的には、〈叙述文〉と、次のような〈確認ないし問い返しの疑問文〉に限られる。

・「おいおい、めずらしく妙な興味を起した**んだな？**」西本がひやかした。
　　　　　　　　　　　　　　　　　　　　　　　　　　（霧の旗）

しかも、大多数を占める動詞文において、**時間**的には「した・している」の形と共起することが多く、〈実現・確定したことがら〉がほとんどである。「さいわい、あした主人が帰ってくる」が言えるのも、未確定の未来というより、現在の〈予定〉だからである。

・女を監禁している悪漢に対し、自分は義血侠血に富むひとかどの役柄を引き受けて、目出度く救い出そうという緊張した場面を想像していたのに、
　　　　　　　　　　　　　　　　　　　　　　　　　　（大阪の宿）

という例では、「めでたく」が決意文に用いられているが、この「めでたく」は、評価から、行為の様態（≒首尾よく）ないし結果（≒めでたい形に・成功裡に）の修飾へ一歩踏み出した境界事例であり、評価成分としての例外と見なくてもよいのではないかと思われる。

　評価成分は、「勿論・確かに」などの下位叙法副詞より叙法制限がきつく、命令文・決意文のみならず、当為的な叙法性（様相性）にも用いないのを基本とする。

＊　さいわい――すべきだ／してもいい／した方がいい。

「さいわい、その会議室はタバコを吸ってもよかった」は可能だが、このテンスをもった場合は、当為文としての許可というより、評価文としての許容である。「あいにく、出掛けなければならない」が言えるのも、当為（行為の当然）の「べきだ」と比べて、事態の必要性という当為性の低いものだからだと考えてよいだろう。（工藤1989参照）

なお、前述したように「―ながら」や「―だが」の型の評価は、以上とは異なる。

　　　残念ながら、お断わりします。　／　気の毒ですが、お引き取りください。
　＊　残念にも、お断わりします。　／　＊気の毒にも、お引き取りください。

2.3　複文―従属節における用法―「陳述度」

連体節・因果節・条件節など、南不二男（1967）のB段階の従属節にあらわれうる。

- 処罰問題となって教授会の席上までのぼったが、それが<u>幸い</u>大した結果にならなかった<u>の</u>は、彼の行為に思想的背景のないことが明らかになったからだ。　　　　　　　　　　　　　（故旧忘れ得べき）
- ――<u>生憎</u>そよとも風のない<u>その日</u>は、木々がまるで死んだみたいに動かなかった。　　　　　　　　　　　　　　　　（故旧忘れ得べき）
- ハタと当惑したが、<u>幸い</u>、誰も見ていない<u>ので</u>、手早く、ズボンの下に、それを匿した。　　　　　　　　　　　　　　　　（自由学校）
- <u>生憎</u>、丁度鮪を口に入れて、モゴモゴやっていたところな<u>ので</u>、その、娘娘した豊かな頬に読みとろうとした微笑の影などは、まるで曖昧にされて了った。　　　　　　　　　　　　　　（多情仏心）
- それで貴方がもし<u>幸ひに</u>それを承諾して下さる<u>とすると</u>、一刻も早くお願ひしておく方がいいと考へたんで――　　　　（青銅の基督）
- まあ、では、わたしは<u>不幸にも</u>あなたの御専門について理解できない<u>として</u>――これだけは伺へるでせう？　　　　　　　（伸子）

前小節で見たように、評価成分は、実現・確定した事態に対して評価を下すのが基本であるから、テンスを持ちうる連体節や因果節にあらわれることは、不思議ではない。条件節の例も、いったん実現・確定したものと仮定するのであるから、あっても矛盾はしないが、実際にはきわめて少ない。条件のなかでも「―とすると」「―としても」や「―（ノ）なら」など、判断の成立を仮定するものはあるが、出来事の単純な仮定の例は、少ないのではないかと思われる。また、一般的な事態にも個別的な事態にも用いる「さいわい・あいにく」と比べて、「意外にも・不思議にも」のような個別的な事態にしか用いないものの方が、単純な条件節に用いにくいと言えるだろう。

　　　　あいにく、あした　雨が降ったら／た場合には　映画を見に行こう。
　？　意外にも、あした　雨が降ったら／た場合には　映画を見に行こう。

「さいわい（に・にして）」は「～ので」などの因果節と共起する例が多い。「さすが（ニ・ハ）」は、「それでもやはり」の意の「さすがに」は別にして、主として社会的な評価（評判）に一致する意味の場合は、「―だけ・に／あって」「―だから」などの因果節に用いられることが、かなり多い。「さすが横綱だ。強いもんだ」のような連文の因果性も含めてよければ、因果性の叙法副詞と言ってもよいかもしれない。これらは、「なまじ～よりは／ために」「へたに～すると／しては」「どうせ／おなじ～するなら」などを中間領域としながら、「せっかく～のに／のだから」「なにせ～だから」「いくら～でも」のような評価性をあわせもった条件的叙法副詞に、連なっていくものと考えられる。

3.　全体から部分へ―「も」のつかない場合

3.1　程度副詞との関係については、工藤（1983）でも触れたので簡略にする。

　　　おそろしく巨大なビル　　／　すばらしく大きな椿
　　　異様に大きな目　　　　　／　猛烈にさみしそうな顔

<u>意外に</u>早かった　　　／　<u>さすがに</u>見事だ
　　<u>本当に</u>たわいない人　／　<u>まことに</u>不思議な作用

などは、もともとコトガラ全体に対する評価であったものが、形容詞の直前に位置して、コトガラの中核のひとつであるアリサマに対する評価となり、さらに、その評価の対象面であった程度限定性が表面化しかけているものと考えられるが、「けっこう・なかなか」などの評価性を裏面にもつ程度副詞に連続する。なお、程度限定性の感じられない、

　　<u>妙に</u>静かだ　／　<u>変に</u>だるい　／　<u>不思議に</u>平気だった

などは、次のような「不特定(副)詞」(仮称)へ連なっていくのだろう。

　　<u>なんか</u>変だ　／　<u>なんとなく</u>だるい　／　<u>どことはなしに</u>似ている

3.2 〈人の行為に対する評価〉に関連しては、1.3 節や 2.1.2 節でも、図式的に触れたが、「情態修飾」との関係が問題になることが多い。

- でも、やっぱり出来ないで——時々ここへ来ては、<u>未練がましく</u>、出したり取り散らかしたりして見るのですけれど——　　（河明り）
- 明子は興奮した中で、<u>耳ざとく</u>それを聞き止めた。　　（くれない）
- 二人は、来春、<u>めでたく</u>結婚にゴール・インするはこびとなった。
　　　　　　　　　　　　　　　　　　　　　　　　　　　（新聞記事）
- まだ三才になったばかりの○○ちゃんが、親の死も知らずに、<u>無邪気に</u>遊んでいる姿は、参列者の涙を誘った。　　（新聞記事）

これらは、行為や動作そのもの(全体)に対する評価なのか、行為や動作の様態についての評価的な限定なのか、微妙である。連体における「装飾」用法と「限定」用法との違いが意味的に微妙になることがあるのと、軌を一にするように思える。ただ、

- ユキが手を差しのばして取ろうとすると、徹男、意地悪くヒョイと竿を引く。　　　　　　　　　　　（シナリオ 津軽じょんがら節）
- 月の始めから再三重役会を開いて懇談しても、ねちねちと意地悪く絡んで来る相手方の態度に憤慨して、田原も――華々しく決戦しようとした。　　　　　　　　　　　　　　　　　（大阪の宿）

のような「意地悪く」の二例が示すように、一般に〈語順〉が前にあるほど、つまり動詞から離れているほど、従属性・限定性が薄らぎ、独立性・評価姓は強まる、とは言える。「―も」がはたす成分独立化の機能を、語順（文内の位置）も、はたしうるのである。

　また、〈**コトガラ評価**〉に関連しては、たとえば、

- 山下門で下りて、京橋の旅館に行くと、父親は都合よく在宅して居た。　　　　　　　　　　　　　　　　　　　　　　　　（蒲団）
- 社長は私が話した海の上の男と、娘との間の複雑した事情は都合よく忘れて仕舞い、二人の間の若い情緒的なものばかりを引き抽いて、――　　　　　　　　　　　　　　　　　　　　　　（河明り）
- ――ヘンなことしたら横ッ面ピシャッとやって恥かかして帰ってやろうかと思ったの、巧い工合に小関さんが来てくれてよかったわ――　　　　　　　　　　　　　　　　　　（故旧忘れ得べき）
- 月がうまい具合にその顔を照らしてくれる時を除いて、女の顔は影に包まれて見えた。　　　　　　　　　　　　　　　　（潮騒）

のような例は、述語が、広義の存在（滞在や出会い）を表す「在宅する・来る」か、行為や変化の「照らす・忘れる」か、といった述語動詞の範疇的意味、ひいては、文の叙述内容の意味的タイプが、評価的か修飾的かという識別に関係していることを示唆しているように思われる。また〈評価主体〉に関しては、「都合よく」の例で言えば、前者『蒲団』の方は、主語「父親」の都合ではなく、作者が視点をおく登場人物（「話し手」に準じるその場の「主役」）の都合であり、後者『河明り』の方は、主語「社長」の都合であ

る。と、書きつけていけばキリがないが、おそらく、広義「連用」において、全体と関わるか部分に食い込むかということは、柔軟で融通のきくものだというのが、肝心なことなのだろう。実際のところ、事実的にも表現的にも、大差はない場合も少なくないのである。

　紙幅が尽きた。とりたて副詞にも「たった・たかが・せいぜい」など、評価性を持つものがある（工藤1977）。時間副詞にも「もはや・とうとう」などがある（工藤1985）。要するに「評価」は、叙法・程度・情態・とりたて・時間といった、さまざまな成分にも「かぶさる」ような形で存在するわけで、独自の領域を持たせるほどのものではないのではないか、とも疑われるのであるが、第1節第2節で見てきたような意味上・構文機能上の特性により、「幸い・奇しくも・大胆にも・驚いたことに」など、評価を本務とする文の成分を立ててよいと考える。品詞としての「評価副詞」がどの範囲で立てられるかについては、紙幅の関係で、暫定的な考えを1.4節に注記するにとどめた。

　最後に、あらいものながら、他の副詞との相関図を示せば、次のようになる。

```
評価成分─┬─叙述全体に──ことがら評価：驚いたことに………さいわい：評価副詞
　　　　 ├─叙法部分へ──のべかた評価：さ　す　が………せっかく：叙法副詞
　　　　 ├─時制部分へ──なりたち評価：早　く　も………とうとう：時間副詞
　　　　 ├─相言部分へ──ありさま評価：意　外　に………けっこう：程度副詞
　　　　 ├─用言部分へ──やりかた評価：親　切　に………きちんと：情態副詞
　　　　 └─体言部分へ──ものごと評価：優　　　に………たかだか：取立副詞
```

〈参考文献〉
湯沢幸吉郎 1934『口語法精説』(国語科学講座)
時枝誠記 1936「語の意味の体系的組織は可能であるか」(京城帝大『日本文学研究』)
渡辺　実 1949「陳述副詞の機能」(京都大『国語国文』18-1)
渡辺　実 1957「品詞論の諸問題──副用語・付属語──」(日本文法講座1)
渡辺　実 1971『国語構文論』(塙書房)

川端善明 1958「接続と修飾──「連用」についての序説」(京都大『国語国文』27-5)
川端善明 1983「副詞の条件──叙法の副詞組織から──」(『副用語の研究』)
南不二男 1967「文の意味について 二三のおぼえがき」(国学院大『国語研究』24)
Greenbaum, S. (1969) *Studies in English Adverbial Usage.* Longmans. (邦訳 1983)
工藤　浩 1977「限定副詞の機能」(『国語学と国語史』)
工藤　浩 1978「『注釈の副詞』をめぐって」(国語学会春季大会 発表要旨)
工藤　浩 1982「叙法副詞の意味と機能」(国語研『研究報告集(3)』)
工藤　浩 1983「程度副詞をめぐって」(『副用語の研究』)
工藤　浩 1985「日本語の文の時間表現」(『言語生活』No.403)
工藤　浩 1989「現代日本語の文の叙法性 序章」(『東京外国語大学論集』39)
宮島達夫 1983「状態副詞と陳述」(『副用語の研究』)
小矢野哲夫 1983「副詞の呼応──誘導副詞と誘導形の一例──」(『副用語の研究』)
内田賢徳 1983「嘆きの挿頭──係り方の考察──」(『副用語の研究』)
鈴木　泰 1983「中古における評価性の連用修飾について」(『日本語学』2-3)
西尾寅弥 1972『形容詞の意味・用法の記述的研究』(国語研報告 44　秀英出版)
谷部弘子 1986「話し手の評価を担う形容詞」(『日本語学』5-11)
細川英雄 1989「現代日本語の形容詞分類について」(『国語学』158)
新屋映子 1989「"文末名詞"について」(『国語学』159)

［付記］
　私は、時枝誠記(1936)が 意味記述に苦闘し、渡辺実(1949)が 機能分析と格闘し、川端善明(1958)が 論理構造を図式化した、その 古い 確かな道を、たどたどしく ときに脇見をしながら 歩いてみたにすぎない。近くを、もっと軽快で 快適そうな バイパスが走っていることを 知ってはいたが、そこを走り抜ける気には、私は ならなかった。古い道でしか出会えない 景色や草花に、私の興味は あったのだから。

限定副詞の機能

　副詞は山田孝雄 1908 以来、情態副詞・程度副詞・陳述副詞の三つに、通常下位区分されている。しかし実際に副詞の用例にあたってみると、この三区分のいずれに属すべきか、所属の明らかでない例は少なくない。副詞は、用言における活用や、体言における格変化（格助辞の膠着）のような文法的語形変化を基本的にもたず、その単一の語形態に構文的機能がやきつけられた品詞である。副詞の下位区分は、構文的機能の研究の進展にともない、さらに深化され精密化される余地を残しているように思われる。本稿にとりあげる「限定副詞」もそうした下位区分の試みの一つであって、本稿は、「限定」の機能をもった副詞について実例に即して検討するとともに、他の品詞（の下位類）との相互関係にも言及しようとするものである。

1. 従来の研究と 本稿での定義

　副詞の下位区分の一つとして「限定副詞」を立てたのは、渡辺実 1957 が最初であろう。

　　・せめてこの子にだけはこんな苦労をさせたくありません。

の例をあげて「ある語の表わす素材概念を限定し、その素材に対する話し手の価値評価を表わす一群である」と規定し、「言わば概念誘導の副用語」だとも述べている (p.94)。渡辺実 1971 では、限定副詞という名称は見られないが、「誘導副詞」の一種として、「誘導関係における誘導対象は、何も一つの叙述内容に限られるわけではなく、単なる素材概念を誘導対象とする場合もある」と述べて、

- せめて半額でも融通してもらえませんか。
- おまけに次男まで戦争にとられてしまいまして………。

の二例があげられている(pp.336–7)。

　こうした渡辺説に言及しつつ、市川孝1976は「限定の副詞」として、

- わたしは夏よりもむしろ冬が好きだ。
- あなたに出来ない問題が、ましてわたしに解けるはずがない。
- A、B、Cのうちから、たとえばAを取り上げる。

などの例をあげ、「文中のいろいろな箇所に用いられて、なんらかの対象を取り上げることによって、それ以下の叙述を誘導する」ものと説明している(pp.238–9)。これは、さかのぼって市川孝1965では、「とりあげ方を規定する辞(副詞)」と名づけられ、「対象をとりあげるについての、主体の、なんらかの立場の表現」であると説明されている。

　ところで、「限定」という用語は、もともと時枝誠記1950によって、いわゆる広義の副助詞――準体助詞・係助詞をも含めた副助詞――の機能について言いだされたものであり、その後、宮地裕1952、井手至1959、梅原恭則1973等に受けつがれて検討が加えられてきたものである。そのうち、たとえば宮地裕1952では、「一般の『修飾』が種と類との客体的な概念相互の関係であるのに対して、『限定』は、いはゞ類と類との間に於いて、或る体言が主体によつて選出され認定されてこゝに待ち出されたのであるといふことを表現する機能である」(p.33)と定義されている。市川孝が「とりあげ方を規定する」というのは、内容的にはこの宮地裕の定義と同じと認められる。つまり、限定副詞とは、いわば副助詞と同様の機能をはたす副詞である。渡辺実のあげた例が三例とも「せめてこの子に**だけは**」「せめて半額で**も**」「おまけに次男**まで**」のように副助詞と対応して用いられた例であることも、その共通性を端的に示している。[注1]

　そうだとすると、たとえば

- <u>ただ</u>君に**だけ**知らせておく。

のように用いられる「ただ」も限定副詞と認められることになろう。じっさい「ただ」は「だけ」とともに、知らせる相手として「君」を、他の（表現されていない）「彼」とか「彼女」など同類のものを排除する関係でとりたてている。ところで、この例文の場合における「君（に）」と「知らせておく」との、文の線条性にそったいわばタテの関係を、一般に、連辞的 syntagmatic な関係と呼ぶのに対して、表現されなかった「彼」「彼女」などと「君」とのいわばヨコの関係を、一般に 範列的 paradigmatic な関係と呼ぶ（鈴木重幸 1974 マルティネ 1972 など）。この語を用いて言いかえれば、「ただ」と「だけ」とは相まって、範列的な関係にある語群（以下、範列（語群）と呼ぶ）との対立関係の中で、「君」という語を排他限定的にとりたてる機能をはたしていると言える。また市川孝のあげた

- わたしは**夏**よりも<u>むしろ</u>**冬**が好きだ。

の場合は、「むしろ」は「冬」を、範列の一要素「夏」との二者択一的関係の中でとりたてる。この場合、範列要素「夏」は同時に連辞的関係にもおかれている。「むしろ」はこういう場合が多いが、もちろん、

- 彼女は<u>むしろ</u>**父親**に似ている。

のように、対立する範列要素が明らかな場合は、表現されないこともある。このようにして、本稿でいう限定副詞とは、

> 文中の特定の対象（語句）を、同じ範列に属する他の語とどのような関係にあるかを示しつつ、範列語群の中からとりたてる機能をもつ副詞

と定義される。この機能はいわゆる副助詞と共通していて、同一文中に共存し対応して用いられることも少なくない。限定副詞の文中での位置は、「む

しろ」のように比較的自由にいろいろな箇所に用いられるものもあるが、「ただ」や「たとえば」などのように、とりたてる対象の直前に位置するのを原則とするものが多い。

2. 限定副詞の種類と その用法

　限定副詞としては、次のような種類が認められる。以下見出しうるかぎり、副助詞と対応して用いられた例をあげることにする。[注2]

A　排他的限定―ただ・単に・もっぱら・ひとえに
（1）私は何千万とゐる日本人のうちで、た ゞ 貴方**丈**に、私の過去を物語りたいのです。　　　　　　　　　　　　　　　　　（こゝろ）
（2）私はた ゞ 男女に関係した点について**のみ**、さう認めてゐたのです。　　　　　　　　　　　　　　　　　　　　　　　　　（こゝろ）
（3）彼は吉田軍曹がただ自分のこと**ばかり**考えている人間だということをよく知っていた。　　　　　　　　　　　　　　　（真空地帯）
（4）唯大きな肉の塊と**しか**見えなかつた。　　　　　　　　（破戒）
（5）しかし丑松が連太郎の書いたものを愛読するのは、唯其**丈**の理由からでは**無い**。　　　　　　　　　　　　　　　　　　　（破戒）
（6）彼は今単に一つの交渉を持つて来た**だけ**の話であつた。　（闘牛）
（7）単に旅の疲れ**だけ**では**ない**。　　　　　　　（シナリオ砂の器）

この排他的限定というのは、例（1）〜（4）のように、副助詞のダケ・ノミ・バカリ・シカなどに対応するもので、範列語群との対立の中で、その語句ダケと範囲を限定し、その他を排除するものである。「ただ」も「単に」もともに、（5）（7）の如くその範囲の限定を否定する用法にも多く用いられる。また、（6）の「単に」の例にうかがわれるように、この排他的限定用法は、対象を〈たいしたものではない〉とするマイナスの価値評価性をもちやすい。

（8）一歩世間に出れば、<u>ただ単に</u>貧乏な一人のインテリ**に過ぎない**のではないか、という疑いをさえも感じた。　　　　　（人間の壁）

のように「………にすぎない」と共存する例はその顕著な例であろう。副助詞と共存していないが、次のような「もっぱら」や「ひとえに」もこの類に入れてよいと思われる。

　（9）わが分隊長が<u>専ら</u>**食糧**を語つたのは、無論これが彼の最大の不安だつたからであらう。　　　　　　　　　　　　　　（野火）
　（10）どうやら彼は<u>専ら</u>**この作業のため**、こゝへ来てゐるらしい。
　　　　　　　　　　　　　　　　　　　　　　　　　　　　（野火）
　（11）今回のことは、<u>ひとえに</u>家庭教師であった**わたくしの教育の至らなさ**でございます。　　　　　　　　　（シナリオ華麗なる一族）

このほか、「もっぱら」に似たものとして、

　（12）<u>ひたすら（一途に）</u>文学研究に没頭した。

のように用いられる「ひたすら」「一途に」にも排他的限定性が認められるが、これらは意志動詞と結びついてそれを意志の面から修飾する性格を顕著にもっていて、次のような用法（変形）が可能か否かに差があらわれる。

　（9'）わが分隊長が語つたのは<u>専ら</u>食糧（のこと）だつた。
　（12'）＊　没頭したのは<u>ひたすら（一途に）</u>文学研究だ。

この「ひたすら」「一途に」は、「一生懸命」「あえて」など、動詞を意志態度の側面から修飾する（情態）副詞の一種とみるべきだろう。

B　選択指定―まさに・まさしく・ほかでもなく
　（13）この莫大なる力の源泉は、<u>正に</u>第五階級の知性の中にこそある。

(原子党宣言)

(14) 実は、これ〔(引用者注) 文体侮蔑の風潮〕は、現実について現実的に語る人が、いよいよ少なくなったという**まさにそのこと**なのだ。　　　　　　　　　　　　　　　　　　　　　　　(私の人生観)
(15) 相手が切られたのは<u>まさしく</u>**自分の小手先によって**である。
　　　　　　　　　　　　　　　　　　　　　　　　　　　　(私の人生観)
(16) 貴女の犯罪の出発は<u>正しく</u>**愛の欠乏から**起きたものと判断します。　　　　　　　　　　　　　　　　　　　　　　　　(シナリオ約束)
(17) いま日本の教育に課せられている問題は、<u>ほかでもなく</u>、**この土台の切り替え**をふくんでいるのである。　(ものの見方について)

ここで選択指定というのは、助詞のハとガの比較でよく問題にされる、「だれが当番ですか——ぼくが当番です」のような例における助詞ガの機能に相当するものである (鈴木重幸 1972 p.237)。(13) の例では「まさに」は「こそ」とともに、「第五階級の知性の中に」という部分を、他の範列語群をかえりみず指定的に強調している。(14) では「そのこと」という繰り返しの指示語句とともに、「現実について……少なくなった」の部分を指定的に強調している。(15)(16)(17) には形式上の特徴はないが、それぞれゴシックの部分を指定しているものと解される。ただし、これらは「絶対に」「もちろん」「明らかに」など述語の断定のムード (法) を強調する陳述副詞と極めて近く、境界が微妙であることはいなめない。

C　特立—とくに・ことに・とりわけ・わけても・なかんずく・なかにも

(18) 春琴の強情と気儘とは斯くの如くであつたけれども<u>特</u>に**佐助に対する時**<u>が</u>さうなのであつて………　　　　　　　　　(春琴抄)
(19)「禁止」"verboten" は、ドイツの秩序を守るためのドイツ人得意の言葉で、それは<u>特</u>に**ナチスの天下**<u>で</u>は横行していた。
　　　　　　　　　　　　　　　　　　　　　　　(ものの見方について)
(20) 人間の子供を教育するには、それだけの手数をかけなくてはならないのだ。<u>殊</u>に**小学校の六年間**<u>は</u>、人間の基礎をかたちづくる一

番人切な期間である。　　　　　　　　　　　（人間の壁）
(21) 謙作と石本とは以前からもよく知つてはいたが、取り分けその時から親しくするようになつた。　　　　　　　　　　（暗夜行路）
(22) 「鍋わり」と人人の呼んで居た渕は、わけても彼の気に入つて居た。　　　　　　　　　　　　　　　　　　　　　（田園の憂鬱）
(23) 私は元来動物好きで、就中犬は大好だから、………　（平凡）
(24) 切米取の殉死者はわりに多人数であつたが、中にも津崎五助の事蹟は、際立つて面白いから別に書くことにする。　　　（阿部一族）

この特立というのは、範列語群の中から特別のものとしてとりたてるもので、対象の語句をコレハと排他的にとりたてる場合［(19)(20)(22)(23)(24)］も、コレコソガと指定的にとりたてる場合［(18)(21)］もある。(22)の「わけても」は、とりたての対象「…渕は」に後置された例であるが、この用法は、

(25) 多い青年の中からかうした男を特に選んだ芳子の気が知れなかつた。　　　　　　　　　　　　　　　　　　　　　　（蒲団）
(26) 家のこと──芳子のことが殊に心配になる。　　　（蒲団）

など、他の語にもある。ただ、この特立に属するものの中で「とくに」「ことに」「とりわけ」の三語は、

・数学がとくに好きだ。
・この作品にことに心ひかれる。
・きょうはとりわけ暑い。

の如く、状態性の述語文に用いられて、名詞句の後、状態語の前に位置する場合「数学」「この作品」「ぎょう」を待立するとともに、「好きだ」「心ひかれる」「暑い」という状態の程度をも特別のものとして限定する機能をもち、

- 数学が　非常に／最も／ことのほか　好きだ。

などの程度副詞に近づく（市川孝 1976）。しかし、程度副詞の方が状態性用言にのみ関係するのに対して、特立の「とくに」などの方は状態性用言をのみ限定するものではない。その違いは形式上、次のようなひっくりかえしの名詞述語文に用いられるか否かという点にあらわれる。

- 好きな科目は { とくに / *非常に } 数学だ。

- 心ひかれるのは { ことに / *最も } この作品だ。

- 暑いのは { とりわけ / *ことのほか } きょうだ。

D　おもだて—おもに・主として

(27) 初めは時雄が口を切つたが、中頃から重に父親と田中とが語つた。　　　　　　　　　　　　　　　　　　　　（蒲団）

(28) この作品を論じたのは、主にコンミュニズムに近い立場を持つている文芸批評家たちであつた。　　　　　　（火の鳥）

(29) 重役陣や製作陣の御助力を得て、主として財政的な方面で力を洋ぎたい、というような語を彼はした。　　　（火の鳥）

(30) その離合集散の動機は、理窟にあるのでも政策にあるのでもなく、主として人間関係にある。　　　（ものの見方について）

これは、範列語群の中から主要なものとしてとりたてるものであり、Cの特立の一変種と見られる。ただ、そのとりたて方はすべて指定的であって、特立のように排他的な「は」と対応する例はない。また、

- この作品に主に(主として)人気が集まった。

の如く用いられても程度副詞化しない。

E　例示―たとえば
(31) だから、骨董という代わりに、たとえば吉美術などといってみるのだが、これは文字通り臭いものに蓋だ。　　　　（私の人生観）
(32) 偉い兵法家というものは、当時にすれば、たとえば、上泉伊勢の守のような人物を言うので………　　　　　　　（私の人生観）

これは、副助詞「など」や助動詞「ような(に)」に対応するもので、範列語群の中から対象の語句を具体例・代表例としてとりたてることを表わす。

F　比較選択―むしろ・どちらかといえば・いっそ
(33) 仕事は、才能よりむしろ忍耐力で進めて行くものでね。
　　　　　　　　　　　　　　　　　　　　（シナリオ砂の器）
(34) 思想は貧困であるどころか、むしろ過剰の状態にある。
　　　　　　　　　　　　　　　　　　（ものの見方について）
(35) 学会の中心は、君は別だが、どちらかといえばぼくら経済人グループより、教育者のほうが多かった。　（シナリオ人間革命）
(36) 消極的な、どちらかといえば、弱く柔かい性格には、この心配が大いにあるのである。　　　　　　（ものの見方について）
(37) そんな平凡な生活をする位なら、寧そ首でも溢つて死ン了ヘ
　　　　　　　　　　　　　　　　　　　　　　　　　（平凡）
(38) いっそ碗は、生涯を幽居に暮した方がよかったかもしれぬ。
　　　　　　　　　　　　　　　　　　　　（シナリオ婉という女）

これは、他の対照的な語句と比較して、それヨリこちらノホウガと、対象の語句をあえて二者択一的に選びとることを表わすものである。(33)の「むしろ」の例では、「才能」と比較して「忍耐力」が選びとられている。(35)

の「どちらかといえば」の例では、学会の中心に多かった主体として、「経済人グループ」との比較の上で「教青者」が選びとられている。(37)(38)の「いっそ」もその点はほぼ同様だが、ただ「いっそ」の場合は、それだけでなく述語のムード(法)にも関係をもつ。共存しうる述語のムードはおおむね、意志(-ウ)・希望(-タイ)・命令や、適当(-タライイ etc.)など、実現を期待するものに限られる。つまり陳述副詞としての性格をあわせもつものと考えられる。

G　類推―いわんや、まして

(39)　自由党の名士<u>だつて</u>左程偉くもない。<u>況や</u>学校の先生<u>なんぞ</u>は只の学者だ。　　　　　　　　　　　　　　　　　　　　　　　（平凡）
(40)　平生<u>さへ</u>然うだつたから、<u>況や</u>試験になると、………　（平凡）
(41)　告白‥それは同じ新平民の先輩に<u>すら</u>躊躇したことで、<u>まして</u>社会の人に自分の素性をさらけださう<u>など</u>とは、今日迄思ひもよらなかつた思想なのである。　　　　　　　　　　　　（破戒）
(42)　書いたものを愛読して<u>さへ</u>、既に怪しいと思はれて居るではないか。<u>まして</u>、うつかり尋ねて行つたり<u>なんか</u>して………もしや………　　　　　　　　　　　　　　　　　　　　　　　　　（破戒）

ここで類推とよんだものは、顕著に異なった二つの場合を比較して、〈他方の場合サエそうだから、以下の場合ナドハいうまでもなく〉という関係で、とりたてるものである。この類推を表わす「いわんや」「まして」には、「なんぞ・など・なんか」のような副助詞と共存する点に端的にあらわれているように、対象に対する軽重の価値評価性がまとわりついているが、次のようなものになると、一層あらわになる。

H　見積り方・評価―少なくとも・せめて・精々・たかだか・たかが

(43)　ばかに若くみえるね。<u>少くとも</u>ハワイあたりから帰つて来た手品師<u>くらゐには</u>踏めますぜ。　　　　　　　　　　　（あらくれ）
(44)　彼にはそんな事が一目に<u>少くとも</u>一二度<u>は</u>必ずあつた。

（田園の憂鬱）
（45）せめて母上**だけには**、米のお粥をあげ<u>たい</u>が………
　　　　　　　　　　　　　　　　　　　　　（シナリオ婉という女）
（46）せめて一日に二時間**くらいでも**、特設学級をつくって、教育をあたえてやり<u>たい</u>。　　　　　　　　　　　　　　　　（人間の壁）
（47）せいぜい牛相撲**ぐらゐ**の時代なのだ、いまは。　　　　（闘牛）
（48）社会学・心理学・人類学などといっても、学界に独り立ちしてから、せいぜい一世紀ないし一世紀半の歴史をもつ**にすぎぬ**。
　　　　　　　　　　　　　　　　　　　　　　　　　（低抗の科学）
（49）わが国体の尊厳は、たかだかエチオピア国体の尊厳と同一レベルだということになる。　　　　　　　　（革命期における思惟の基準）
（50）彼らはたかだか自己のいい逃れをやっている**にすぎない**。（同上）
（51）たかが博打**くらい**で、そうそう長いことぶち込まれとってたまるかよ。　　　　　　　　　　　　　　　　　　　（シナリオ旅の重さ）
（52）牛の二十頭や三十頭、たかが二三日喰はす**くらゐ**のものにはこと欠きませんよ。　　　　　　　　　　　　　　　　　　　（闘牛）

　(43)(44)の「少くとも」は、「ハワイあたりから帰って来た手品師」や「二三度」の部分を、〈最低限の見積り〉として取りだすことを表わしている。(45)(46)の「せめて」も同様に、「母上」「一日に二時間（くらい）」の部分を最低限の対象として取りだしている。が、「せめて」の場合はそれにとどまらず、例文の「たい」の部分に波線をつけて示しておいたように、述語のムードにも関係をもつ。述語は、希望のほか命令・依頼・意志や、当為（…ベキダ・…ナクテハナラナイ etc.）など、広義の願望（実現の期待）にほぼ限られる。前述した「いっそ」と同様、陳述副詞と限定副詞との二面性をもつものと考えられる。
　(47)(48)の「せいぜい」と(49)(50)の「たかだか」とは、「少くとも」「せめて」とは逆に、対象の語句を〈最大限の見積り〉として取りだすことを表わすものである。しかも、

- <u>最大限</u>　（<u>最高</u>）　　　　｝五百名収容できる部屋
- ＊<u>せいぜい</u>（＊<u>たかだか</u>）
- <u>せいぜい</u>（<u>たかだか</u>）　　　五百名しか収容できない部屋

の如く、価値評価について中立的な「最大限」「最高」などとくらべてみれば明らかなように、「せいぜい」と「たがだか」には、対象を〈たいしたものではない〉とするマイナスの価値評価性が含まれている。(47)の例では「ぐらい」、(48)(50)の例では「………にすぎぬ(ない)」と相呼応して用いられていることも、それを裏づけている。

　(51)「たかが博打くらいで」(52)「たかが二三日喰はすくらゐ」のように用いられる「たかが」になると、もはやマイナスの価値評価そのものを表わすと言うべきだろう。「せいぜい」「たかだか」との違いは微妙だが、たとえば次のような、未来のできごとの数値を〈予想〉する意味の文の場合、

- <u>明日</u>は　｛せいぜい／？たかだか／＊たかが｝　百人<u>ぐらいしか</u>集まらない<u>だろう</u>。

の如く「たかが」は用いられない。これは、「たかが」が見積りを表わすものではなく、すでに確定した数値に対して評価を加えるものであるためと考えられる。したがって、未来のできごとに関するものであっても、話し手にとって確定的であるか、または数値の予想を問題にしない場合は、「たかが」も用いられる。たとえば、次のように。

　　　明日の会は、<u>たかが</u>五六十名の小さな会合だ。(………なんでしょう？)

なお、以上述べてきたところでは、評価性をもつものは、(8)の「ただ」「単に」も含めて、マイナスの評価を表わすものばかりである。プラスの評価を表わすものをしいて求めるとすれば、

(53) さうか。<u>流石インテリは</u>物わかりがいゝ。　　　　　（野火）
(54) 工作の時間になると、浅井の器用さはおどろくべきものだった。<u>さすがは</u>大工の子だと思われた。　　　　　（人間の壁）

のように用いられる「さすが(は)」が問題になろうが、これは、

(55) <u>流石に</u>先輩の生涯は男らしい生涯であつた。　　　　　（破戒）
(56) 山田芳子は<u>やつぱり</u>相当の役者である。　　　　　（火の鳥）

のように用いられる「さすがに」「やっぱり」などとともに、文の叙述内容全体に対して、それが世間の評判や話し手の予期に合致していることをあらかじめ注記する「註釈の誘導副詞」（渡辺実 1971）の一種と見るべきであろう。[注3]

H' そのほか、対象が数量名詞（数詞）に限られるものであるが、**評価を表わすもの**として
(57) <u>たった</u>**あれだけ**の短い言葉が、子供たちを仕合せにしているのだった。　　　　　（人間の壁）
(58) 私は世の中で女というものを**たった**一人<u>しか</u>知らない。（こころ）
(59) それは<u>わずか</u>三十円**足らず**の差額<u>にすぎなかった</u>。　　（人間の壁）
(60) どんな大都市も<u>僅々</u>数時間にして廃墟となり、………　　　　　（偉大なる夢）

などがある。

H" また、次のような**数詞限定の用法**に立つものは、〈見積り方〉の一変種として位置づけられるかもしれない。

〈概数　表示〉　およそ百米ぐらい　　ほぼ千人ほど　　だいたい一時間**ばかり**
〈無端数表示〉　ちょうど百メートル　　ぴったり千人　　きっかり一時間

前者の概数表示の用法には副助詞が対応しているが、後著には対応する副助詞がなく、その欠を補うかのように、

百メートルちょうど　　千人ぴったり　　一時間きっかり

の如く、数詞に後置され、副助詞相当の用法にも立つ。ところで、このH'とH"は従来、組みあわされる相手が数量名詞という体言であるところから連体詞とされたり（たとえば湯沢幸吉郎 1953）、あるいは、「ずっと昔」「もっと東」など、相対的な幅をもつ時間空間の体言を程度限定する程度副詞と一緒にして、程度副詞と扱われてきた。たしかに、何と組みあわさるかという関係の形式の面からは、連体詞とすることにも筋がとおっているが、一方、どのような関係で結びつくかという関係の内実の面では「たかが」「せいぜい」「少くとも」などの限定副詞と共通の性格をもっていることも見のがせない。また、程度副詞の特殊用法と見なす考えは、数量の限定も広義の程度量の限定の一種だと見なしうる限りにおいて合理性をもつが、「たった」「およそ」「ちょうど」の類は、

＊たった／ずっと ｝おもしろい　　＊およそ／かなり ｝美しい　　＊ちょうど／ずいぶん ｝きれいだ

など、形容（動）詞と組みあわさってその程度を限定するという、程度副詞の基本的用法をもたないし、また逆に、基本的な程度副詞の方は、

たった／＊ずっと ｝ひとつだけ　　およそ／＊かなり ｝十分ほど　　ちょうど／＊ずいぶん ｝一万円

など、数詞の限定用法をもたない。このように、両者の構文的機能は基本的に異なっている。

　いずれにしろ、対象を数量名詞に限っての特殊な用法であることにはかわりはなく、品詞論的には問題の残るものである（工藤浩 1974）が、構文的関

係としては、限定副詞の構文的機能の一変種と見なしうる性格をもつことを指摘しておきたい。

3. 接続詞との関係

　前節で、限定副詞の用法について検討してくる中で、程度副詞や陳述副詞など、他の副詞との相互関係については、そのつど簡単ながらふれてきた。最後にもう一つ、すでに市川孝1965、1976で言及されていることであるが、接続詞との関係について述べておかなくてはならない。すなわち、限定副詞が

　　（61）民族優秀の理論が、だんだんに**国民特に知識層**に食い込んでいって……　　　　　　　　　　　　　　　　（ものの見方について）
　　（62）**或る超自然的な存在、例へば神**による支配を………　　（野火）
　　（63）**ウチナンチュウ**の、とりわけ**Aサイン**のおんなへ。
　　　　　　　　　　　　　　　　　　　　　　　　（シナリオ極私的エロス）
　　（64）**妻でもなく、まして子供もない仲で**、意地でも別れないなどというのは、おかしいじゃないかねえ。　　（シナリオ華麗なる一族）
　　（65）**これは教育ではありません。むしろ教青を破壊するものであって、………。　　　　　　　　　　　　　　　　　　（人間の壁）

などの如く、二つの並立する語・文節・節・文の中間に〈位置〉する場合、一見、接続詞とも見られるようになる。

　この現象は次のように考えられる。——限定副詞とは、文中の特定の部分を、それと範列的な関係にある他の項との関係をつけつつ、その語群全体の中からとりたてる機能をもつ語であった。それに対応させて言うなら、接続詞とは、同一の文章の中に連辞的に、並立して並べられた二項——語・文など——の関係をつけつつ、「接続」する語である。つまり、限定副詞と接続詞とは、範列的か連辞的かの違いはあるが、ともに他の項との関係づけを表現するという共通点をもっている。ところで、限定副詞によって関係づけら

れる範列的な関係にある他の語句や、とりたての母体である上位概念の語句は、同一の文章中に表現をうける場合もあれば、うけない場合もある。表現をうけない場合はもちろん、表現をうけた場合でも、

- 日本の**中でも**とくに東京は………
- 彼は詩人**というより**むしろ告白者だ。

のように、二項が並立関係をなさない場合は、接続詞性が問題になることはない（前節であげた用例はもっぱらこうした例である）。ところが先の（61）〜（65）のように、接続詞が占めるのと同じ"位置"に限定副詞が立った場合、それが表わす範列的な関係は同時に連辞的な（接続）関係にもなり、**結果的に限定副詞が接続詞の機能をも**はたすことになるのである。この間の事情は、

- 東京にも行った。　　　　／　電話でなり知らせる。

の如く、限定を表わす副助詞「も」（共存）や「なり」（例示）が、

- 東京にも大阪にも行った。　／　電話でなり手紙でなり知らせる。

の如く、他の項とともに表現をうけた場合、結果的に、並立助詞の機能をも同時に果すようになるのと同様だと考えられる。（参照　森重敏 1954、1957）

　もちろん、結果的にとはいっても、こうした接続詞の位置に立つ用法にしばしば用いられるうちに、その接続詞的機能が固定化されて、品詞としても移行・転成する語が生ずることは、当然起こりうることである。「ただ」という語がその一例であって、限定副詞機能とともに、「但し」の意味に支えられた接続詞機能を確立している。そしてこの「ただ」という語の場合では、たとえば、

　　（66）先生は何とも答へなかつた。ただ私の顔を見て「あなたは幾歳で

すか」と云つた。　　　　　　　　　　　　　　（こゝろ）
(67) 御家の中を自由に往来して、息も切れなければ、眩暈も感じなかつた。たゞ**顔色丈は**普通の人より大変悪かつたが、………
　　　　　　　　　　　　　　　　　　　　　　　（こゝろ）

のような例が、限定副詞と接続詞との二面的・中間的な様相を呈する例として存在する。品詞の「境界」とは、つねにこのようなものではあるまいか。

このように考えてくれば、本稿のはじめに引用した渡辺実1971にあげられている「おまけに」という語もまた、限定副詞の典型的な例というよりは、限定副詞と接続詞との二面性をもつものと考えられる。これは、

(68) **おまけに**次男**まで**戦争にとられてしまいまして………。
　　　　　　　　　　　　　　　　　　　　　　（渡辺実1971）
(69) それにあゝ見えてゐて思ひの外親切気のある人ですから、ボーイでも水夫でも怖がりながらなついてゐますわ。**おまけに**私お金**まで**借りてゐますもの。　　　　　　　　　　　（或る女）

のような「まで」と共存する例で知れるように、いわば〈極端な例の添加〉を表わすものであり、類例としては、

(70) 凡そ芸事は慢心したら上達はしませぬ、**あまつさへ**女の身として男を捉へ阿呆などゝ口汚く云ふのは聞辛し　　　（春琴抄）

のような「あまつさえ」があげられる。これらは、"極端な例"としてとりたてる点では限定副詞的であるが、ほとんどの場合接続詞の位置に立って"添加"の接続関係を表わす点では、「しかも」「そのうえ」などの添加の接続詞と共通した性格をもっているのである。

【注】

〔注1〕 以上の記述は、諸説の検討としては粗略である。副助詞（および限定副詞）の機能については、このほか、鈴木重幸1972の「とりたて」、森重敏1954、1957の「群数」という名の性格規定があって、本稿に大きな影響をあたえている。なお「限定」という名称は、ふつうたとえば、ユックリ歩クのユックリは歩キ方を限定する、のように「修飾」と同義に用いられることがあり、あまり好ましいものではないが、いまは大勢にしたがう。

〔注2〕 以下にあげる用例は、国立国語研究所で、文学作品・論説文・映画シナリオなどから採集した副詞カードを主として使用した。出典等については、国立国語研究所年報 16 ～ 18 および 27 を参照。

〔注3〕 注釈（の誘導）副詞については、限定副詞との関係でまだ述べなければならないことが多く残されているが、これについては別稿を用意しなければならない。

［引用文献］

市川　孝 1965「接続詞的用法をもつ副詞」(お茶の水女子大『国文』24)

市川　孝 1976「副用語」(岩波講座『日本語6 文法Ⅰ』)

井手　至 1959「対比的限定と特立的限定」(『人文研究』8–1)

梅原恭則 1973「副助詞の構文的職能と助詞の職能の系列について」(『国語学』95)

工藤　浩 1974「『たった』は副詞か連体詞か」(『言語生活』275)

鈴木重幸 1972『日本語文法・形態論』(むぎ書房)

鈴木重幸 1974「言語学の用語・パラディグマチックな関係とシンタグマチックな関係」(『教育国語』37)

時枝誠記 1950『日本文法 口語篇』(岩波書店)

マルティネ 1972(編)『言語学事典』(大修館)

宮地　裕 1952「副助詞小攷」(『国語国文』21–8)

森重　敏 1954「群数および程度量としての副助詞」(『国語国文』23–2)

森重　敏 1957「並立副詞と群数副詞との設定」(『国語国文』26–10)

山田孝雄 1908『日本文法論』(宝文館)

湯沢幸吉郎 1953『口語法精説』(明治書院)

渡辺　実 1957「品詞論の諸問題──副用語・付属語」(『日本文法講座』1　明治書院)

渡辺　実 1971『国語構文論』(塙書房)

程度副詞をめぐって

0. はじめに

　一般に程度副詞と呼びならわされている語群は、品詞体系の中での位置づけに関して、二つの大きく異なる取り扱いを受けている。一つの立場は、ことがら(属性)的か陳述的かという基準を重視する立場で、程度副詞は情態副詞とともにことがら的なものとされ、陳述副詞とは大別される。山田孝雄をはじめ、時枝誠記、鈴木重幸らがここに属する。学校文法等のいわゆる通説もこの流れの中にあると見てよいだろう。

　もう一つの扱い方は、程度副詞を陳述副詞および時の副詞と一括して「副詞」として扱い、情態副詞の大部分を用言の一類として別扱いするものである。ここにはまず、「叙述性」の有無によって分類する松下大三郎が属する。そのほか、規定のしかたはそれぞれかなり異なり、一括するのは乱暴なのだが、森重敏、川端善明、渡辺実らも、分類結果の外延のみで言えば、山田よりもこの松下に近い。森重敏は、程度・陳述・時の副詞を、応答詞の分化として系列づけられる「第二機構」の末端に位置する「程度量副詞」として一括し、「第一機構」に属する情態副詞とは区別する。川端善明は、「後続する句の全態【の形相面】に関与するもの」を副詞とする立場から、「情態副詞を形容詞に編入し、陳述・程度の二副詞を同等の位置に考え、ともに述語の様相の層に打ち合う副詞とする」。渡辺実は、統叙以外の関係構成的職能をただ一つ託される副詞類に程度・陳述の両副詞を入れ、情態副詞は関係構成的職能を託されない体言類に入れる。

　これらの中で、最も鋭い対立をなすのは、山田と川端であろう。山田が、程度副詞を語の属性にのみ関与するもので陳述には全く関わらないとするのに対し、川端は、程度副詞を「述語の様相の層——ただし、形容詞文の、したがって様態の層と未分化的なものとしての様相の層に打ち合う」ものとす

るのである。

　以上のような、いわゆる程度副詞の位置づけ方に関する、外見上の大きな異なりは、学説の多くが、「厳密なる二分法」に従って品詞分類を行おうとして、程度副詞と呼ばれる語群のもつさまざまな性格の中の一つを——もちろん、本質的だと見なした一つをだが——とくに取り立てた結果ではないかと思われる。つまり、これは、いわゆる程度副詞の性格の複雑さ、あいまいさ、あるいは中間的・二面的な性格のあらわれなのではないか、と思われるのである。本稿で、程度副詞を調べてみようとしたゆえんである。

　なお、こうした性質上、本稿で引用・参照すべき先行文献はかなり多いのであるが、ただでさえ細部にわたる煩瑣な議論であるゆえに、いちいち引用し異同を明記する手間をはぶかせてもらう。恩恵をうけた文献は末尾に一括しておく。

1.　ことがら成分としての諸性格

1.1　通説としてほぼ安定しているかに見える程度副詞の規定は、〈(相対的な)状態性の意味をもつ語にかかって、その程度を限定する副詞〉というものだろう(「相対的な」という限定をカッコにくくって付けた理由は後にふれる)。共起関係の指定が「相対的な状態性の意味をもつ語」というような意味的なものになっているのは、

　　非常に<u>大きい</u>／大変<u>静かだ</u>／かなり<u>ゆっくり</u>歩く／ずいぶん<u>疲れた</u>／ずっと<u>昔</u>

等々、組み合わさる相手が、品詞としてはいろいろなものにまたがるからである。しかし程度副詞が単なる意味分類ではない文法的な品詞類の一として認められているのは、主として動詞と組み合わさる情態副詞に対して、程度副詞が〈種々の形容詞(いわゆる形容動詞を含めて言う)と組み合わさるのを基本とする〉という形式—文法的特徴をもつからだと思われる。本稿も、以上の通説に従うところから出発する。

以上の規定から、ほぼ疑いなく程度副詞とされる代表的なものは、次のようなものだろう。

　　非常に　大変(に)　はなはだ　ごく　すこぶる　極めて　至って
　　とても　／　大分　随分　相当　大層　かなり　よほど　／　わりあい
　　わりに　けっこう　なかなか　比較的　／　すこし　ちょっと　少々
　　多少　心持ち　やや

〔以下、他のモノゴトとの比較性のつよいもの〕

　　もっとも　いちばん　／　もっと　ずっと　一層　一段と　ひときわ
　　／　はるかに　よけい(に)　／　より

以下、他の副詞との関係など、周辺的な問題をひとわたり見ておくことにしよう。

1.2　程度の概念に近いものとしては、(数)量の概念があり、語としては、

　　量　副　詞――たくさん　いっぱい　残らず　たっぷり　どっさり
　　　　　　　　　ふんだんに
　　概括量副詞――ほとんど　ほぼ　だいたい　おおむね　おおよそ
　　数　量　名　詞――全部　全員　大部分　あらかた　半分　少数
　　　　　　　　／　二つ　三人　四個　／　すべて　みんな

等々がある。このうち量副詞はまず、形容詞と組み合わさらない点で、程度副詞と区別しうる。全量および概括量のものは、「庭の花は <u>全部／すべて／大部分</u> 赤い」の如く、主語と同格に立ってその数量を限定する場合に、形容詞と共起しうるが、同時に「出席者は <u>全部／すべて／大部分</u> 男性である」の如く、名詞述語とも共起しうる点で、程度副詞と区別しうるだろう。また「二つ多い／三センチ長い／四グラム重い」など数詞が形容詞と共起す

るのは量形容詞に限られる点で程度副詞と異なる。

　しかしながら、程度とは状態の量だという面もあり、両者の交渉は当然ある。じっさい程度副詞の中には、「ごはんを_____食べた」のような量副詞の用法に立つものが、

　　すこし　ちょっと　多少　少々　／　かなり　大分　随分　／　もっと

など、少なからず存在する。逆に、量を表すものの中でも、「ほとんど・ほぼ・大体」など概括量の副詞は、「正しい・等しい・満員だ・同時だ」のような非相対的な形容詞と共起し、意味的にもその非相対的な(点的な)状態への近づきの程度を表す。これに対して、一般の程度副詞は「等しい・満員だ」など相対性を(通常は)もたない形容詞とは共起しにくく、相対的な(線的な)形容詞と組み合わさるのであり、両者はほぼ相補的な分布を示す。図式化すれば、

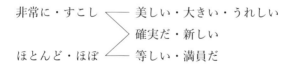

この用法の「ほとんど・ほぼ」などを極限的な程度を表す特殊な程度副詞とみなすことも可能だろう。その場合は更に、「まるで・あたかも・ちょうど・いかにも・さも」など、比況と呼応する副詞とされているものも、似かよいの程度を極限的に限定する特殊な程度副詞とみなすことになるだろう。「ほとんど罪人のような扱い」「少々馬のような顔」「非常に学生らしい態度」などとの関連の中に位置づけられそうだからである。一つの可能性として記しておく。

1.3　程度副詞は基本的に、静的な状態に関わるもので、動詞の表す運動性には関わらないとされている。「とてもゆっくり歩いている」のような動詞文に用いられた場合も、「ゆっくり」という状態にのみ関係し、「歩いてい

る」という運動には関係しない、と考えられている。だが、

　　　一層　　一段と　／　もっと　　ずっと　／　はるかに　　よけい

のような、他の物事と比較する性格のつよい程度副詞は、

　　　Aの方がBより＿＿＿大きい。

といった文型(比較構文)に用いられる一方で、他の時点の状態との比較を表して、

　　　前より＿＿＿大きくなる／冷える／離れる

のような状態変化の動詞(句)と組み合わさることが多い(「たいぶ」という語も、なぜかこの用法が目立つ)。
　「ますます・いよいよ」などになると、ほとんどこの用法に立ち、「だんだん・しだいに・徐々に」といった変化の速度を表す副詞にきわめて近い。ただ、後者が「しだいに大きい」とはけっして言えないのに対し、前者は、少数ながら

　　　学校へもどって行っても、彼の坐るべき机はないのだ。しかも学年の途中からでは、ますます割り込むことは困難だ。　　　　　(人間の壁)
　　　これはますます手厳しい。　　　　　　　(シナリオ華麗なる一族)
　　　いよいよ、怪しからんことです。　　　　　　　　　　(自由学校)

のような用法をもつ。この点で区別しようと思えばできなくもないだろう。

1.4　ところで、状態の程度を限定するという意味的な面と、形容詞と組み合わさるという形式的な面とは、必ずしも一対一に対応する関係にはない。

よく似ている　／　つよく心ひかれる　／　ふかく感動した　／
　　　こよなく愛する

などは、意味的には状態の程度を表していると言えるが、これらは形容詞とは組み合わさらない。逆に

　　　白髪のひょろひょろと背の高い老紳士がノックして入って来た。
　　　　　　　　　　　　　　　　　　　　　　　　　　　　（火の鳥）
　　　跳び乗つて腰かけると、尻の肉がジインと痛かつた。　（多情仏心）
　　　林の蔭で兵士達の顔はのつぺりと暗かつた。　　　　　（野火）
　　　それはどつしりと重く、雑嚢の底に横はつてゐた。　　（野火）
　　　こんなに鮮やかに濃くて、なごやかな色の霞が、………〈略〉　（帰郷）
　　　鴎の啼声が声だけしてゐた。──さわやかに、寒かつた。（蟹工船）
　　　その眼の下にただ一つ、鈍く白い完全な円の中に、洞のやうに黒く凹
　　　　んだまた完全な円。鋼鉄の円。銃口であつた。　　　（野火）

などは、中止用法に近い面もあるが、形容詞をなんらか限定している面も見のがせない。これらは、「花のように美しい／スッポンみたいにしつこい」といった比喩表現とともに、具象性がつよく、したがって程度性をも内に含んではいるのだが、程度副詞とは言いにくい。形容詞を修飾する特殊な情態副詞（副詞形・副詞句）を認めなくてはならないと思われる。
　だが、「スッポンみたいにしつこい」「夢のようにはかない」のような陳腐で慣用句性の高い比喩ほど、程度性の意味が前面に出やすいと言えそうだし、また、「どっしりと重い」より「ずっしり重い」の方が程度性があらわで、更に「グッと重い・うんと重い」になれば程度副詞と呼びたくなりそうだ。
　他方、「政治家・紳士」のような基本的には名詞であるものが、

　　　あいつも相当政治家だな。
　　　あのかたはとても紳士です。

の如く程度副詞と組み合わさる中で、臨時的とはいえ、性質状態の面が表面化し、いわば形容詞化するという現象もある（ただし、この形容詞化の第一歩は、名詞が述語として、つまり暗喩として用いられることにあり、程度副詞はそれをより明確化するものなのであろうが）。このように、程度限定という意味と、形容詞との組み合わせという形式との間の、基本的な対応は疑うべきではないのだろう。

1.5　人称代名詞などとともに「水準転移」（佐久間鼎）のはげしい程度表現には、斬新で効果的な表現が求められ、

　　　ものすごく賑やかな街　／　すばらしく大きな椿
　　　異様に大きな目　　　　／　猛烈にさみしそうな顔
　　　ばかげて太い柱　　　　／　とびぬけて速い人
　　　断然安い　　　　　　　／　ぐんとイキな恰好

等々、用言の副詞形や他の副詞などが、形容詞と組み合わさってその程度を限定する用法に立つ。これらをただちに程度副詞と呼ぶことはできないであろうが、また、こうした段階をへてほぼ程度副詞に移行しおえたと思われるものに「すごく　ひどく　／　非常に　大変(に)／　極めて　至って」などがあるわけで、これらの類も、程度副詞の周辺的・過渡的なものとして、注意しておく必要はあるだろう。
　以下、暫定的な類別をして、例をならべておく。

a　程度量性の形容詞から
　　児童の教育は<u>無限</u>に複雑だ　／　<u>限りなく</u>愛しいもの　／
　　<u>高度</u>に精密なもの　／　<u>過度</u>に自主性に富んでいる　／
　　<u>極度</u>に緊張している

b　目立ち性（主として動詞から）
　　成績が<u>ずば抜けて</u>よい　／　色が<u>際立って</u>濃い　／　<u>並外れて</u>体が大きい

／ とび抜けて強い ／ 目立って多い ／ かけ離れて低すぎる水準 ／ 群を抜いて際だっている ／ とびきり上等な品 ／ 人一倍よく働く

c　とりたて性　比較性のもの
とくに難しい問題 ／ 岬のあたりは殊に明るい ／ 取り分け困難だ ／ 特別に親密な仲 ／ 格段に大人だ ／ 殊の外元気だ ／ 何よりも大きな影響 ／ 何にも増して大きな喜び ／ この上なく面白い ／ かつてなくひどい飢饉 ／ これまでになく自由だ ／ 例年になく暖かい正月 ／ たぐいなく美しい ／ 比類なく見事な出来

d　異常さ　評価的
いやに静かだ ／ ばかに重い荷物 ／ やけに弱気だね ／ やたらに多い ／ 耳のむやみに長いロバ ／ 異常になまめかしい女 ／ 法外に高い ／ ベラボウに高い ／ 底抜けに愚かな女 ／ 今日はめっぽう寒い ／ 一方の肩が不自然に高い ／ 極端に利己的な性格 ／ 度はずれに昂っている ／ 途方もなく大きい ／ 途轍もなくバカでかい ／ たとへやうもなく美味かつた／ なんとも（いえず）かわいい ／ 世にも（なく）恐ろしい光景

e　感情形容詞から
恐ろしく顔の広い女 ／ たまらなく愉快だった ／堪へ難く暑い ／ 怖るべく強い相手

f　真実味　実感性
ほんとに他愛ない人 ／ まことに不思議な作用 ／ 実に烈しい生涯 ／ 全く困った子だ ／ 心底うれしい ／ 無性に独りになりたい ／ 痛切に悲しい ／ 身にしみてうれしい

g　予想や評判との異同
津川さんて案外図太いのね。 ／ 時間は意外に早く経った。 ／

小路は存外静かであった。　／　女は想いの外若かった。　／
交渉は予想外にこじれて長びいた。　／　さすがに見事な体をしている。

h　その他
返すがへすも残念だ　／　それはひどいけがでした　／
どこまでもあつかましい女

以上のように、「無限に・とびぬけて」のようなより客観的で状態性の濃いものから、「おそろしく・まことに・意外に」のようなより主観的で評価性の濃いものまで、さまざまなものがある。前者に関しては1.4でふれるところがあった。ここでは、後者について考えてみることにする。ｆの「ほんとに・実に」やｇの「案外・意外に」などは、

　　遠慮でも虚飾でもないらしく、ほんとに自分の行為を無価値に考えている様子だつた。　　　　　　　　　　　　　　　　　（自由学校）
　　実にそれは、自分で自分を憐むといふ心から出た生命の汗であつたのである。　　　　　　　　　　　　　　　　　　　　　　　　（破戒）
　　すぐ元気よく跳ね起きると思つたのが、案外、そのままベッたり腹ン匍になつたきりなので、〈略〉　　　　　　　　　　　（多情仏心）
　　内玄関に出てみると、意外にも春三が土間に立つてゐた。　（本日休診）

の如く、多くの場合に文頭（句頭）に位置して、後続のことがら内容全体に対する真偽や予想との異同といった話し手の評価・コメントを表す用法ももつものである。それが先にもふれたように、形容詞と組み合わさり、とくにその直前に位置する場合、程度性の意味をもたされることが多いようである。もちろん、この構文的な位置は絶対的な条件であるわけではない。「さいわい・あいにく」のようなことがら評価の副詞は、形容詞の直前に位置しても程度性はもたないし、予想との異同を表すものでも「かえって」や「案の定」は程度性をもたない。そして、その間に、

「お前達、みんな脱走兵だぞ」と思ひ掛けなく大きな声で病人がいった。
(野火)

のように、「大きな声で病人がいった」コトが思い掛けないのか、「大きな」サマが思い掛けない(ほどな)のか、判定にまようような例が、両者の交渉を物語るものとして、ある。

先の四語の場合は、「実に」のことがら評価の用法は現代ではすたれつつあり、程度副詞に定着しつつある。「意外に(も)」も、ことがら評価用法には「意外にも」の形、程度用法には「意外に」の形というふうに分化しつつある。「案外」も、ことがら評価には「案外なことに」の形が多く、単独では「案外～かもしれない」のような叙法副詞用法と、「案外おもしろい」のような程度副詞用法とを分化させつつあるようである。「ほんとに」は多義語として分化していると言っていいだろうか。

このように、コトに対する評価副詞と、サマについての程度副詞とは、形態的にも分化しつつあるのだが、それと同時に、両者は"サマに対する評価"を媒介として交渉し隣接する関係にあるのだと考えられる。

以上、第一節では、程度副詞とその周辺の中に、「すこし・うんと」のような(数)量性の濃いものから、「ひどく・おそろしく」「けっこう・意外に」のような評価性の濃いものまであることを見てきた。

2. ことがら成分らしからぬ特性

2.1 前節では、程度副詞の形式的な特徴として、形容詞と組み合わさるという点だけを見てきたのだが、それだけではないことは、すでによく知られていることである。

まず、「すこし・ちょっと・多少・少々」「いくらか・いささか」のような数量名詞性をもつものが例外となるのだが、その他の程度副詞は、

イ とりたて助詞「は・も」などを下接しない。
ロ 「だ・です」を伴って述語に立つこともない。

（「あんまりだ」「随分な人」などは形容詞に転化したものとして別扱い）
　ハ　修飾語を受けえない。（cf. <u>ほんの</u>すこし、<u>もう</u>ちょっと）

という特徴をもつ。これは、「は」でとりたてたり、主語の属性を規定したり、他の語によって限定されたりするだけの実質的な概念性がないためである。程度副詞は、程度性の面で文のことがら的内容を豊かにする成分ではあるのだが、その中では最も抽象的で、ことがら成分のいわば最も外側に位置するものなのだと思われる。この三つの特徴は、陳述副詞と共通する特徴であり、情態副詞とは異なる特徴である。（参照：渡辺実）

2.2　程度副詞は一般に、

　＊　きょうは<u>相当</u>さむくない。
　＊　この本は<u>大分</u>おもしろくない。
　＊　この電球は<u>すこし</u>明るくない。
　＊　このひもは<u>非常に</u>長くない。

などと、否定形式とともに用いることは通常ない。このような場合は、

　　きょうは<u>さほど</u>さむくない。
　　この本は<u>たいして</u>おもしろくない。
　　この電球は<u>あまり</u>明るくない。
　　このひもは<u>ちっとも</u>長くない。

などと言うのがふつうだ。つまり、ふつう否定と呼応する副詞とされているものの中に、

　　ちっとも　　すこしも　　たいして　　さして　　さほど　　一向
　　あまり　　全然　　そんなに

のような、状態の程度を限定する程度副詞の性質を兼ねそなえたものがあり、それらとの対立・張り合い関係の中で、いわゆる程度副詞は肯定文脈に傾向するのだと、まずは考えられる。

ただ、いわゆる程度副詞が否定文脈に用いにくいと言うためには、いくつかの留保や類別が、否定の側にも副詞の側にも必要である。(比較：原田1982)

まず、1.3でふれた「一層・ますます」など状態変化の程度を表すものは、

　一層眠ることが出来なくなった。
　ますます私には分らなくなり出した。

のように「-なくなる」と共起することがあるが、一応別扱いする。また「よほど」をはじめ「相当・もっと」などは、

　よほど／相当／もっと　気をつけないといずれひどい目に合うよ。

のように、否定条件の形と比較的よく共起する。これも別扱いとし、話を否定の終止・連体・中止の用法に限ることにする。

さて、「否定」の形とはいっても

　いちばんいけない子／非常にくだらない論文

をはじめ、「足りない　つまらない　気にくわない　／　申し訳ない　ふがいない　心もとない　気のない(返事)」のようなものは、ここでいう否定形式ではない。これらは、全体で一語の形容詞に熟したものであり、「ちっとも・たいして」等の否定形を要求するものと共起しえなくなっている。これらには大抵の程度副詞が組み合わさるだろう。つぎに、

　もっと分からないこと　／　すこし張り合いがない

をはじめ、「好かない　落着かない　目立たない　気にいらない　要領をえない　（話が）かみあわない　解せない　馬鹿にならない　／　余裕がない　抑揚のない（声）／　気のりがしない」のようなものは、「ちっとも・たいして」等と共起しうるだけの否定性はもっている。だが同時に、先のものほど熟してはいないにしても、全体で一語の複合形容詞性をももつようで、これらにも「もっと　すこし　いちばん　非常に」などをはじめ、少なからぬ程度副詞が共起しうるように思われる。また、

　　はなはだ──よくない　　よろしくない　　おもしろくない
　　きわめて──好ましくない
　　まことに──はかばかしくなかった

のような評価形容詞の否定形と組み合わさる例も目につくが、これも「悪い・くだらない」等のあからさまなマイナス評価をはばかる婉曲表現として、複合形容詞性をもちやすいのだろう。

　ところで、以上を通じて「はなはだ」という語が目立って多く、否定形とともに用いられている。が、これは「はなはだ」自身のもつ否定的評価に傾向した語義のためと見られ、「悪くない」とか、評価的に無色の「小さくない・短くない」などとは、ふつうには共起しないと思われる。

さて、以上のような留保をつけてもなお、

　（a）実行者が求も強いのは、最も批判的でない時でせう。　　（真知子）
　　　最も人間臭くない因果律という真理も、悟性という人間条件に固
　　　　執するからあるのである。　　　　　　　　　　（私の人生観）
　　　この田舎にも朝夕配られて来る新聞紙の報道は、私の最も欲しな
　　　　いこと、つまり戦争をさせようとしてゐるらしい。　　（野火）
　　　そして、一番眼に見えないところ、案外にだれからも忘れられた

ところで、もう一つの変化がおこっていた。　　　（人間の壁）
あのとき<u>一番</u>悪くない私が二人から殴られなかつたなら、事件はまだまだ続いてゐたにちがひないのだ。　　　（機械）

（b）戦争といふものは派手に戦闘をする部隊以外に、その蔭にあつて実に顕著な功績を示しながら、<u>割合</u>認められず苦労して居る部隊がある。　　　（麦と兵隊）

「今はたいしたもんだらう」「<u>割合</u>にさうでもない事よ。」

　　　　　　　　　　　　　　　　　　　　（つゆのあとさき）

はつきりしてゐた筈のことも、<u>案外</u>つかめてゐないことをも感じた。　　　（生活の探求）

吉沢からあれほど罵倒されても、<u>案外</u>そのことを自分で理解していないのだった。　　　（人間の壁）

のような例が見られる。このうち、(b)「割合（に）」「案外」の例は、比較性や意外性の原義が強く、程度限定性は表面だってはいないようにも思える（これらの語は肯定の形容詞と組み合わさった場合には、比較的明瞭に程度性が感じられるのであり、否定形と組み合わさると程度性が感じられにくくなるのだとすれば、程度性と肯定との間に相関性があることをしめしているのであろうか）。そうだとすると、否定文脈に比較的自由に現れる、いわば例外的なものは、(a)「もっとも・いちばん」という最上級を表すものだけだということになる。

　さて、このようにして、多くの程度副詞は純然たる否定形式とは共起しないと言えそうである。また、否定形式と共起した場合も、

　　きわめて〔好ましくない〕　　／　　最も〔欲しない〕

の如く、否定状態自体と関係する点で、

　　〔ゆっくり歩か〕ない　　　　／　　〔きれいに咲か〕ない

の如く、情態副詞や形容詞副詞形が否定の作用域の内部に収まるのと性格を異にする。つまり、情態副詞が肯定否定の「みとめ方」以前の述語層に関係するのに対し、程度副詞は述語のみとめ方の層——ただしその対象的側面——に関係する副詞だということになる。これは、先にふれた否定系の「たいして」等も含めて、広義の程度副詞を設定するとしても、基本的に同じことが言える。

　ちなみに、「たぶん〜スル／シナイだろう」「もし〜スレ／シナケレば」の如き叙法副詞は、みとめ方以後の述語層に関係する副詞である。なお、「けっして」は否定の作用的側面に関係する点で「たいして」等と同一視するわけにはいかないだろう。

$$
\left.\begin{array}{l}\text{たいして}\\ \text{?けっして}\end{array}\right\}\text{おもしろくない話} \quad \text{cf.けっして}\left\{\begin{array}{l}\text{おもしろく}\textbf{は}\text{ない話}\\ \text{おもしろい}\textbf{とは言え}\text{ない話}\end{array}\right.
$$

$$
\text{きっと}\left\{\begin{array}{l}\text{たいして}\\ \text{?けっして}\end{array}\right\}\text{おもしろくないだろう。}
$$

「けっして」はクローズ性の弱い連体句に収まりにくいし、また叙法副詞「きっと」と共存するには、重複の感が強すぎるだろう。「けっして」は「たいして」等よりは「まさか・よもや」の方に近いのである。

2.3　程度副詞の多くは、

　　？　非常にはやく走りなさい。
　　＊　たいぶたくさん作ってください。
　　＊　とてもゆっくり歩きませんか。
　　＊　なかなかじょうずに書こう。

のように、命令・依頼・勧誘・決意（意志）など、聞き手や話し手自らにむかって、ことがらの実現を"はたらきかける"叙法とは共起しないか、しにくいようである。もちろん、程度副詞のすべてがそうなのではない。

もっと正直に言ってみたまえ。　　　　　　　　（人間の壁）
　　こう良人を、何とかして理解し、何とかしてもっと好きになろうと、努
　　　力もしてみたつもりだった。　　　　　　　　　（人間の壁）
　　すみませんが、もう少し後にして頂けないでしょうか。　（人間の壁）
　　もう少しましなことを考えたらどう？　（シナリオ津軽じょんがら節）

のように、現状より程度量が増加することを表しうる「もっと・もうすこし」は、かなりひんぱんに、この命令等の叙法とともに用いられる。また、

　　参謀は最後に〈中略〉一層、元気を出して邁進してくれるやうに、と附
　　　け加へた。　　　　　　　　　　　　　　　　（麦と兵隊）
　　男は自分達の愛を一層純粋なものにしようと試みて、（略）（風立ちぬ）
　　自ら意識し、努力して己れの世界を益々堅固にしようとすることは、
　　　〈略〉　　　　　　　　　　　　　　　　　　（生活の探求）

のように、「一層・ますます」も用いられるが、その使用量は意外に少ない（あるいは文体的な問題がからんでいるのかもしれない）。「すこし・ちょっと」は、モノや時間の量を表す場合には、「すこし食べろ／ちょっと待て」のように、問題なく言えるのだが、程度用法においては、

　　少し急いでくれよ。　　　　　　　　　　　（シナリオ日本沈没）
　　君、少し自重しろよ。　　　　　　　　　　　　（自由学校）

など、文脈的に「もうすこし」の意に解しうるものが、少数見られるにとどまるようである。また「ずっと」も、「ずっと待ってろよ」のような時間量の場合のほかは、単独では、命令等の叙法と共起しにくいようだ。

　　？　さっきよりずっと速く走れ。
　　cf. **もっと**ずっと速く走れ。

なお、命令等の叙法の文には、このほか、

　先きに行つてゐるから**成るべく**早く来**てくれ**。　　（故旧忘れ得べき）
　出来るだけ頭を低くしてゐる**やうに**、西君と梅本君に云ひ置き〈略〉
　　　　　　　　　　　　　　　　　　　　　　　　　　（麦と兵隊）

のような「なるべく・できるだけ」が用いられ、程度限定性も認められる。だが、これらは、有情物の動作を表す動詞文にしか用いられず、また「なるべく／できるだけ、あしたは出席してください」のように状態の程度限定性をもたない用法にも立つ点で、基本的には「意志副詞」に属するものと思われる。これらの存在は逆に、命令等に用いられない程度副詞には〔非意志性〕という意味特徴があることを暗示しているだろう。

　ちなみに、2.2でちょっと触れた、否定条件の形と共起しやすい「よほど」は、

　病気が病気だから、**余程**気をつけないと**不可ません**。　　（こころ）
　それを**よほど**考えておか**なくてはいけない**と私は思うわけです。
　　　　　　　　　　　　　　　　　　　　　　　　　　（人間の壁）

の如く、当為の擬似叙法とは共起して用いられる。これには「相当・かなり」も使えそうだ。また「かなり急げ」は変でも、「かなり急いだ方がいい」は言えそうだ。その他、スルトイイ・シタイ・スルツモリダ等の擬似叙法と共起するものは、更に範囲が広がるだろう。程度副詞にとっても、述語の叙法―擬似叙法にとっても、興味ぶかい問題だが、資料整理が十分できていない今は、これ以上立ち入れない。話を"はたらきかけ"の基本叙法に限っておく。

　さて、以上見てきた「もっと・もうすこし・一層・ますます」と、量用法の「すこし・ちょっと／ずっと」、それに意志副詞の「なるべく・できるだけ」を除いてみると、その他の程度副詞は、命令・決意等のはたらきかけの叙法とは共起しないか、しにくいようである。「なかなか／けっこう／わり

に 速く走れ」とは まず言わないだろうが、それにくらべれば、「非常に／かなり 速く走れ」は 許容度がやや高そうだし、更に「いちばん速く走れ」には不自然さを感じない人もいるかもしれない（いま「いちばん<u>前</u>に出ろ／いちばん<u>後</u>から来い」など体言修飾の例は別扱いとしての話）。このように、共起しにくさには、語によっていくつかの段階差があるだろうが、いまは、全体として共起しにくいものが多いと言うにとどめざるをえない。

2.4 ここには、調査途上でのおぼえがきとして、程度副詞にこうした叙法的共起制限があることの意味について、二三の考えを書きつけておくことにする。

まず、「もっと」などが命令等と共起し、他の程度副詞が共起しにくい理由については、1.3で触れたように、「もっと」などがもともと動詞と共起しやすいものであるのに対し、他の程度副詞は、基本的に静的な形容詞（状態言）と関係するものであるからだ、という考え方がありうるだろう。しかし、これだけのことなら、被修飾語が副詞法に立って動詞文に用いられた場合、

$$\left.\begin{array}{l}\text{わりに}\\\text{とても}\end{array}\right\}\text{はやく}\left\{\begin{array}{l}\text{走った。}\\{}^*\text{走れ。}\end{array}\right.$$

のように、平叙文で言えて、命令文では言えないのはなぜか。また、量副詞的用法に立ち動詞と共起するものが、

$$\text{ごはんを、}\left.\begin{array}{l}\text{かなり}\\\text{相 当}\end{array}\right\}\left\{\begin{array}{l}\text{食べた。}\\{}^*\text{食べろ。}\end{array}\right.$$

$$\text{cf. ごはんを}\left\{\begin{array}{l}\text{たくさん}\\\text{すこし}\end{array}\right\}\begin{array}{l}\text{食べた。}\\\text{食べろ。}\end{array}$$

のように、平叙文で言えて命令文で言えないのはなぜか、説明できない（ちなみに「かなり・相当」等の量副詞的用法は、このように「すこし・もっ

と」にくらべて不徹底なものであることにも注意しておきたい)。つまり

$$[(とてもはやく)走] \begin{cases} ル & ッタ \\ *レ & *ロウ \end{cases}$$

のような「入子型」構造だけでは、これらの程度副詞の性格は解けないということである。

　したがって、これらの程度副詞を意味的に性格づけるとしても、単に静的な状態の程度性を表すというだけではなく、〔非意志性〕もしくは〔―自制的(久野)〕という特徴をもつとすることになるだろう。もっとも、この非意志性などの意味特徴を程度副詞に付与しようとするのは、命令等の叙法と共起しないという文法特徴を意味論的に翻訳したにすぎないのかもしれない。少なくとも「つい・思わず」などが「非意志的」な意味ゆえに命令等と共起しないという場合と、同一には論じられないだろう。程度副詞には「わざととてもゆっくり歩いた」「わざわざ非常に大声で話した」などのように、「わざと、わざわざ」の「意志性」との共起はさまたげないものもあるようだから。意味的な性格づけは、個々の副詞の記述が先行しないと危険かもしれない。

　さて、このように、入子型構造におさまりきらず、単語間の属性意味的な面だけでは、つまり、文の陳述性をきりすてた連語論的な側面だけでは、程度副詞の性格がとらえきれないのだとすれば、次に考えておかなくてはならないことは、ここでもやはり、陳述的な成分との関係であろう。

　多くの程度副詞がもつ、命令等の叙法と共起しにくいという制限は、

　*<u>つまり</u>君が行け。　　cf. つまり君が行くべきだ。
　*<u>じつは</u>僕が行こう。　cf. じつは僕が行くつもりだ。

など、文の種々の叙べたてかたを表す副詞は当然のこととして、

　*<u>さいわい</u>君が来てくれ。

＊あいにくあしたは出かけよう。

など、文のコトガラ内容全体に対する評価を表す副詞にも、共通して見られる制限である。更に

　　＊感心に(も)毎日新聞配達をしなさい。
　　＊親切にも道を教えてあげよう。　　　cf. 親切に道を教えてあげよう。

など、ヒトのシゴトに対する評価を表すものや、

　　＊りんごをたった二つ買いなさい。
　　＊わずか三十分はやく起きよう。

など、カズに対する評価を表すものにも同様の制限がある（ただ「たった一人で来い」とは言えるが、ワズカという評価性はないだろう）。これら、なんらかの評価を表すものが命令等の叙法と共起しないのは、評価を下すためには、その対象が実現している（さいわい晴れた／ている）か、少なくとも実現が予定されている（さいわい晴れそうだ）必要があるからだと考えられる。
　先に1.5節で見たように、程度副詞はその評価副詞と隣接するものであった。そして、コトに対する評価（意外にも）は、サマに対する評価（意外に）を媒介として、サマについての程度副詞に連続すると考えた。ところで命令等の叙法と共起しにくい程度副詞の中でも、とりわけ「なかなか・けっこう・わりあい」や「随分・はるかに・あまりに」など、サマに対する評価性がより濃いものほど、命令等と共起しにくいと言えそうに思われる。もしそう言えるとすれば、サマについての程度を表す副詞の多くが命令等の叙法と共起しにくいのは、その半面もしくは裏面としてもつサマに対する評価性のゆえだということになるだろう。
　最後にもう一言。以上の見方は、あくまでも程度副詞を基本的にはことがら成分に属するものだとする立場からのものである。ここで、見方を裏返しにしてみることはできないであろうか。つまり、いわゆる程度副詞は、基本

的にはサマに対する評価副詞なのだと。そして、サマについての程度性は、多くの場合にもたらされる二次的な特性なのだと、捉えなおしてみるのである。この立場では「かえって速い」や「妙におとなしい」「変に体がだるい」「不思議に楽しくなる」など、程度性のうすいものも、このサマ評価副詞に入れられることになる。逆に「すこし・ちょっと・もっと」などことがら的な量性がつよく、叙法制限もないものは、量副詞の方に本籍をうつすことになるだろう。

　いわゆる程度副詞を、評価性に重点をおいて捉えるか、程度性に重点をおいて捉えるか、それとも、いずれかにかたよるにしても、その両面をつねにもつものとして捉えるか——本稿では最後の立場をとっているわけだが——なお、よく考えてみなければならない。

3. おわりに

　以上、枝葉にこだわって程度副詞の諸性格をゴタゴタと書きつらねてきた。最後に、思い切って話を図式化してみよう。「すこし・ちょっと」のような量性の濃いもの、「もっと・一層」のような累加性のもの、「いちばん・もっとも」のような最上級のもの——これらは使用頻度の高い基本的な語であって、一筋縄には性格が捉えにくいものでもあるのだが——これらを除いてみた程度副詞の大半は、ことがら的には形容詞（状態言）の程度を限定しつつ、陳述的には肯定の平叙の文に用いられるものである。肯定・平叙とは、つまりは陳述的に無標の、出発点的な形式である。川端善明が「程度副詞は形容詞文の、したがって様態の層と未分化的なものとしての様相の層に打ち合うのである」と言うのは、このことを指すのであろうか。

　川端の論述に共感するところは少なくなく、なお考えてみなければならない問題は多いのだが、基本的には、文をことがら的側面と陳述的側面とをもつものと見、その立場から語の類別を試みてきた本稿としては、一往つぎのような結論になるだろう。——いわゆる情態副詞（様子や量）がことがら的側面にかたより、いわゆる陳述副詞（叙法や評価）が陳述的側面にかたよる中にあって、程度副詞は、陳述的に肯定・平叙の叙法と関わって評価性をもちつ

つ、ことがら的には形容詞と組み合わさって程度限定性をもつ、という二重性格のものとして位置づけられる、と。

参考文献(五十音順)

石神照雄 1981「比較表現から程度性副詞へ」
　　　　　　　　　　(『島田勇雄先生古稀記念 ことばの論文集』明治書院)
川端善明 1963「助詞『も』の説 二」(『万葉』48)
川端善明 1964「時の副詞(上)」(京都大『国語国文』33–11)
川端善明 1967「数・量の副詞」(京都大『国語国文』36–10)
川端善明 1976「用言」(岩波講座『日本語 6 文法 I 』)
北原保雄 1981『日本語の文法』(『日本語の世界 6』中央公論社)
久野　暲 1973『日本文法研究』(大修館)
小矢野哲夫 1980「ことばの意味の記述をめぐって──「飛切り」「底抜けに」「滅法」
　　　「途轍もなく」を例として──(大阪外大『日本語・日本文化』10)
佐久間鼎 1956『現代日本語法の研究(改訂版)』(厚生閣)
鈴木重幸 1972『日本語文法・形態論』(むぎ書房)
鈴木　泰 1980「情態副詞の性質についての小見」(『山形大学紀要(人文科学)』9–3)
竹内美智子 1973「副詞とは何か」(『品詞別 日本文法講座 5』明治書院)
丹保健一 1981「程度副詞と文末表現」(金沢大『語学・文学研究』11)
時枝誠記 1936「語の意味の体系的組織は可能であるか」
　　　　　　　　(京城帝大『日本文学研究』後『言語本質論』岩波書店に所収)
時枝誠記 1950『日本文法 口語篇』(岩波書店)
新川　忠 1979「『副詞と動詞とのくみあわせ』試論」(『言語の研究』むぎ書房)
西尾寅弥 1972『形容詞の意味・用法の記述的研究』(国語研報告 44　秀英出版)
花井　裕 1980「概略表現の程度副詞」(『日本語教育』42)
原田登美 1982「否定との関係による副詞の四分類」(『国語学』128)
松下大三郎 1928『改撰標準日本文法』(中文館。1974 年復刊　勉誠社)
森重　敏 1958「程度量副詞の設定」(京都大『国語国文』27–2)
森重　敏 1959『日本文法通論』(風間書房)
山田孝雄 1908『日本文法論』(宝文館)
山田孝雄 1936『日本文法学概論』(宝文館)
渡辺　実 1948「陳述副詞の機能」(京都大『国語国文』18–1)
渡辺　実 1957「品詞論の諸問題──副用語・付属語」(『日本文法講座』1 明治書院)

渡辺　実 1971『国語構文論』(塙書房)

「どうしても」考

0. はじめに―概観をかねて

　比較的に成立が新しく、現に句的形態を保っている副詞「どうしても」を取り上げて、文の中での諸用法を記述しながら、語における多義・多機能の定着のしかたの一端を探ってみたい。

0.1 「どうしても」の**語構成の由来**は、

　　未定副詞「どう」　+　形式動詞逆条件形「しても」
　　（あるいは　未定副詞「どう」+形式動詞中止形「して」+係助詞「も」）

であり、

　　彼女は、いくら食べても、太らない。　　　　　〈非実現〉
　　どんなにすすめられても、彼は行こうとしない。〈否定意志〉
　　誰がどんなに反対しても、私は行く。　　　　　〈意志〉
　　どんなことが起こっても、君は行きなさい。　　〈命令〉
　　誰がなんと言おうと（も）、間違いは間違いだ。〈判断〉

のような複文において、主文の陳述が「あらゆる条件のもとで（いつも）成り立つ」ものとして差し出しながら、主文をいわゆる全面否定あるいは全面肯定に導く、〈全称〉的な条件句の構造がもとになっている。
　「どうしても」は明治期以降のデータに限っても、その副詞化の程度に差が認められるのだが、その形式動詞部分「しても」は、①「どう手をつくしても」「どう試みても」などの行為を代行するばかりでなく、②「どう見て

も」「どう考えても」などの知覚・思考作用や、さらに、そうした個別的な行為や認知作用を想定しにくい③「（事情が）どう（で）あっても」のような状況をも代理するようになっている。概して、①は否定呼応用法に、②は判断用法に、③は意志・希望・必要用法に多く見られる。

なお、本稿の資料は文字資料であるため、アクセントについては、資料からはなにも言えないが、一語としての／ドーシテモ／だけでなく、句＝二語としての／**ドー** **シテモ**／ が混じっている可能性がある。本稿では、疑わしきものも対象として扱うことにする。

0.2 以下しばらく、細部にわたる記述がつづくので、はじめに**概観**の意味で、共起する述語形式による分類に従って、その典型例と、手元の資料（全381例）での用例数とを挙げておく。二面性・二重性をもった境界事例的なものも、あえてどこかに押し込んであるので、この数値は、おおよその見当をつけるためのものと受け取っていただきたい。

```
1）不可能：どうしても 食べられない／食えない      114例  29.9%
2）非実現：どうしても 見つからない／わからない     50例  13.1%
3）趨　勢：どうしても まちがってしまう／〜しがちだ  33例   8.7%
4）意　志：どうしても 行くと言った／行こうと思った  55例  14.4%
5）希　望：どうしても 行きたい／来てもらいたい    41例  10.8%
6）必　要：どうしても 行かなければならない／必要だ  40例  10.5%
7）判　断：どうしても 我が軍の負けだ／尋常ではない  40例  10.5%
8）略　体：どうしてもと言われるのでしたら………     8例   2.1%
```

このうち1)不可能から5)希望までの「どうしても」が用いられる文は、〈出来事や行為〉についての「記述文」としての性格が強い。そのうち1)不可能と2)非実現と3)趨勢が、動作主体の意図や期待に反する出来事〈思い通りにならないこと〉の描写だとすれば、4)意志と5)希望は、そうした困難を乗り越えようとする動作主体の意志的行為〈思い通りにすること〉の表現（表白）である。また、以上の1)〜5)の「記述文」に対して、7)判断用法の

文が、ものごとの関係や特徴についての「判断文」であるとすれば、6）必要用法は、行為的必要と判断的必然とにまたがり、両者をとりむすぶものである。3）趨勢に入れておいた不可避表現（ex.せざるをえない）も、判断文性をあわせもつ。

　記述文的なものはもちろん、判断文的なものといっても、「どうしても」が現われる文の表わす事態は、個別・具体的な事態が多く、一般・抽象的な事態は少ない。これは、否定の「とても・到底」や、傾向性の「とかく・えてして」などの、類義的な副詞との基本的な相違点であって、「どうしても」に従属句的性格が残っていることの現われかと思われる。

　なお、否定形式と共起する例は全体のほぼ半数に上り、「どうしても」の基本的特徴をなすが、そのうち「どうしても　行きたくない・行こうとしない」のような否定希望・否定意志の形と共起する例は、本稿では、それぞれ希望・意志の用法に組み入れた。それは、この用法の「どうしても」自体の意味が、否定に多い①行為的なものというより、希望や意志に多い③状況的なものだからでもあるが、また、それらを外すことによって、いわゆる「否定呼応」という漠然とした規定が、1）不可能と2）非実現という二つに（さらに抽象すれば、期待の非実現という一つに）明確に限定しうるからでもある。

1.　「どうしても」の用法記述

　用例数の多さから言っても、推定される歴史的成立の古さから言っても、用法記述は、「不可能」形式と共起する例からはじめるべきであろう。

1.1　不可能と共起する用法（114 例）

1.1.1　まず、**形態**の面で整理すると、接辞「-e-（ru）」の付くいわゆる「可能動詞」や接辞「-[r]are-（ru）」の付く動詞可能態の否定体と共起する例は、それぞれ50例と25例あわせて75例ある（以下、両者をあわせて、総合的形式の可能態と呼ぶ）。

　　・そしてその晩は腹が痛んで**どうしても**東京に帰れないから、いやで

- ……飯は………石油の臭いがしみ込んでいた。………彼には**どうしても**一杯しか食えなかった。　　　　　　　　（田園の憂鬱）
- 駒子は、**どうしても**、相手を思い出せなかった。　（自由学校）
- 裕佐には運命の真相は**どうしても**信じられないのだった。
　　　　　　　　　　　　　　　　　　　　　　　　（青銅の基督）
- 寝たが、蝨の夜襲が激しく、**どうしても**眠られないので、表に出ると、よい月夜である。　　　　　　　　　　　　（麦と兵隊）

分析的形式「（―ことが／は）できない」と共起する例は、32例ある。

イ）「することが（は）できない」（22例）
- その生活の幹だった杉山が、私を残してまた慰問興行に出かけると、私は、**どうしても**あの人と生活することは出来ない、と思いはじめた。　　　　　　　　　　　　　　　　　　　　（火の鳥）
- 自転車屋とか鍛冶屋とかは、いわば、自分等の仲間うちの小者であるだけに、駒平の気性としては**どうしても**［払いを］延ばすことは出来なかった。　　　　　　　　　　　　　　　　（生活の探求）

ロ）「動作的名詞（が）できない」（10例）
- 自分の考え得る理念では**どうしても**解決できないことである。（女坂）
- 葉子はひったくるようにさそくに返事をしようとしたけれども、**どうしても**それが出来なかった。　　　　　　　　　　（或る女）

イ）には、次のような、分析的形式の間に挿入された例も、6例あったが、

- 私がこの牢屋の中にじっとしている事が**どうしても**出来なくなった時、またその牢屋を**どうしても**突き破ることが出来なくなった時、畢竟私にとって一番楽な努力で遂行できるものは自殺より外にないと私は感ずるようになったのです。　　　　　　（こころ）

この現象は、ロ）のような構造も可能な「出来ない」の独立性の高さによると言うべきだろう。まさに分析的形式たるゆえんであり、文法化（grammaticalization）の程度が歴史的には問題になりうる。「どうしても」の方も、「する」の具体的な動作性が文脈から読み取れる場合も多くて、単語としてのひとまとまり性が弱く、アクセントも、句＝二語としての／ドー　シテモ／の形がまじっている可能性があり、副詞への語彙化（lexicalization）の程度が問題になりうる。

1.1.2　以上が、もっとも用例数が多く、副詞「どうしても」の出発点をなす基本用法とみなされる、不可能形式と共起する用法であるが、用いられている文の「不可能」の**意味**を詳しく見ると、超時間的な、人間の能力や物の性能についての否定はそれほど多くなく、テンスの対立をもった個別的ないし反復的な出来事で、動作主体に意図・期待されていた出来事の〈非実現〉を表わす場合が多い。形は違っても意味的には、次の1.2節の非実現の用法に近い［奥田靖雄（1986）参照］。「どうしても」自体も、意味的には行為・努力性が、機能的には動詞句的性格——たとえば、「どの<u>ように</u>しても」「どうし<u>ていて</u>も」「どうし<u>なくて</u>も」など、種々の語形を持ちうることなど——が、まだ残っているものもある。とくに、総合的形式の可能態による文は、先にあげた例のような、個別的な出来事の非実現が多く、次のような、反復ないし習性を表わす例は、さほど多くない。

- 何か嘘をつくと、その夜はきっと夜半に目が覚めた。そうしてそれが気にかかって**どうしても**<u>眠れなかった</u>。　　　　　　（田園の憂鬱）
- 彼は<u>酒</u>は**どうしても**<u>好きになれなかった</u>。　　　　　　（暗夜行路）
- それは嫌だと同時に、また**どうしても**<u>憎み切れない</u>ものがある。

（河明り）

分析的形式によるものは、前小節に示したような習性的な〈気性や能力〉の例が、総合的形式の可能態の場合よりは多いが、それでも非実現の意の用例を上回ることはない。

なお、複合動詞形式の「し得ない」と共起した例が 2 例あったが、これは 2 例とも能力不可能と考えられる例である。

- ………その根本概念は若いわれわれは何の苦もなく理解するのに、彼らには**どうしても**理解し得ないのである。（革命期の思惟の基準）

　ただ、同じく能力不可能（を表わし得る形式）と共起してはいても、類義語「とても」と比較してみると、

　　どうしても ──┐
　　と　て　も ──┴── 彼らには 理解（することが）できない／し得ないのである。

「とても」の方が、その人間の基本的能力の側面から不可能だと一般的に判断しているのに対し、「どうしても」の方は、目的遂行のための努力を試みた末に不可能（非実現）だったと認識されるという意味合いをもつ、といった差が読み取れよう。

1.1.3　境界事例
　以上の中心的用法の他に「するわけにはいかない」という分析的形式と共起する例が 5 例あったが、これは、

- ………少し事情がございまして、経済的にも、そのほかの理由からも、**どうしても**学校をやめる訳にはゆかないんです。　（人間の壁）
- ………あれは正式のものじゃないから、次の内閣へ引継がせるという訳には**どうしても**いかないからね。　（シナリオ日本沈没）

など、社会状況や道理や道義等の観点からの〈deontic な不可能〉を表わし、後述の否定意志や拒否の用法に近い。この点は、次のような総合的形式の動詞可能態の場合でも、

- 今の場合、二人は**どうしても**一緒には置かれぬ。どちらかこの東京を去らなくってはならん。　　　　　　　　　　　（蒲団）
- 目の前の母が、悔悟の念に攻められ、自ら大罪を犯したと信じて嘆いている憫然さを見ると、僕は**どうしても**今は民子を泣いてはいられない。僕がめそめそして居たでは、母の苦しみは増すばかりと気がついた。　　　　　　　　　　　　　　　　　　（野菊の墓）

などの例では、社会通念や対人的な配慮からそうは出来ないこと(すべきでないこと)を表わし、「するわけにはいかない」と同様、後述の必要や意志の用法に近づく。

　また「する気になれない」という不可能形式の場合、

- が、思い出しただけで、彼らのうちの誰かに向って思い切って言いだしてみるという気には**どうしても**なれなかった。　（生活の探求）

のような例では、文字通り、その意図(「気」)をもつことの不可能〜非実現だが、

- 今の生活に不満を感じだしたのはずいぶん久しいことだ。ところが、**どうしても**、それをすぐよす気になれなかった。　（暗夜行路）

の例では、「よしたくなかった・よそうとはしなかった」といった、否定の願望や意志の意が、裏面にすでに準備されているように思われる。(1.4.2 参照)

　次の例は、不可能性と 1.3)趨勢との重なり・二重性を示すものとして面白い。

- しかし私は**どうしても**溢れ上がってくる憤怒の感情を押えることが出来ないのだ。　　　　　　　　　　　　　　　　　（麦と兵隊）
- 彼は書いてみることで多少でもこの事柄をはっきりさすことが出来

るだろうと考えた。そして書いたが、やはりある所まで来ると、**どうしても**理解できないものに行き当たった。　　　　（暗夜行路）

前者は［自然の勢い＋不可能］であり、後者は［不可能＋なりゆき］である。二者択一的に、どちらか一方とのみ呼応すると考えるべきではなく、不可能と趨勢との隣接性による境界事例と解すべきだと思われる。
「行為しない（でいる）ことの不可能」を表わす次の例も、1.3節の不可避「せずにはいられない」に連なっていく例として、興味深い。

- **どうしても**私は映画人を、あのノッペリした大衆向けの均一菓子のような顔を軽蔑せずにいることができない。　　　　（火の鳥）

1.2 〈非実現〉と共起する用法（40例＋相当形10例＝50例）
1.2.1 〈無意志的な状態変化や出来事〉を表わす動詞の否定体と共起する例が、40例ある。たとえば、

- 私には、**どうしても**わかりませんわ。　　　　（木石）
- うまい口実が**どうしても**見つからなかった。　　（故旧忘れ得べき）
- 結論が**どうしても**出て来ない。　　　　（私の人生観）
- 明子はやす代に手でそれを示しこちらへ向けさせようとするのだけど、やす代は自分の感傷にいっぱいなのか、**どうしても**それをさとらない。　　　　（くれない）
- そのことが**どうしても**腑に落ちないのよ。　　（厭がらせの年齢）

のような、認識や理解に関する動詞が目立つが、その他、次のような動詞句があった。

　気心が知れない　見当らない　考えつかない　気が起こらない　気が済まない　情がうつらない　まとまりがつかない　足がむかない　引き込まれて行かない　意識を離れない　上がらない　泣き止まない　なじま

ない　はっきりしない　止まらない　なおらない　はまらない

　これらの例は、先にも触れたように、事態の単なる不成立・不生起ではなく、その場面での「**主役**」——話し手、または語り手の視点の置かれている登場人物——が期待していたり意図していたりする出来事の〈非実現〉である。

　奥田靖雄(1986)が主張しているように、現代共時態の「可能」表現の記述としては、形態の面では、総合的形式「読める・起きられる」より、むしろ分析的形式「することができる」の方を基本形式とみなし、意味の面では、非実現より、能力可能や条件可能の方を基本とみなしてもよい、と思われる。だが、歴史的順序としては、形態の面から言えば、自発の接辞から可能の接辞が、自動詞からいわゆる可能動詞が、そして、発生の「出で来る～出来る」から可能の「できる」が、それぞれ並行的に成立してきたのだと考えられているが、意味の面でも、テンスの対立をもった個別的な出来事の自動・自発的表現による非実現用法から、その出来事の非実現の反復の中で、習慣あるいは一般的事実として捉えられるようになって、条件不可能や能力不可能の用法が成立し、さらにそれが肯定の可能にも拡大されたのだ、と考えられる。こうした流れの中で考えるなら、副詞「どうしても」が用いられる文の「不可能」性は、動作主体の能力的な不可能(in-ability)というよりは、自動・自発性や意図・期待的な性格を残した出来事の〈非実現(ir-realization)〉という性格のものと言うべきかと思われる。

　なお、次の例は、主格の「月」を有情と見るか、無情と見るかで、解釈が変わる。

　　・月が出そうでありながら、**どうしても**顔を出さなかった。(麦と兵隊)

「出ない」「現われない」という非実現か、擬人化された「月」の否定意志「顔を出そうとしない」か。両者は、こうした意志性の有無・強弱で、転換ないし連続する。

田中さんは、どうしても 私に ─ a) 気づいてくれない。〈非実現〉
　　　　　　　　　　　　　├ b) 教え（てくれ）ない。〈二面的〉
　　　　　　　　　　　　　└ c) 教えようとはしない。〈否定意志〉

の例で言えば、a) 無意志動詞の他行自利態の否定「気づいてくれない」が非実現、c) 意図形式の否定「教えようとしない」が否定意志であることははっきりしているが、b)「私に教え（てくれ）ない」は、主題の「田中さん」の立場からは否定の意志であり、話し手の「私」の立場から言えば、期待の非実現であって、この二つは両立しうる。

・［わたしは］父が上京して何をやりたいのだと言った時にも、言下に政治学と答えた。飛んだ事だといって父がそれでは<u>どうしても承知してくれなかった</u>から、じゃ、法学と政治学とは従兄弟同士だと思って、法律をやりたいと言って見た。　　　　　　（平凡）

のような例では、この文（および段落）の主題は、省略されているが語り手の「わたし」であり、「どうしても」が呼応する従属節の述語は「してくれない」という他行自利の利益態の形をしているので、語り手「わたし」の立場からの期待の非実現の意味の方が主だと判断してよいと思われるが、いつも相互排除的に分類できるわけではないし、また、すべきものでもあるまい。

1.2.2　以上のほか、次のように、形式的には否定形式ではないが、意味的に、1.1) 不可能や 1.2) 非実現に近い〈困難や不都合〉などを表わす例も、便宜上、ここに挙げておく（のべ 10 例）。これらは、観点を換えれば、1.7) 判断用法と解されるものも多い。〈否定・評価的〉な形容詞的述語が、不可能・非実現と判断とを取り結ぶのだと考えられる。

・キリスト教の考えに<u>如何に徹底して行っても</u>、それから近世社会主義の考えを全面的に導き出してくる<u>のは</u><u>どうしても</u><u>無理</u>であり、また、　　　　　　　　　　　　　　　　　　　　（ものの見方について）

- それは**どうしても**駄目な時は仕方がない。　　　　　　（友情）
- **どうしても**力に余るなら、再びそろそろと下して、下から駒平に受け止めてもらえばいいはずだった。　　　　　　（生活の探求）
- **どうしても**三万円位の不足なんですよ。　　　（シナリオ水俣）
- 入りづらいわけはないと思うても、**どうしても**入りづらい。
  　　　　　　　　　　　　　　　　　　　　　　　　（野菊の墓）
- 彼が寮にとどまっていたのは、中学生時分に雑誌で見たり耳で聞いたりして憧れぬいていた寮生活に**どうしても**離れがたい愛着があって、………わけのわからぬ未練があったからだ。（故旧忘れ得べき）
- **どうしても**都合わるければだけれど………あれを見ないのは惜しいわ。　　　　　　　　　　　　　　　　　　　　　　　（真知子）
- 「**どうしても**困ってるもんですから」と女は、やはり小さな声でいった。　　　　　　　　　　　　　　　　　　　　　　（子を貸し屋）

1.3 〈趨勢〜不可避〉と共起する用法（33例）

1.3.1 趨勢（傾向性）

1.1)不可能や 1.2)非実現とは逆に、述語は文法的に肯定体をとるが、意味的に、その場の有情主体にとって望ましくない事態であるという点は、共通する。

- 二幕目、三幕目………鈴むらさんは**どうしても**そこに悲しい破局の来ることばかりが思われた。　　　　　　　　　　　　（末枯れ）
- 何しろ父親がいないものですから　**どうしても**甘やかしてしまいますので、なんとかお力になってくださいね。（シナリオ寅次郎恋歌）
- ………折りに触れ読みかじったところから判断するから、**どうしても**得手勝手な考えを、お話することになると思うが、その点は、ご勘弁願いたい。　　　　　　　　　　　　　　　　（私の人生観）
- 自分の成長が、女房的なものに**どうしても**掣肘されそうなの。
  　　　　　　　　　　　　　　　　　　　　　　　　（くれない）
- ………きんは若い者は**どうしても**ものを粗末にしがちだからと言っ

　　　　ていた。　　　　　　　　　　　　　　　　　（故旧忘れ得べき）

など、形態は一様でなく、さらに、次のような無意志的自動詞(句)も多い。

- **どうしても**駿介は緊張し<u>硬くなる</u>のだが、人々の態度には別に変わったところはなかった。　　　　　　　　　（生活の探求）
- 今はそりゃ、昔のような生活じゃないからね。**どうしても**<u>ぶつかる</u>のだろうな。　　　　　　　　　　　　　　　　　（くれない）

などのほか、「出て来る　起こる　見える　鈍る　含む　気がとがめる　気を使う」などが、資料には見られた。意味的には「とかく・えてして」のような、事態の一般的・潜在的な生起確率を表わすものと比べて、より個別的な出来事の生起の蓋然性の高さ(趨勢〜傾向性)を表わすことが多い。その点は、副詞「いきおい」の方にむしろ似ている。「ややもすると・どうかすると」などの句的形態のものは、両者の中間であろうか。

1.3.2　ここで〈不可避〉と呼んでおく「せざるをえない」「せずにはいられない」(「ならずにはいない」)など、〈否定の不可能〉という構成をもつ二重否定形式——構文的な機能としては、「決して」などと共起しない点で肯定(断言)的である——は、次のような無情主体の場合は、上の〈趨勢〉用法と大差ない。

- ………要するに知覚に関する選択や工夫や仕上げ、いわば知覚の概念の変換式には、でたらめとは言えぬとしても<u>疑いの余地あるものが</u>**どうしても**<u>入って来ざるを得ない</u>。　　　（私の人生観）
- が、来てからのすべてが苦しみだった<u>彼にはその苦しい思い出は</u>、**どうしても**この土地と一緒に<u>ならずにはいなかった</u>。　（暗夜行路）

だが、次のように人間が主体になると、「せずにはいられない」は避けようとしても避けられない衝動的な行為(前2例)、「せざるをえない」は決意な

いし義務的な含みをもった意志的な行為（後2例）となり、後述の希望や意志や必要の用法に近づいていく。

- ………彼が居眠りをしているのを見ると、小関はいらいらして来て、………嫉妬めいたものが胸にたぎって**どうしても**邪魔をせずにはいられなかった。　　　　　　　　　　　　　　　　　　（故旧）
- そうは云いながら、志村については、この間から考えている次の事だけは**どうしても**云わずにはいられなかった。　　　　（生活の探究）
- しかし事態がここまでまいりますと、教育の現場を圧迫し、わたしたちの職場を危うくする政党の態度には、**どうしても**反対せざるをえない。不当に退職を要求されて、泣き寝入りするわけには行かないと思うのです。　　　　　　　　　　　　　　　　　　（人間の壁）
- 三木は軽々しく和賀の前身を口外するような男じゃない。しかし、彼としては**どうしても**その過去の重要な問題にふれざるをえなかったのであります。　　　　　　　　　　　　　　　（シナリオ砂の器）

これらの二重否定の形式は、全体で〈趨勢〜不可避〉を表わすわけだが、避けられないという意味で〈不可能性〉と接し、避けるべきではないという意味で〈意志〜必要性〉と接する、橋渡し的な位置に立つ用法と見てよいだろう。

1.4 〈意志〉と共起する用法(46例＋相当形9例＝55例)

1.4.1　意志動詞の直叙形「する」と共起する例は、20例あるが、その大部分は、

- まァ好いでせうと芳子はたつて留めたが、**どうしても**帰ると言ふので、名残惜しげに月の夜を其処まで送つて来た。　　　　　（蒲団）

のような間接話法的な引用文に用いられた例であって、終止の位置に用いられた例は、次の2例のみである。

- 「**どうしても**私は別れます。あの男と一緒に居たのでは、私の女が立ちません。」　　　　　　　　　　　　　　　　　　（あらくれ）
- **どうしても**田島先生を獲得する。私は身体じゅうの筋肉を振い立たせるようにして自分に言い聞かせた。　　　　　　（火の鳥）

しかも、うち一例(後者)は「自分に言い聞かせた」心理文(独白文)であり、類義語「ぜったい」や「ぜひ」が、会話文の言い切りに盛んに用いられるのと性質を異にする。前者『あらくれ』の例は、あるいは、まだ完全には副詞化していない例と見るべきかもしれない。
　意志形「しよう」と共起する例も、次の4例しかない。

- 『ひとりごと』のようにいった。「………**どうしても**、おみのと一日も早くいっしょになろう。それにはできるだけ稼ごう。」
　　　　　　　　　　　　　　　　　　　　　　　　　　（子を貸し屋）
- 五百助は、先刻から、頭にある着想を、**どうしても**、今夜は、決行しようと、心を決めた。　　　　　　　　　　　　（自由学校）
- いえ、こいつが**どうしても**コーヒー呑もうなんてムリヤリ誘うもんでね…　　　　　　　　　　　　　　　　　　　　（寅次郎）
- 私はそういう姿を見ると、**どうしても**彼女を庭へ引っ張り出そうとした。　　　　　　　　　　　　　　　　　　　　（風立チヌ）

最初の例は、会話文でなく「ひとりごと」の心理文である。でなければ、やはり不自然だろう。「どうしても」は、第2例以下のような間接話法的な用法はあるが、会話の場面での(申し出的な)決意文の「しよう。」とは、共起しにくいように思われる。この点も、次のように用いうる「ぜひ」との相違点の一つである。

- 「もし無ければ、どこか捜して見て、**是非**一冊贈らせるやうにしませう。」　　　　　　　　　　　　　　　　　　　　　　　　（破戒）

「するつもりだ」と共起する例は 2 例あったが、こちらは、その穴埋めをするかのように、ともに会話場面での聞き手の行為についての念押し文であった。ただ、これはデータが少ないせいで、用法がそれに限られているわけではないであろう。

- 「君は**どうしても**僕とこから持って行く<u>つもり</u>かね。」　　（暢気眼鏡）
- 「<u>お前</u>**どうしても**<u>明日立つつもり</u>かい。」　　（桑の実）
  cf. <u>彼は</u>、**どうしても**そこへひとりで行く<u>つもりなのだ</u>。　　（作例）

1.4.2 〈否定意志〉と共起する例は、20 例あった。意志用法 46 例中 20 例で、「どうしても」は、やはり否定的文脈に多用されるという性格が強い。念のために言えば、否定意志というのは、行為しないという意志であって、意志行為の欠如や非実現ではない。

- ………伸子は**どうしても**、この問題は<u>成就させまい</u>と決心した。　　（伸子）
- 僕はこれでも高等学校の教師で一生終る<u>積り</u>は**どうしても**<u>なかった</u>んです。　　（真知子）
- その診察を押しつけられた伍助院長は、悠子の内診に手を焼いたと云っていた。やはり極端な羞恥を見せて、**どうしても**台に<u>乗ろうとしないので</u>………　　（本日休診）
- 加治木は、**どうしても**、<u>金を引っ込めなかった</u>。　　（自由学校）
- もしも君のほうで**どうしても**<u>くれない</u>という事になればそれまでの話だが、………と、もってのほかの見幕でした。　　（暗夜行路）

その他「言わない　話さない　放さない　許さない　応じない　別れない　帰らない　聞き入れない」など、意志動詞の否定体と共起する例がある。否定意志の主体は、前の 2 例のように、話し手、または語り手が視点をおく「主役」の例もあれば、後の 3 例のように、主役の「相手」の例もある。つ

まり、語り手の視点は必ずしも関与的ではない。1.2) の非実現との相違点であるが、境界が複雑なことは前述したとおりである。

次の例は、否定の意志「行かない気だ」に近いのか、不可能「行く気になれない」に近いのか、微妙ではあるが、その積極性からここに入れるべきだろう。(1.1.3 参照)

- じゃ、**どうしても**、まあちゃんには嫁(イ)く気はないのね。(真知子)

次の例の〈否定意志〉「承知しない」は、否定条件形「-ないと」と組み合わさって、〈義務～命令〉的に働く(波下線部分参照)。(否定)意志の用法と必要の用法とを橋渡しする例と言ってよいだろう。

- はよう、いって、曽田三年兵殿に思いきりなぐってもらってこい………」〈中略〉「地野上等兵殿が、行ってなぐってきてもらえといわれました………」〈中略〉佐藤はそのまま帰って行ったが、曽田が木谷の後のところに近づいたとき再び彼のところにやってきて、**どうしても**彼になぐってもらってこないと承知しない、もしなぐってもらってこなければ、地野上等兵自身、ここへ来て曽田に話があるから、と言っているというのだ。　　　　　　　　(真空地帯)

1.4.3　なお、次のような意味的に〈拒否や反対〉を表わす例も、便宜上、ここに入れておく(のべ9例)。「いかん・不賛成だ」のような語構成的に否定要素を含むもののほか、「嫌だ」のような否定的評価の形容詞がある。判断用法と隣接するものだろう。

- 今はいかん。わし、あんたの嫁さんになることは決めたもの。嫁さんになるまで、**どうしても**いかんなア。　　　　　　　　(潮騒)
- で、あなたは**どうしても**不賛成？　　　　　　　　(蒲団)
- ここのお内儀さんとの約束だから、息子にお嬢さんを貰うことは承知するが、息子をこの家の養子にやることは**どうしても**嫌です。

(河明り)

1.5 〈希望〉と共起する用法(41例)
1.5.1 願望「-たい」(13例)

- ………しかし私は**どうしても**やっぱり東京へ出てどこかの学校へ入りたい。　　　　　　　　　　　　　　　　（平凡）
- わかりたい………これだけは………これだけは、**どうしても**。
　　　　　　　　　　　　　　　　　　　　　（シナリオ人間革命）

のような直叙形の「したい」と共起する例は、13例中2例のみである。その他は、

- 彼は**どうしても**五十円は得たいと思った。　　（生活の探究）
- 僕は、今日、**どうしても**、決着をつけたいんです。　（自由学校）
- 結婚したいの………**どうしても**あなたとね。　（シナリオ日本沈没）
- ………そう思うと、もう**どうしても**誰だかわかりたくってたまらなくなりました。　　　　　　　　　　　　（銀河鉄道の夜）

など、間接話法的な引用文の例や「のだ・らしい」などの認識系の叙法形式を伴う例が多い。つまり、希望の主体的な表出というより、希望の客体的な叙述(表白)である。

1.5.2 否定の願望(9例)

直叙形5例、「のだ」形・過去形各1例。(他は、連体形・条件形各1例。後述)

- **どうしても**そんな男に勝たせたくない。どうかして市村君のものにしてやりたい。　　　　　　　　　　　　　　　（破戒）
- **どうしても**野島さまのわきには、一時間以上は居たくないのです。

(友情)
- 彼女はみね子が今朝持ち出した問題には**どうしても**母を関係させ<u>たくなかった</u>。　　　　　　　　　　　　　　　　　　　　(真知子)

肯定の場合と比べて、否定になると直叙形の割合がふえるが、これは「どうしても」の用いられる文が、他の用法でも全体に叙述文に片寄ることから見て、否定自体が叙述文性をもつためではないかと考えられる。

1.5.3 希求「-てもらいたい」の例も、引用4例、「のだ」2例。

- だけど皆は、**どうしても**、この前の相談のとおりエミちゃんに<u>入ってもらいたい</u>って言ってるんです。　　　　　　　　(火の鳥)
- 僕は**どうしても**君に<u>可愛がってもらいたい</u>のだ。　　　　(冬の宿)
- 今までの話は、僕はあなたにお目にかかって**どうしても**<u>聞いて戴きたくなったのです</u>が、これをあの娘に直接話したら………」(河明り)

1.5.4 本形容詞「ほしい」と共起する例は、5例。直叙言い切りの例はない。

- ………あたし、**どうしても**、あの太一ちゃんを子に<u>ほしい</u>と思うのです。　　　　　　　　　　　　　　　　　　　　　　(子を)
- 向うが**どうしても**君を<u>ほしければ</u>、君が長沼君に逢ったことを、向うが積極的に言いふらすんだ。　　　　　　　　　　　　(火の鳥)

1.5.5 〈命令や依頼〉と共起する例は、それぞれ5例と3例あるが、すべて、地の文での間接話法的な引用文である。例も少なく、主文(直接話法)の例もないので、節として立てず、希望のなかに入れておいてよいものと思われる。

- そして**どうしても**この犬を<u>繋げ</u>、それでなければ俺は通れぬ、<u>と</u>

- 言い張った。　　　　　　　　　　　　　　　　（田園の憂欝）
- 津田山市でもってあと十人ほど、**どうしても**退職してもらうようにという割り当てだ。　　　　　　　　　　　　　　　（人間の壁）
- その患者さん、内科の宇田先生に、**どうしても**注射してくれと強要して、帰ろうとしないんで御座います。　　　　　　（本日休診）
- あなたのおっかさんがきまして、民や、決して気を弱くしてはならないよ、**どうしても**今一度なおる気になっておくれよ、民や………民子はにっこり笑顔さえ見せて、〈以下略〉　　　　　（野菊の墓）

最後の『野菊の墓』の例は、やや特異な会話文と言うべきかもしれないが、その意味は、依頼ではなく、希望あるいは激励である。現代では「きっと」「ぜったい」と異なり、「どうしても」が会話で単刀直入な命令文や依頼文に用いられることは、まずないといっていい。このことは、願望や希求の肯定・直叙形と共起することが少ないことと合わせて、「どうしても」の叙法的な性格を暗示するように思われる（詳しくは第2節）。

1.6 〈必要〉と共起する用法（40例）
1.6.1 「なければ　ならない（いけない・だめだ、を含む）」（26例）
　現在形の例（18例）をあげると、

- ………必要がある。また多摩川は**どうしても**武蔵野の範囲に入れなければならぬ。　　　　　　　　　　　　　　　　　（武蔵野）
- 昨夜出されたきりで、ものも云えない宮口を今朝から**どうしても**働かさなけアならないって、さっき足で蹴ってるんだよ。　（蟹工船）
- ………その手紙には、極力二人の恋を庇保して、**どうしても**この恋を許して貰わねばならぬという主旨であった。　　　　（蒲団）

最後の例は、引用文での動作主体が第一人称者であるため、〈意志〉もしくは〈願望・依頼〉的な含みをもつ。しかし全般には、行為の義務・決断という当為・指令性より、事態の必要・不可避という記述・判断性のまさった例

の方が多い。

　過去形（8例）では、当然のことながら、事態の必要性の意味の方がまさっている。

- それをふせぐためにも、**どうしても**、そこまで行かなければならなかった。　　　　　　　　　　　　　　　　　　　　　　（真空地帯）

また、次のような「勢い」と共存した例はどう見たらよいか。

- その頃からお嬢さんを思っていた私は、勢い**どうしても**彼に反対しなければならなかったのです。　　　　　　　　　　　　　（こころ）

「勢い」が趨勢性（さらに因果性もか）を、「どうしても」が必要性を、それぞれ分担していると見るか、それとも「どうしても」が一面としてもつ趨勢性を「勢い」が補強していると見るか、むつかしいところである。次も、「結局」と「-なくなる」と共存していて、趨勢〜不可避と、必要との関係の近さを見せている。

- 結局あの娘のことを考えてやるのには、**どうしても**、海にいるという許婚の男の気持ちを一度見定めてやらなければならなくなるのだろう。　　　　　　　　　　　　　　　　　　　　　　　（河明り）

1.6.2　次のような〈否定条件＋不都合な事態〉という構造の例が、7例ある。必要用法と評価的な判断用法との連続性を示すものである。

- 殊に医学の研究材料に供する病人は、**どうしても**都市を選ばねば、十分に患者を学生に手懸けしむること困難である。（総長就業と廃業）

　次は「心淋しくて　ならない」という感情的評価性と趨勢〜不可避性との組合せが、「酒を飲まなければ」という動作の否定条件と共存する面白い例。

- 一日に一度は**どうしても**カッフェーか待合にいって女給か芸者を相手にくだらないことを云いながら酒を飲まなければ心淋しくてならないような習慣になった。　　　　　　　　　（つゆのあとさき）

1.6.3　「（……が）必要だ」は5例あるが、これは判断用法とまたがる例である。

- 人間の魂が救われるということのためには　それほどの肉体の犠牲が**どうしても**必要なのであろうか。　　　　　　　（青銅の基督）
- ………このころの日本の文化を知るためには、この人の主著「往生要集」を読むことが、**どうしても**必要である。　　　　（私の人生観）

次は、必要性のほか、趨勢性とのかさなりもある。

- そこで、**どうしても**政治の仕事には、組織化というものが必要になってくる。　　　　　　　　　　　　　　　　　（私の人生観）

その他、次のような、語彙的性格の高い例があった（2例）。

- それでもわたくしは**どうしても**この方たちをお助けするのが私の義務だと思いましたから、前にいる子供らを押し退けようとしました。　　　　　　　　　　　　　　　　　　　　　　　　（銀河鉄道の夜）
- 観測機が足りない?!　いや、1台余分にいるんだ、**どうしても**1台！　　　　　　　　　　　　　　　　　　　　　　　（日本沈没）

前者は「義務だ」にのみかかると見れば、次の判断用法に入る。後者も「**どうしても**一台だ！」の類の「はしょり文」的な解釈をすれば、やはり次の判断用法に入ることになる。が、境界事例と見ることの方がだいじなのだと思う。

1.7 〈判断〉用法(40例)

　この用法の「どうしても」が用いられる文は、基本的に〈判断文〉、つまり形式的には、名詞文・形容詞文・状態動詞文、および認識的助動詞のついた文である。「どう見ても・どう考えても」といった意味であるが、やや古めかしい文語体的な例が多く、戦後の作品にはあまり見られない。

1.7.1　名詞文は、10例。

- そこでその捉え方だが、これは**どうしても**瓢鮎図のやり方であって、大津絵のやり方ではない。　　　　　　　　　（私の人生観）

次の『破戒』の2例は、やや疑義もあるが、述語「うそだ」にかかっていると見る。

- 日頃自分が慕って居る、しかも自分と同じ新平民の、その人だけに告白（ウチアケ）るのに、危ない、恐ろしいようなことがどこにあろう。「**どうしても**言わないのは虚偽（ウソ）だ。」と丑松は心に恥じたり悲しんだりした。
- ある人は蓮太郎の人物を、ある人はその容貌を、ある人はその学識を、いづれも穢多の生まれとは思われないといって、**どうしても**虚言（ウソ）だと言い張るのであった。

次の例は、「働き掛けられない」「仕方がない」という〈不可能〉の意も結果的に含むが、文法的には名詞(句)述語と呼応していると見るべきであろう。

- **どうしても**私は世間に向って働き掛ける資格のない男だから仕方がありません。　　　　　　　　　　　　　　　　（こころ）

次の例で、「私の子だ」という判断・主張は、「私の子にしたい・する」という願望ないし意志と紙一重である。

- 最後の病床で、堺屋の妻は、木下の小さい体をしっかり抱き締めて、「この子供は**どうしても**<u>私の子</u>」とぜいぜいいって叫んだ。すると生みの親は………　　　　　　　　　　　　　　　（河明り）

1.7.2　形容詞・状態動詞文は、境界事例も入れて、18例。

- 数多い感情づくめの手紙──二人の関係は**どうしても**<u>尋常ではなかった</u>。　　　　　　　　　　　　　　　　　　　　　（蒲団）
- ………いよいよその道に入るとなれば、**どうしても**、今の姿では、<u>ウツリも悪く</u>、<u>能率も上がらない</u>。　　　　　　　（自由学校）

後者の例は「ウツリも悪く」がなく「能率も上がらない」だけなら、1.2)の非実現との差は微妙で、紙一重である。
　次のような〈感情的な評価〉の判断文もここに入れておく。

- ………自分のしたことが悔いられてならない。**どうしても**<u>可哀相で溜まらない</u>。民子が今はの時のこともおまえに話して聞かせたいけれど、私にはとてもそれが出来ない。　　　　　　　（野菊の墓）
- 口にこそ言い得ぬけれど、昨日今日は、**どうしても**青木さんが自分の血つづきの方ででもある<u>ように物恋しい</u>。　　　　（桑の実）

これらも、1.3)趨勢に近い面をもつが、次の例では、「とかく」と共存して用いられており、趨勢用法と重なる。

- **どうしても**青木さんのやっていられるようなお仕事では、とかく収入も<u>不定なので</u>、奥さんは来られて間もないのに、………月末の工面をされるようなこともた<u>びたびであった</u>。　　　（桑の実）

次の例では、「手はない」全体から、「すべきでない」「してはもったいない」といった不許可〜評価的な含みをもつ。

- ともかくやっとこさ四国くんだりから二十二頭の牛を引っ張り出して来ておいて、大会が終ったからといってそいつをおめおめ返してしまう<u>手は</u>**どうしても**<u>ない</u>。　　　　　　　　　　　　　（闘牛）

次は、〈機会のないこと〉を表わし、意味的に〈不可能〉に近い。

- 和尚は殿様にあって話をする度に、阿部権兵衛が助命のことを折りがあったら言上しようと思ったが、**どうしても**<u>折りが無い</u>。
　　　　　　　　　　　　　　　　　　　　　　　　　　　（阿部一族）
- ………友には内々でいろいろと奔走してみたが、**どうしても**文学の雑誌に<u>手蔓がない</u>。　　　　　　　　　　　　　　　（平凡）

次のような〈不満足〉の例もここに挙げておく。

- **どうしても**そんなことは<u>理屈に合わん</u>。　　　　　　　（破戒）
- もっともこれは少し他に用事もあったから、その用事を兼ねて私は絶えず触れていたが、**どうしても**、<u>どう考えて見ても</u>、これでは<u>食い足らん</u>。どうも素人の面白い女にぶつかって見たい。　　（平凡）

1.7.3 〈推定や様態〉の助動詞と共起する例が6例ある。これは現在では、「どうやら」「どうも」が主として担う用法である。

- それで見ると、本船が**どうしても**負けている<u>らしい</u>ことが分ってきた。　　　　　　　　　　　　　　　　　　　　　　　　（蟹工船）
- 岡は両方の頬をあかく彩って、こう言いながらくるりと体をそっぽうに向けかえようとした。それが**どうしても**少女の<u>ような仕草だった</u>。　　　　　　　　　　　　　　　　　　　　　　　　　（或る女）

〈推量や確からしさ〉の叙法形式と共存する例は6例あるが、すべて名詞文・状態動詞文の形をした判断文であり、推量などの叙法性の部分にはとく

に関与していないと見るべきかもしれない。

- こうして聴いていると、**どうしても**琴に違いないと、感心して聴き惚れていると、十分と経たぬ中に、……… （平凡）

なお、次のような例では、

- 人間というものは妙なもので、若いときに貰った奴が**どうしても**一番好いような気がするね。 （破戒）
- 一緒の時には、**どうしても**、外から見れば女房は女だと言う気があるでしょうからね。 （くれない）

「どうしても」は、「一番好い」「女だ」という判断にだけでなく、そのような気がしてしまう趨勢や、その気になりがちな傾向の意にも関係しているだろうか。作品の年代を考慮しなければ、現代人の語感からすれば、趨勢の用法に入れられてしまうかもしれない。過渡的・中間的な用法と考えるべきだろうか。

1.8 〈略体〉の用法(8例)

- **どうしても**と言われるのでしたら、お文になされませ。
 （シナリオ婉という女）
- 明子が**どうしても**、というのなら一人は僕が連れてゆくが。
 （くれない）
- できるかどうかわからないが、とにかくやる所まではやってみる。しかしそれは、お前が**どうしても**、という場合だけだ。（暗夜行路）
- こうボサボサになっては**どうしても**今夜こそはと固い決心をしてからでも、尚三日ばかり経って漸くのことで、〈中略〉理髪店の敷居を小関は跨ぎ得た。 （故旧）
- **どうしても**はっきりと事務長の心を握るまでは………葉子は自分の

> 心の矛盾に業を煮やしながら、〈中略〉黙ったまま陰欝に立っていた。　　　　　　　　　　　　　　　　　　　　　　（或る女）

のような慣用化した略体の言い回しがあるが、すべて意志・希望・必要の系統のものである。そのほか、映画シナリオには、文字通りの絶句ないし中断の例もあり、こちらは不可能や趨勢の系統もあるが、これは例示するまでもないだろう。

1.9　第1節のまとめ

　意味・用法の〈**派生関係**〉は、期待の非実現・不可能を出発点に置いて、一元的に考えれば、次のような派生・移行関係を考えることもできるだろうか。

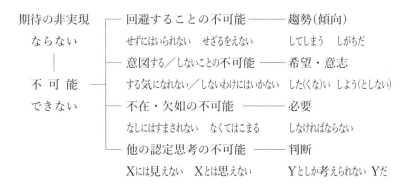

　あるいは、出身母体である全称的な従属句構造が否定系列にも肯定系列にも用いえたことを根拠に、多元的な関係を考えるなら、「どうしても」の諸用法の〈**組織図**〉を、次のように描いてみることも許されるだろうか。覚え書きに記しておきたい。

```
［複文構造］［文の対象的内容］［記　述　性　～　（二重否定）　判断性］
　　否定系列：望まぬ事態の描写―非実現～不可能―趨勢～不可避
　　　　　　　　　　　　　（困　難～拒　否）　　　　　　　　　判断
　　肯定系列：志向的行為の表白―願　望～意　志―――　必　要
```

2. 「どうしても」の陳述的性格

　前節においても そのつど 注記してきたが、残された紙幅の範囲で「どうしても」の陳述的な性格について、まとめておくことにしたい。

2.1　文の対象的な内容と時間性―個別・具体性

　第1節で見てきたように「どうしても」の用法は、いずれの用法をとってみても、個別・具体的な出来事や行為に用いられるものが多く、一般・抽象的な事象に用いられるものは少ない。これは、不可能の「とても・到底」などや、生起確率(傾向)の「とかく・えてして」などの類義語との相違点の一つである。この個別・具体性は「どうしても」に、句的性格つまり具体的出来事性が残存していることの現われかと思われる。たとえば、

- 「駄目だよ、お婆さん、そんな錐では**とても**喉はつけない。皮膚をひっかいて、痛いだけだ」と美濃部は笑った。　（厭がらせの年齢）
- 「**とても**食えるもんじゃないよ、可哀想で………」
　　　　　　　　　　　　　　　　　　　　　　　　（シナリオ女生きてます）
- **とても**私たちの稼ぎではインフレに追いついて行けません。
　　　　　　　　　　　　　　　　　　　　　　　　　　　　（本日休診）
- もう一息という処でその神は、**とかく**そんな悪戯をやりたがるのだ。　　　　　　　　　　　　　　　　　　　　　　　（青銅の基督）
- 「事業というものは、**えてして**こんなもんですよ。」　　（闘牛）

のような、一般条件的な、あるいは超時間的な、不可能性や傾向性の文において、「とても」や「とかく・えてして」の代わりに、「どうしても」を使う

ことはできないだろう。

　なお、希望や必要の用法の場合は、「ぜひ・絶対」などの類義語も、ほぼ同様に具体的で、この点での差は出ない。

2.2　文の陳述的なタイプ─叙述文性

2.2.1　先にも触れたように「どうしても」は、命令文・決意文といった意欲文（表出文）のタイプには用いられず、命令形や意志形と共起するにしても、それは間接引用（話法）的な場合に限られる。希望も、直叙形（現在形言い切り）による表出的な（半意欲文的な）文は少なく、説明形「したいのだ」や過去形「したかった」など、叙述文化したものの方が多い。

　また、場面的には、独話・独白が多く、相手がいる場面でも相手に働き掛けてはいない。この点「ぜひ・絶対」が、「──してください」「──するといい（です）よ」など、聞き手への働き掛けを表わす文にも容易に用いられるのと、顕著な差を見せる。これは、副詞「どうしても」の叙述文性（記述〜判断性）の強さのあらわれであり、逆に言えば、意欲文性（表出〜要求性）の弱さのあらわれであると思われる。

- 「そりゃ一度**ぜひ**あったげ<u>よう</u>。」　　　　　　　　　（子を貸し屋）
- 「はア、**是非**、ご高教を仰ぎ<u>たい</u>と、思っております」　（自由学校）
- 「将来の亭主教育も、**是非**、今のうちから、指導してあげ<u>なさい</u>。」
  　　　　　　　　　　　　　　　　　　　　　　　　　　（自由学校）
- 「そう、またあしたかけるわ。ね、**絶対**内証にしておい<u>てよ</u>。」
  　　　　　　　　　　　　　　　　　　　　　　　　　　　（火の鳥）

のような、聞き手を前提とした、承諾や申し出、あるいは要求的な文に、「ぜひ・絶対」の代わりに「どうしても」を使うことは出来ない。

2.2.2　〈疑問文〉のタイプに関しては、中立的疑問文に用いられた例はないが、念押し疑問文の例は多い。終助詞「─ナ・─ネ」の形の文を除いても、次のような例がある。

- 「ではどうしても五時のでお立ちになるんですか？」　　　　（桑の実）
- 「そう。どうしても出て行くの？」　　　　　　　　　　　　（旅の重さ）
- 「お前はどうしても愛子さんでなければ、いけないのか？　どうなんだ。」　　　　　　　　　　　　　　　　　　　　　　　　　　　（暗夜行路）
- ご飯はどうしても食べられませんか。［手紙文］　　　　　　（くれない）
- 「やはりどうしてもお願い出来ますまいか。」　　　　　　　（青銅の基督）
- 「どうしても自首はしてくれんか？」　　　　　　　　　　　（宵待草）
- 「で、貴方はどうしても不賛成？」　　　　　　　　　　　　（蒲団）
- 「どうしてもいかんのか」　　　　　　　　　　　　　　　　（潮騒）

念押し疑問にしても、命令・申し出にしても、「聞き手めあて」という点では同じであるにもかかわらず、「どうしても」が念押し疑問に用いられて、命令・申し出には用いられないのは、念押し疑問が yes の答えを予想しつつ確認するという意味で、叙述文性を半面にもつためであると考えられる。単純化して言えば、「どうしても」が関与する陳述性は、芳賀綏（1954）の言う「述定」性であって「伝達」性ではない、ということになるだろう。

2.3　いわゆる「陳述度」―従属節の用法

　南不二男（1974）のC段階（およびB段階のうち、まともなテンスをもちうる「ので・のに」）の従属節に相当する、因果節・並立節（が・けれども・し）および中止節に「どうしても」が用いられた例は、数多くあり、問題も少ないので省略する。

2.3.1　「どうしても」が〈条件節〉に用いられた例は、「とても・ぜひ」などの類義語と比べると、かなり多いが、「すると」の条件形――厳密には、契機（きっかけ）形というべきか――の例はない。

「-たら」
- 「しかしどうしても思い出せなかったら、無理しなくてもいいですよ」　　　　　　　　　　　　　　　　　　　　　　　　　　　　（野火）

- 「だからね、あの**どうしても**栄子が見れなかっ<u>たら</u>ね、私でも見ると思ってね、やろうと思ってたわけ、それを………」（極私的エロス）
- いいか石川、**どうしても**行き<u>たかったら</u>俺達が納得する返事をしてからにしろ。　　　　　　　　　　　　　　　　（狭山の黒い雨）
- 旦那様が私を**どうしても**手放し<u>たくないんだったら</u>、そんなことおっしゃると思って？　　　　　　　　　　　　　　　　（女坂）

「-ば」
- 向うが**どうしても**君を<u>ほしければ</u>、君が長沼君に逢ったことを、向うが積極的に言いふらすんだ。　　　　　　　　　　（火の鳥）
- **どうしても**<u>都合わるければ</u>だけれど………あれを見ないのは惜しいわ。　　　　　　　　　　　　　　　　　　　　　　　　（真知子）
- 「追川君が**どうしても**<u>分からなければ</u>、二日でも三日でも、膝詰談判をする。」　　　　　　　　　　　　　　　　　　　　（木石）
- 「**どうしても**、適当な会員が獲られない<u>とすれば</u>、窮余の策として、そうでもする外はない。」　　　　　　　　　　　　（自由学校）

「-(ん)なら」
- **どうしても**力に余る<u>なら</u>、再びそろそろと下して、下から駒平に受け止めてもらえばいいはずだった。　　　　　　　（生活の探求）
- 「**どうしても**お気が済まない<u>んなら</u>、あたしが行きます。」（自由学校）
- いんや、だめだ、**どうしても**行く<u>んなら</u>、母ちゃんを殺してから行け！　　　　　　　　　　　　　　　　　　　　　　（田園に）
- 「そりゃ私だって、みねちゃんが**どうしても**困る<u>んなら</u>なんとかしないじゃないけれど。」　　　　　　　　　　　　　（真知子）

以上の文の「どうしても」の部分に否定の「とても」や願望の「ぜひ」を代入しようとしても、むつかしいものが多い。つまり「どうしても」は、「とても」や「ぜひ」より「陳述度」が低い、ということになると思われる。ただ、これは、「どうしても」が「とても」と比べて事態の個別・具体性が高

く、広義の時間性（temporality）をもつこと、「ぜひ」と比べて対人伝達（もちかけ）性が低く、叙述性が高いこと、といった陳述的な意味（性格）をもつことの、構文機能的な現われだと思われる。

2.3.2 〈連体節〉に用いられた例も少なくないが、用法別に言えば、不可能・趨勢といった出来事系の連体節に多く、希望・必要といった行為系の連体節には少ない。この差自体には、従属節述語の表わす、不可能や必要といった叙法形式の方の陳述度の違いも関係しているだろうが、それだけではない。「どうしても」のつかない不可能や必要の連体節〜連体句と比べて、「どうしても」のついた連体節は、質的にも量的にも、制限がはるかに強いのである。
　連体節を暫定的に分類・整理して、例文を並べて置く。

a）〈不可能・趨勢〉の場合
a‐1）補語としての名詞（純然たる連体）
　　・やはりある所まで来ると、**どうしても**理解できない<u>もの</u>に行き当たった。　　　　　　　　　　　　　　　　　　　　（暗夜行路）
　　・倫はその頃になって東京から帰ってきた日宇都宮の宿で、預かった金のことを夫に向って**どうしても**打ち明けられなかった<u>わけ</u>があさましくのみこめて来た。　　　　　　　　　　　　　　　　　　（女坂）
　　・この場の雰囲気に**どうしても**なじまぬ<u>もの</u>、そぐわぬ<u>もの</u>は自分には感じなかった。　　　　　　　　　　　　　　　　　（生活の探求）
　　・………しゃべることでは**どうしても**現われてこない<u>思想</u>というものがあって、………　　　　　　　　　　　　　　　　（私の人生観）
　　・ほかの海女たちは、**どうしても**きこえてしまう<u>内緒話</u>に割り込んできた。　　　　　　　　　　　　　　　　　　　　　　（潮騒）

a‐2）述語名詞
　　・それは倫としては**どうしても**白川以外に解くことのできない<u>情願な</u>のである。　　　　　　　　　　　　　　　　　　　　　（女坂）

- 私は男として**どうしても**あなたに満足を与えられない<u>人間なのです</u>。　　　　　　　　　　　　　　　　　　　　（こころ）
- 緊張したり、神経質になったり、絶望したりする役を**どうしても**やれない<u>人だった</u>。　　　　　　　　　　　　　　　　（火の鳥）
- そうしてみると、この夫婦は、**どうしても**合うことの出来ぬ<u>平行線のようなもの</u>で、どちらがいいのでも悪いのでもない、………
　　　　　　　　　　　　　　　　　　　　　　　　　（冬の宿）
- 同年兵の姿は………浮かんできた。………一期の上等兵進級のとき**どうしても**彼が学課でおいつくことの出来なかった<u>山田</u>など。
　　　　　　　　　　　　　　　　　　　　　　　　　（真空地帯）
- これは小柄で、**どうしても**固い感じを免れぬ<u>痩せ形の女</u>であった。
　　　　　　　　　　　　　　　　　　　　　　（故旧忘れ得べき）

a-3）形式名詞（状況語的・程度限定的・接続節的）

〈状況語的〉
- それは**どうしても**駄目な<u>時</u>は仕方がない。　　　　　　（友情）
- お島は**どうしても**ぴったり合うことの出来なくなった<u>ような、その時の厭な心持ち</u>を思い出しながら、………　帰ってきたが、
　　　　　　　　　　　　　　　　　　　　　　　　　（あらくれ）
- あるいは、また、自分たちが**どうしても**用事のために手を放せない<u>とき</u>などだと、………　　　　　　　　　（子を貸し屋）

〈程度限定的〉
- それが**どうしても**動かすことの出来ぬ<u>程</u>堅固な決心であった。
　　　　　　　　　　　　　　　　　　　　　　　　　（阿部一族）

〈接続節（逆接）的〉
- 初めのうちは、**どうしても**信じられなかった<u>こと</u>が、仕舞には、そうとより思えなくなってしまったくらいだ。　　（多情仏心）

a‑4）準連体の「―Nがある」式（工藤浩 1982 pp.78–80 参照）
- 「お手紙で、あの娘と僕とに**どうしても**断ち切れない絆があることは判りました。」　　　　　　　　　　　　　　　　（河明り）
- それは嫌だと同時に、また**どうしても**憎み切れないものがある。　　　　　　　　　　　　　　　　　　　　　　　　（河明り）
- だけど唯一人、**どうしても**気心の知れない人があるの。（青銅の基督）
- ………中学生時分に雑誌で見たり耳できいたりして憧れぬいていた寮生活に**どうしても**離れがたい愛着があって、………
　　　　　　　　　　　　　　　　　　　　　　　　（故旧忘れ得べき）
- ………という表面の事実には、**どうしても**拘らずにいられない気持ちもたしかにあった。　　　　　　　　　　　　（多情仏心）

b）〈希望〉の場合は、次の２例だけである。
　純然たる連体（１例）　ただし「―たくない」ではなく、動詞の「―たがらない」。
- ………この作家の楽屋裏には、**どうしても**舞台には出たがらぬ分裂した心の悩みがあったようである。　　　　　（私の人生観）
- （この文の構造は、「楽屋裏に 悩みが ある」という存在構文であって、「―Nがある」式ではない。念のため）

　準連体の「―Nがある」式（１例）
- 君に**どうしても**頼んでおきたいことが出来てね
　　　　　　　　　　　　　　　　　　　　　　（シナリオ華麗なる一族）

c）〈必要〉の場合は全８例、そのうち５例が準連体の［―Nがある］式である。
- 次の仕事のために**どうしても**手に入れなければならぬ本がある。
　　　　　　　　　　　　　　　　　　　　　　　　　　　（くれない）

残りの３例は、つぎに示すが、
- また出るにしても、盆前には**どうしても**一度帰らなければならぬ家

の用事を控えている体であったが、………　　　　　　　（あらくれ）
・研究会に顔を出している<u>ので</u>、**どうしても**買<u>わねばならぬテキスト</u>
　の外、………これら以外には乏しい小遣いでは到底手の出せなか
　った小関は………　　　　　　　　　　　　　（故旧忘れ得べき）
・<u>これだけは日本のために</u>**どうしても**<u>生かさなければいけない人間</u>
　を、まず選定してください、一万から十万ぐらいまでにね。
　　　　　　　　　　　　　　　　　　　　　　（シナリオ日本沈没）

最初の例は、準連体の「用事がある」タイプの変種と見るか、述語名詞「体であった」にまでかかると見るか、いずれにしても純然たる連体の例ではなさそうだ。2番めの例は先行する「ので」節も含めて、やや落ち着きが悪い。

　研究会に顔を出しているので、**どうしても**買<u>わねばならぬテキストが</u>
　<u>あったが、その外</u>、………これら以外には乏しい小遣いでは到底手の出
　せなかった小関は………

のように、「―Nがある」式にした方が落ち着くのではないか（少なくとも現代では）。最後の例は、三上章(1953)の言う「トイフ抜け」の「連体まがい」だろう。つまり許容度の低い例と思われる。

2.4　結び

　以上を要するに、「どうしても」がつくことによって、「とても」や「ぜひ」ほどではないにしても、やはり不可能や希望や必要の従属節の「陳述度」は高まると言えそうである。たしかに「どうしても」は条件節や連体節に収まるという点で、南不二男(1974)のB段階の副詞だと一応考えられるのだが、それとともに、三上章(1953)の口まねをすれば、同じB段階（軟式）の条件節や連体節の「ムウ度を硬化させる作用」が、つまり、多少ともC段階（硬式）寄りの従属節に変える力が「どうしても」にもある、と考えられるのである。

　そして最後に、「どうしても」という副詞が、そうした陳述度の硬化という構文的機能をもつのはなぜかといえば、文の対象的内容の個別・具体性という広義の〈時間性〉と、記述的ないし判断的な叙述という広義の〈叙法

性〉とに関わる、という陳述的な性格を、副詞化した「どうしても」が、みずからの語彙的な内容としてもつに至ったためなのである。

【補：そうした 語彙と文法との、もしくは 意味と機能との 相互作用の 具体相に、どこまで 本稿が せまりえたか こころもとない かぎりだが、ひそかな ねらいと ねがいは、そこに あったのである。】

【引用文献】

奥田靖雄(1986)「現実・可能・必然(上)」(『ことばの科学』むぎ書房)
三上　章(1953)『現代語法序説』(刀江書院 1972年増補復刊　くろしお出版)
南不二男(1974)『現代日本語の構造』(大修館)
芳賀　綏(1954)「"陳述"とは何もの？」(京都大学『国語国文』23巻4号)
Palmer, F.R.(1979)〔飯島　周(訳)1984〕『英語の法助動詞』(桐原書店)
工藤　浩(1982)「叙法副詞の意味と機能」(国語研『研究報告集3』秀英出版)
工藤　浩(1989)「現代日本語の叙法性 序章」(『東京外国語大学論集39』)

［付記］紙幅の関係で、「資料一覧」は省略させていただくが、本稿の資料は、工藤浩(1982)【本書 第1章】の資料と同一なので、ご参照いただければ、と思う。

＊ことばの相談室＊
「たった」は副詞か連体詞か

〔問い〕

　「たった三つしかない」の「たった」という語の品詞についておたずねします。学校文法などでは連体詞とされているようですが、「岩波国語辞典第二版」「新明解国語辞典」などの辞書類はほとんど副詞として扱っています。これはどう考えればいいでしょうか。また、この種のことばは、ほかにもあるのでしょうか。（岐阜市長良養老町　伊藤昭樹）

〔答え〕

　ご質問にある、副詞・連体詞という二つの品詞は、用言のように活用するとか、体言のように格助詞をつける（曲用する）といった形態論的な特徴がなく、主として構文論に関係する品詞です。その構文の研究がまだあまり進んでいないために、この両品詞の性格づけについても、まだ多くの人を納得させるほど有力な説はありません。「たった」もその例と言えます。そこでこの欄のお答えも、どちらかに結論を出そうと努めるというよりは、問題点を提示していくという形になることをはじめにおことわりしておきます。

　最初に、一般におこなわれている学校文法において、副詞や連体詞がどのように定義づけられ性格づけられているか、ということを見ておきましょう。まず両者の共通点として、

　　①自立語で、②活用がなく、③主語になれない

という三点がふつうあげられます。そして相違点としては、連体詞の方が、

　　連体修飾語にのみなる

のに対して、副詞の方は、

  主として連用修飾語になる

ということがあげられます。副詞の方で「主として」と言っているのは、副詞の中に、

  ずっと昔　もっとこっち
  ざっと百人　だいたい一メートル

などのように、時間・空間の体言や数詞にかかる用法をもつものがあるからです。こうした「ずっと」や「ざっと」などを連体詞としないのは、

  ずっと大きい　ざっと数える

のように用言をも修飾するから、「連体修飾語にのみなる」連体詞とは異なる、と説明しようとするわけです。
 さて、では問題の「たった」にはどんな用法があるかというと、

  ① たった一度の人生です。
   たった四人しか来ません。

のように数詞にかかる用法、

  ② たったこれだけしかないの？
   たったそれっぽっちではたりません。

のように、コソアの指示語に「だけ・ーぽっち」など限定語をつけたものにかかる用法、

③　たった今、出かけました。

のように「今」にかかる用法、の三つに限られるようです。この、①数詞や、②「これだけ」などや、③「今」はすべて、いちおう体言と見なせるものです。ここに、「たった」を連体詞とする説の根拠があるわけです。

　では、辞典類のように「たった」を副詞とする説には、どんな根拠があるでしょうか。
　まず第一に、辞書編集者の頭にあったのではないかと推察されることは、歴史的な問題です。辞典で「たった」をひくと、たいてい〈「ただ」の促音化した形〉というような語源についての注記が見られます。この「ただ」という語は、

・　正解者はただ一人（だけ）でした。
　　ただそれだけのことです。
・　ただ感想を述べたにすぎません。
　　ただ命令に従っていればよいのだ。

などの用法をもっており、後二者のような「連用」的用法によって副詞と認められます。ところがそれと同時に、前二者のような、問題の「たった」と同じ用法ももっています。つまり、「たった」は、副詞「ただ」のもつ用法の一部分だけに用法が限定されたものにすぎない、ともいえます。この点、動詞「有り」の連体形「有る」から転成した連体詞「或る」のように、意味が相当ずれている場合と多少ちがっています。

　第二に、この歴史的経緯に関連して、

　　たったの一度　　たったのこれだけ　　たったの今

のように、「たった」には連体の助詞「の」がつけられますが、この点も、

しばらくの滞在　よほどのこと
　　　せっかくの好意　まさかのとき

など、副詞には類例がありますが、連体詞にはないようです。（ただし、「当劇場」の「当」のような漢語系のものも一語の連体詞と考えれば、「当の本人」という形もあるので、類似例ということになります）

　第三に、前にもちょっとふれましたように「たった」と同じような用法をもつ副詞としては、先の「ざっと」「だいたい」「ただ」のほか、次のようなものがあります。

　1')　ちょうど十人　かっきり十二時　およそ三百名　ほぼ十メートル
　　　もう一杯　　　いまひとつ　　　せいぜい五百人ってところ
　2')　わずかこれだけ　たかだかそれぐらいのこと

【＊③の「たった今」に似たものとして、3'】「ついさっき・いましばらく」などがありますが、これらの結びつきには慣用句的な制限もあり、別にして考えた方がよさそうです。】

　つまり、数詞や「これだけ」など、"(数)量的な体言"を限定する用法は、副詞にもかなり多くあるわけです。そして「たった」は、体言にのみかかるとはいっても、副詞がかかりうるという意味で特殊な"(数)量的な体言"に限られるのです。こうしてみると、「たった一つ」や「ちょうど十人」などの結びつきを、はたして"連体"関係といってよいのかという疑問が生じてきます。

　そこで、第四。数詞には、

　　　りんごを一つ食べた。
　　　お客が十人やってきた。

のような、いわゆる副詞用法があります。この副詞用法に立つ数詞に、「大きな」や「親友の」などの連体修飾語をつけて、

　　りんごを、大きな一つ食べた。
　　お客が、親友の十人やってきた。

などと言ったら不自然でしょう。

　　りんごのうち大きな一つを食べた。
　　お客は、親友の十人がやってきた。

のように、格助詞をつけて体言としての用法にした方が、自然でしょう。ところが、「たった」や「ちょうど」の方は、

　　りんごをたった一つ食べた。
　　お客がちょうど十人やってきた。

のように、ごく自然に言えます。副詞用法の数詞にかかりうるのです。そうすると、

　　もっとゆっくり歩け。
　　とてもはきはき答える。

など、副詞を修飾するものを（程度の）副詞とする以上、「たった」も副詞とすべきだ、という考えも成り立ちうるわけです。ただ、数詞には体言的な側面もあり二面的なものですから、そう単純には断定しえないとしても、「たった一つ」という結びつきが、「大きな」「親友の」などのはたす典型的な連体修飾と性格を異にすることだけは、注意しておくべきでしょう。

　さらに、第五として、「たった」は、

たった一度しかない人生です。
　　たった百円ぽっちでは買えない。
　　たったこれだけの話なのです。
　　たったそれっきりの金じゃたりない。

のように、副助詞「しか・だけ」などや、接尾語の「-ぽっち・-きり」などと呼応して用いられることが多い、ということにも注意すべきでしょう。この副助詞などは、話し手の気持ち、対比・評価などの意味を添える、と説かれることがありますが、それと同様に「たった」も、一度とか百円とかの数量を、他の二度とか千円とかの数量（期待される量）と対比して〈少ないものだ〉とする話し手の評価＝取り上げ方を表わしている、と考えられます。この点でも、「大きな花・この花」（連体詞）や「美しい人」「働く人」（用言連体形）などの"連体"関係が、その体言の意味内容を客観的によりくわしくしているのと、ちがいがあります。主体の評価を表わす点では、むしろ、第三であげた「せいぜい・わずか・たかだか」をはじめ、

　　さすがチャンピオンだけに強い。
　　せめてこれだけは言っておきたい。

など、モノゴトに対する評価の副詞や、

　　あいにく主人は外出しております。
　　さいわいけがはありませんでした。
　　やっぱり彼はやってきませんでした。

など、コトガラ（文内容）に対する批評・注釈を表わす副詞と、性格が似ているのです。
　なお、もっぱら体言にかかり、学校文法で連体詞に入れられる（はずの）もののうち、「たった」と同様に問題になりそうなものとして、次のようなものがあります。

（イ）ほんの二、三日　　　　　　　　ほんの気持ちだけ
　　　たかが平社員の分際で、なまいきだ。
（ロ）ろくな男ではない。　　　　　　なんの疑いもない。
　　　ものの一時間ともたない。　　　たいした病気ではない。

（イ）は評価的なもの、（ロ）は更に打消しと呼応する点で「ろくに・めったに」などの"叙述の副詞"と共通点をもつものです。

　以上のことをおおざっぱにまとめますと、「たった」は、何と結びつくかという点では、

と図式化できるように、副詞と連体詞との二面的・中間的性格をもちます。また、どんな関係のしかたかという点でも、連体的な「ほんの」「たかが」とも、連用的な「せいぜい」「さすが(に)」とも、似た面をもちます。つまり、連体詞とする説にも副詞とする説にも、それなりの理由はつけられるわけです。

　しかしまた、連用か連体かという一点で大きく、副詞と連体詞とに二分しようとすること自体に、問題があるようにも思えます。「たった・ほんの・さすが」などの語に、もっとしっかりとした位置づけが与えられるような分類方法があるかもしれません。しかし、そのようなことを確実に言うためには、副詞・連体詞に関するきめこまやかな実証的研究がまだ必要に思われます。

＊ことばの相談室＊
「もし線路に降りるときは」という言い方

〔問い〕

　国鉄大阪環状線を走る電車、その扉のわきに、ステッカーが貼ってあります。『非常用ドアコック』「腰掛の下のハンドルを引けばドアは手で開けられます」とあって「もし線路に降りるときは、特にほかの汽車や電車にもご注意下さい」と書かれています。この「もし——とき」の呼応は正しい用法といえるのでしょうか。広辞苑では一応、「ば」「なら」「たら」と呼応する、となっているのですが………（大阪府東大阪市　亀岡正睦）

〔答え〕

　「もし線路に降りるときは………」という非常用ドアコックの掲示は、東京の国電【いまのJR】にもあります。以前わたしもそれを見て、おちつきのわるい表現だなと感じたことを記憶しています。（後半の「特に………」という言い方も、足元にもご注意という気持ちでしょうが、やや舌足らずの感がします。が、ここでは除外して考えることにします。）こんど質問をうけたのを機会に、何人かの人にどう思うかたずねてみましたところ、変だと答えた人がやはり大部分でしたが、なかには「見なれたせいかもしれないが、別に変だとは感じない」という人もいました。これはどういうことなのでしょう。

　「もし」は、仮定表現の形式と呼応して用いられる語で、呼応副詞とか陳述副詞とか呼ばれます。亀岡さんが「もし——ときは」というのは正しい用法かと疑っておられるのは、「とき（は）」がそれ自体として仮定の意味を表わす語ではないのですから、もっともな疑問だと思います。しかし結論を先に言ってしまうと、「もし——とき<u>は</u>」という用法がまちがいだと言いきることはできません。

　国立国語研究所にある、小説や雑誌などから集めた「もし」の用例カード

を見てみますと、「ば・たら・なら」と呼応している例が多数を占めています。その点、亀岡さんの引用された『広辞苑』(第二版)の記述は、代表的な用法の指摘だと解するかぎり正当なものです。しかし、「もし」の呼応がその三つに限られるというわけではありません。まず、

　　もしその心配がなかったとしても、私は感情的なものをその手紙に書け
　　　なかったろう。　　　　　　　　　　　　　　　　　　　　(「火の鳥」)

のように、逆接条件の「ても」と呼応する場合がありますし、順接条件に限っても、

　　我々が若し生活を一緒にするやうになると、なかなか大変なことだと思
　　　ふの、私。　　　　　　　　　　　　　　　　　　　　　　　(「伸子」)
　　もし見つかるようなことになってはもうおしまいだとも思った。
　　　　　　　　　　　　　　　　　　　　　　　　　　　　　　(「真空地帯」)

のように、「と」や「ては」とも呼応します。以上のいわゆる助詞助動詞のほかにも、

　　もし彼女が世界に一人きりだとして見たまへ、としごろになるとなには
　　　すてても、相手をさがして歩かなければならなくなる。　　　(「友情」)
　　「もしピストルでも出された日にはこれだからね」と、宮本は両手をあ
　　　げて見せた。　　　　　　　　　　　　　　　　　　　　(「暗夜行路」)

のように、「として見たまへ」という命令―放任の形や、「た日には」という慣用句が、仮定表現として「もし」と呼応して用いられています。

　　もしこのケースで野手が中継をあやまったりした場合は、
　　　投手はホーム・カバーに行きます。　　　　　　　　　　　　　(雑誌)
　　もしあなた自身がうぬぼれを持っている場合には、………　　　(雑誌)

のような「もし——場合(には)」の例もけっこう多くあり(特に雑誌)、不自然さはありません。〈……したら(すれば etc.)、その場合〉というぐらいの意味で、仮定の意味を内に含んでいると考えられます。問題の「もし——ときは」も、この「もし——場合」とほぼ同様に考えられます。

> もしドイツまたはドイツと同盟を結んでいる他のいずれかの国の間の武力的闘争に、締結国のいずれかがまきこまれたときは、軍事的その他の援助を与える。　　　　　　　　　　　　　　　　　　　　　(雑誌)
> もし、そのうちの一つについて有罪の言渡をするときは、他の訴因について無罪の言渡をする必要はないのである。　　　　　　　　　　(雑誌)

のような例は、まちがいとは言えないでしょう。「ドイツまたは………まきこまれたときは」「そのうちの………するときは」という全体に、仮定条件節に相当する意味が読みとれます。つまり、「もし——ときは」という言い方が、一般的にまちがいだ、とは言えないのです。

では、「もし線路に降りるときは」はどこが変なのでしょうか。そこで、問題の文を次のように言いかえてみましょう。

> もし避難のためにやむをえず線路に降りるときは、………
> もし事故がおきて線路に避難するときは………

こうすると、わたしにはずっと受け入れやすくなります。どうでしょうか。もしそう言えるとしたら、問題の表現のおかしさは、「線路に降りるときは」という部分が「もし」と同居するのにふさわしいほどの仮定的な意味を思い浮べにくいことにある、と考えられます。仮定の意味を本来的にもつ「ば」や「たら」などとちがって、「………ときは」が条件節を形づくるのには、上接部分の意味が大きく関与していると思われます。はじめにふれた、別に変だと感じないという人は、「事故」「避難」のようなことばを内心で読みこんでいるからではないかと推察されます。

　ところで、

もし雨が降った場合、遠足は中止です。
　　　もし雨が降ったとき、遠足は中止です。

の二つをくらべると、後者の「とき」の方が、やや「落ち着きの悪さ」を示すのではないでしょうか（さきほど「場合」と「とき」はほぼ同様と言いましたが、こうしたちがいがあるのです）。しかし、

　　　もし雨が降ったときは、遠足は中止です。

と、「は」をつけるとおちつきがよくなります。また、

　　　たいがいの人なら、あきらめてしまう。
　　　たいがいの人は、あきらめてしまう。

の二つの意味をくらべてみてください。「は」という助詞には、条件表現に近い面もあることがわかるでしょう。そのためか、

　　　もし御用のある方は、このベルを押して下さい。
　　　もしパンフレットご入用の方は下記まで。

のような表現に、ときどきお目にかかるわけです。国電のステッカー以上に、「落ち着きが悪い」と感じる人が多いでしょうが、〈御用があるのなら、その方は〉の短縮表現としての　取り柄があるわけです。では、次はどうでしょう。

　　　もし水があがってこないのは、塩のふりこみにむらがあったのか、
　　　菜が乾きすぎたのですから、………　　　　　　　　　　（雑誌）

この例は漬物のつけ方の話で、〈水があがってこなかったら、それは〉のつもりでしょうが、ここまでくれば明らかにまちがいだと思われます。こうし

てみますと、国電の例は、「よい表現」とももちろん言えませんが、これらにくらべれば、「受け入れやすさ（許容度）」が高いと言えます。

[書 評]
渡辺 実 著『国語意味論―関連論文集―』

　本書は、著者 渡辺実氏の意味論にかかわる既発表の論文を 次のごとく6章22節に ととのえて まとめた論文集である。

第一章 意義の構造
　1 意義・言葉・経験　　2 意義特徴および類義対義・比喩
　3 多義の様相　　　　　4 意義内項・意義外項
第二章 日本語の意義傾向
　5 対象的意義・主体的意義　　6 認識の言語、伝達の言語
　7 わがこと・ひとごと
第三章 用語と表現
　8 日本語と和歌　　9 日本語と散文　　10 日本語と小説
第四章 意義記述
　11 指示語彙「こ・そ・あ」　　12 不快語彙「すさまじ」「にくし」など
　13 心状語彙「にくむ」「ねたむ」など
　14 時間空間語彙「さき」「あと」など
第五章 副用語への試行錯誤
　15「もっと」　16「よほど」　17「多少」　18 程度副詞の体系
第六章 副用語の振舞い
　19「せっかく」　20「つい」　21「なかなか」　22「さすが」

　総説的位置をしめる 第一章と第二章との それぞれ冒頭を飾る文章は、教科書『日本語概説』の該当個所を「軸に加筆したもの」だが、その他は「標題を改め」はしたものの 内容は「発表当時のままとし、手を加えないのを原則とした」とあり、本書に先行して書きおろされた『さすが！ 日本語』(2001)の基になった論文も、本書で読むことが出来る。1971年に出た『国

語構文論』以降、『伊勢物語』『枕草子』などの古典の注釈と、その『平安朝文章史』としての把握とに進まれる一方で、「対象的意義・主体的意義」「わがこと・ひとごと」といった 本書の基底をなす視座から、指示語、感情語彙、程度や評価にかかわる副用語などを主たる対象領域として、ながくにわたって積み重ねられてきた著者の「意義」論関連の記述と分析とが 一書に まとめられている。

　第一章第１節「意義・言葉・経験」において、「開いた経験の輪と閉じた言葉の輪とをつなぐ、通路のごとき媒体こそが、意味と呼ばれるもの」であって、「意味は……本質的にひとりひとりのものであ」り、集団に共通な「明示的意義」を媒介にして「経験の喚起」と「暗示的意味の肉づけ」にまで行く「言葉と経験と意味との三位一体」としての把握が理想とされる。その点、ソシュール記号学の「ラング」の「所記」を意味と考える構造主義的な立場とは、趣きをやや異にしていると言うべきだろう。意味の「実存」的とも言える こうした把握のしかたは、第二章における「意義傾向」の捉え方や、第三章における文学語彙の扱いなどに現われるばかりではなく、第四章以降の記述各論の扱う対象自体──指示語、心状語、時間空間語彙、程度副詞、評価副詞など──の選択にも、強く作用している。読者は、まず このことを理解しておくべきであろう。

　第２節以降では、温度形容詞などを例にとりながら、意義を「弁別的意義特徴の束」として記述しうるとした上で、「意義特徴」に「優先順位」を認めることによって、類義・対義・多義を整序的に扱おうとし、動詞「さす」を例にとりながら、「意義の内項と外項」という枠組みで、用言のいわゆる〈結合価〉を扱う。ここまでは、概して現代の意味論の常識的な線であるといってよいだろうが、動詞「かねる」などを例に、意義外項の「融入」による内項化として、接尾動詞化（しかねる）や 副詞化（かねて）を説明しようとするところには、著者の独創的な興味深いアプローチが見られる。

　第二章では、「対象的意義─主体的意義」「認識の言語─伝達の言語」「よそごと／ひとごと─わがこと」といった、著者の意味論のキーワードとも言うべき対概念が「意義傾向」という名で、つまり 欧米の諸言語と異なる日本語の独自の「意義傾向」として扱われる。言語の深みにおいて普遍的と信

じられる対概念が、個別諸言語の〈文法化〉と〈語彙化〉とにおいて、特殊相として立ち現われてくることの 不思議さ・おもしろさが、著者の「意味」経験を刺激するのであろう。書名に日本語意味論ならぬ「国語」意味論を採用する著者の言語観・意味観は、読者の言語観・意味観と対決を迫ることもあろう。少なくとも それを回避する形で、本書は 抜き読みされてはならないはずである。

　第三章「用語と表現」は、以上のような意義の構造と傾向との現われを、古代和歌や 紫式部日記をはじめとする平安散文や 近代の堀辰雄『風立ちぬ』といった作品などに探ろうとする、語彙の表現・文体論的な研究である。ここで読み合わせ考え合わせられるべきものは、『平安朝文章史』において「人間と言葉との関わりを見る視点」から、一回かぎりの「個性的な作品」でありながら その奥に「文章史(とも言うべき一つの流れ)を形成する」ところに 日本人の「精神の傾向」を探ろうとする、著者の基本姿勢にかかわる発言(跋)と、その実践結果であろう。著者の認識と関心とに従って、分析対象は一貫して選ばれており、気まぐれな記述の集成ではない。

　第四章「意義記述」は、第二章のキー概念の具体的な適用として、指示語彙と時間空間語彙との間に、不快語彙・心状語彙とを はさむ形で、具体的な記述が進められる。

　第五章「副用語への試行錯誤」は、程度副詞の個別的記述に はじまって、その体系化に及び、第六章「副用語の振舞い」は、評価的な副詞の種々相を たどりつつ、最後を飾る形で、〈難語〉「さすが」の共時態と通時態との総合が試みられる。この２つの章が、著者の もっとも心血を注いだ領域であり、本書の中でも とりわけて圧巻である。

　本書の跋に、「構文論的職能と名付けて意味が構文上果すはたらきを抽象し、意味そのものを捨象することで、文法論の独立をはかろうとした」『国語構文論』を受けて、「これと対になるような」『国語意味論』を まとめるべく、「残りの半円として もっと発展させてみたい」論文を あつめたのだと著者はいう。「論文集は著書ではない」という考えは今もかわらないものの、「知力・体力・気力が……根気よく はたらかなくなった」ため、論文集

の形になった、ともいう。体系志向の強い 強靭な論理力のもちぬしの 著者にして、やはり そうなのか、との感に うたれる。著者は、「総攻撃の采配」をふるうべき「意味の体系」を どんな形で構想されていたのだろうか。どんな章立てを考えておられたのであろうか。読者の想像を刺激してやまないものがある。

　たとえば、この論文集の一つの要をなす副用語に関して、現在では すくなからぬ量の 辞書的記述と教科書的解説が 学界を にぎわしていながら、なお この著者にして 体系的・組織的著書を なさしめえなかったとすれば、それはなぜか、単に個別的な記述や分析の 量的多寡の問題に とどまることなく、対象を捉える理論と方法の問題として 問い返されなければならなくなるだろう。「意味そのものを捨象することで、文法論の独立をはかろうとした」という形で語られる「構文論」と「意味論」との関係の捉え方、つまり 理論の枠組み自体を、問題にせざるをえなくなるだろう。一言で言えば、職能（機能）と意義（意味）との関係のありかた、いわゆる相互関係・相互作用を、どの深さで読み解き、どのような広がりにおいて見てとるか、その一点に かかってくるように、評者には思われる。

　〈形態が意義をにない、意義が職能をになう〉という関係で捉えられた、意義と職能との関係からして、「意味そのものを捨象することで、文法論の独立をはかろうと」することは ひとまず可能だとしても、「これと対になる」意義論を「残りの半円としてもっと発展させてみ」ることは、はたして理論的に可能であろうか。職能の「閉じた」システムと 意義の「開いた」システムとの違いから、また とりわけ、意味の実存的規定からしても、意義論が構文論に比して、はるかに複雑な体系になるだろうことは、容易に推測されることである。だが、著者の驥尾に付して副詞研究を始めながら、いまだ一書をも なしえていない評者としては、これ以上の一般論・抽象論は さしひかえる。

　以下、主たる問題領域を副用語に しぼり、評者の立場からの疑問点をいくつか具体的に指摘することで、書評の責めをふさぐこととするが、その際、非礼にわたることを恐れつつも、紙幅の関係で、単刀直入な表現になることに、あらかじめ寛恕を乞いたい。

第一章第3節「多義の様相」において、「多義整理の作業仮設」(p.34)として、「仮設0 関係項目をより多く持つ用法を、意義記述のための、より基本的な用法と扱う」という基本仮設が立てられる。これは、たとえば動詞「さす」の用法のうち「看護婦が 私の右腕に 両手で 太い注射器を さした」が「私は 出刃包丁で 賊の背中を さした」より基本的だという作業仮設であり、この動詞の場合は これでもよいのかもしれないが、はたして そう一般化してよいものだろうか。「太郎が(手で)お皿を 回した」より、「太郎が(片手で)メモを 隣の係員に 回した」の方が基本的だと言ってよいだろうか。多義の派生には、たしかに関係項目の多から少への縮小によるものもあろうが、むしろ関係項目の少から多への拡大によるものの方が一般的ではないだろうか。【補記：著者は この作業仮設について、通時的な意味派生とは きりはなして、共時的な「意義記述」のための作業仮設だと ことわっているので、このままでは 的を射ていないことになるが、評者の批判は、共時と通時との きりはなし自体に むけられていると、理解していただければ さいわいである。紙幅にあわせた省筆による不備を おわびする。】

　また、この作業仮設では、関係項目の持ち方にかかわらず、語に一貫した意義が存在することが前提されていて、関係項目は、その抽象的な意義の発見の、いわば「補助線」として扱われているように見える。補助線であれば、数が多い方がたしかに有利であろう。そこでは、関係項目の枠組みが、たとえば「皿を まわす〈ものの変化〉→ 皿を 隣に まわす〈ものの移動〉」や「こどもを 教える〈人への働きかけ〉→ こどもに 英語を 教える〈人への情報移動〉」といったセットに見られるような、語の多義を条件づける「型」のシステムとしては扱われておらず、「意義の内項」を知る手がかりとしての「意義の外項」でしかないように見える。基本的に、語の意味が関係項目の型を決定するとしても、逆に、関係項目の型が語の意味を変えるという反対方向の逆作用もある、という相互的な関係が、少なくとも積極的には捉えようとされていないように見える。これは、〈意義が職能をになう〉という、評者には やや一面的にひびく、『国語構文論』以来の理論的枠組みが影響しているのではないかと思われる。

　そして、この作業仮設は、第五章以降の副用語の意義記述においても、あ

るいは明示的に、あるいは暗黙の前提として、適用される。

　第五章では、副用語の意味・用法を記述する手だてとして、その諸用法を「モデル」に整理し、そのモデルごとの用法が成り立つための〈条件〉として、(a)語彙的条件、(b)評価的条件、(c)構文的条件、(d)表現価値の方向(発話の意味という水準)、という四つの条件(ないし観点)が立てられて、分析的に検討が加えられていく。詳細は省略せざるをえないが、従来の構造的意味論でも常識的になっている「語彙的共起制限」に相当する(a)語彙的条件ばかりでなく、(b)〜(d)の条件を組み込んだ枠組みが、「主体的意義に富む副用語」の記述に採用されていることが、本書の方法の一大特徴をなすと言ってよいだろう。本書所収の諸論文によって、副用語の意味記述も、学問的なレベルが一段と高められたことは、まちがいない。20世紀後半の副詞研究の、一期を画する到達点であり、ひとつの達成である。その功績を十分に認めた上で、その驥尾に付す形で、評者の意見や感想を率直に述べることにする。
　まず、上の4条件の相互の関係、具体的には、著者が(b)評価的条件としてあげるものと、(a)語彙的条件や(c)構文的条件とするものとの関係が、いまひとつ明瞭でないように思われる。著者が(c)構文的条件とするものは、当該の語が、陳述(終止)するか再展叙(従属節化)するかといった職能(断続関係)も、また、それぞれの下位種における、断定／命令、肯定／否定、順接／逆接、仮定／確定、といった陳述的(モーダル)な変容も含む。評者は、前者を構文機能的関係、後者を構文意味的関係と区別したいのだが、それは さておくとしても、こうした構文的条件が評価的条件と密接にからむことは、「なかなか・けっこう」など評価的条件に制約のある程度副詞が、一般に命令文に用いえないという構文的条件をもつことからも、容易に推定されることである。
　また、「Xは Yより ＿＿ Aだ」とモデル化しうる比較構文や、「Xは ＿＿ Aだ」とモデル化しうる計量構文という「型」もしくは「モデル」が、(c)構文的条件と どのような関係になるのかも、いまひとつ明らかではない。

あるいは著者の本意は、こうしたモデルの「型」自体、(a)〜(d)の4条件の総合としてあるものであり、この4条件自体は、そのモデルを帰納することを理論的に正当化する作業と、その抽象化されたモデルを具体的に肉づけし 副次的な意味・機能特性を付与するといった 記述を具体化する作業との、いわば〈上昇—下降〉を繰り返すような ダイナミックな分析のプロセスに欠かせない、モメント（契機）なり観点なりの 備忘のためのリストであり、必ずしも体系・構造的になっていない、だからこそ「試行錯誤」（第五章標題）なのだ、ということなのかもしれない。しかし、そうだとしても 記述の方法・手順としては、やはり もう少し整序しておく必要を感じる。

　評者に、とりたてて言うほどの別の成案があるわけでもないので、この4条件に即して言うとすれば、(a)語彙的条件は、(b)評価的条件とは異なり、動作／状態、意志／無意志といった、文法構造との関係の中で下位範疇化される「語彙範疇（品詞・下位品詞）」もしくは「範疇的な意味」の体系へと精錬すべきものであり、(c)構文的条件も、機能構造的なものと意味構造的なものとに振り分けながら、形式化・パターン化しておくべきものではないか。もしそう考えてよいとすれば、この(a)と(c)とは、ともにモデル文型の〈形式（表わし）〉的側面をなし、(b)評価的条件は、その語の「意義」とともに、モデル文型の〈内容（表わされ）〉的側面をなすことになるのではないだろうか。つまり「評価的条件」は、意義にとっての外的な条件ではなく、語彙条件と構文条件とに支えられた評価的な意味なのではないか。「客観的・明示的意義」にかぶさるような形の「主観的・暗示的な意味」だとしても、文レベルで文法的【語彙・構文的】に条件づけられた意味であろう。そして、(d)「表現価値の方向」は、著者も言うとおり、発話レベルの「含意 implicature」もしくは場面・文脈から臨時的に付加される「含み connotation」であろう。(b)と(d)との境界が、歴史的にも地理的にも、その社会(的定着)化と個性(的文体)化との「ゆらぎ」の中にあって、見さだめがたさを感じさせることが、ときにあるにしても。

　第18節「程度副詞の体系」で、前節まで「計量」系とされてきた「とても」の類が、「判断構造」にもとづいて「発見」系と捉え直されるのだが、

これも、「判断」という名が示すように、〈(終止)述語〉という構文条件のもとでの意味であろう。なるほど、「あの部屋はとてもきたない」(p.305)は 発見だとしても、「彼はとてもきたない部屋で勉強しています」といった連体句においては、「発見」性は、ないか うすれるだろう。陳述か再展叙かという構文的条件の違いが、その語の意味(の側面)に逆作用的に影響する。こうした相関関係を方法的に明確化しておかないと、意味の抽象の精粗がアドホックになる恐れがある。「主体的意義に温かい」日本語という仮説ないし基本想定が、ときに深読みを引き起こしているのではないかと、評者には思われる場合もある。

　また、たとえば「多少」の評価的条件は、「話し手の期待に反する」なのか「世間常識ほどではない」なのか、つまり、「主体的意義」の「主体」が、社会化された主観(共同主体)か個人的な主観(個別主体)かといった違いや、さらには、話し手か、述語に対する主体(主語者)か、動作主／感情主か、といった違いについても、著者はむろん自覚的ではあるが【補：経験〜直観的には 無自覚ではないが】、方法・手順的には、さらに厳密化し精密化する余地を残しているように思われる。

　本書の末尾を飾る、第21節と第22節における「なかなか」と「さすが」の通時態の扱いは、現状において まことに困難な領域に 新たな探求の方向を示したものとして、きわめて貴重なものだが、ひとこと無い物ねだり的な感想を言わせていただけるならば、現代共時態において失われてしまった意義の構造の「穴」(ミッシング・リンク)を、過去の共時態の諸用法の中に見いだそうとして再構築された、もろもろの共時態の諸用法の枚挙のように見えなくもない。一つの可能な解釈という域をこえて、歴史的な説明の域に高めるためには、その語の内的な多義構造の推移・転換のみならず、他の類義・対義的関係にある語群との(張り合い)関係という、語彙体系的な要因の解明が、また、場合によっては言語外的な誘因【補：文化〜好尚的な 状況や 背景】の探求も、必要になってくるのではないだろうか。

　我々は、浜田敦「「やうやう」から「やっと」へ」を、方法論的序説として巻頭に据えて、大阪市立大学の共同研究として まとめられた『国語副詞の史的研究』をも 遺産として もつ。そこにも また、共同研究者らの個性

による、通時的記述の いくつかのタイプを見ることが出来るが、今回、それに比して より機能的な構造的通時論の見本を手にしたことになり、後進の者には、貴重な導きの糸が またひとつ ふえたことになる。
　著者は、1949 年に「陳述副詞の機能」を世に問い、1953 年に「叙述と陳述」という理論的整序を行なって以来、一貫して 20 世紀後半の国語（文法）学を理論的にリードしてきた。本書は、その著者の構想した意味の体系論のトルソとも言うべきものである。意味研究を志す者が、一度は対面・対峙し、ときには対決して、問題の宝を探りだすべき一つの高峰である。21 世紀の日本語学が、これを迂回するバイパスの道を進むようなことがないことを願って、筆をおくことにする。　　　　　　　　　　　　　　妄言多謝
（2002 年 2 月 20 日発行　塙書房刊　A5 判 392 ページ　本体価格 8,000 円）

B

「はきだめ」の逆襲と再生と

「情態副詞」の 設定と「存在詞」の 存立

0) ある 事情で まとまった 時間が とれず、みなれた 書籍を みる ことも できない ままに、また おいの ために 根気の つづかない ままに、てみじかに おぼえがき風に 以下の 文章は しるされる ことを おおめに みて いただきたい。わかい ころなら、かくのを あきらめも したろうが、これも おいの 図々しさ ゆえ かもしれない けれど、山田文法への おもいの ふかさ ゆえに、「品詞論の ハキダメ」と いわれた 副詞への こだわりの ために、かろうじて かきしるされた、と ご理解 いただければ さいわいである。

1) 1908(明41)年 在野の 学者として『日本文法論』を あらわし、つづいて『奈良朝文法史』『平安朝文法史』『平家物語の語法』といった 時代別 作品別の 文法記述を つみかさねながら、1936(昭11)年 東北帝国大学の 講義の 草案を もとに『日本文法学概論』へと まとめあげていく 全過程において、山田孝雄が 江戸期の 国学者 富士谷成章の

　　名をもて 物を ことわり、装をもて 事を さだめ、
　　挿頭・脚結をもて ことばを たすく

という 有名な ことばで しられる「な(名)・よそひ(装)・かざし(挿頭)・あゆひ(脚結)」という 四分類を たかく 評価した うえで、「厳密なる二分法」という 近代的方法によって それに みがきを かけ、

の ような 整然とした かたちで、より 緻密で 周到な 品詞分類に 到達した ことは、よく しられた ことであろう。

　そうであるにも かかわらず、わたしは 成章の「あゆひ」と 山田の「助詞」との あいだに、また「かざし」と「副詞」との あいだに、みすごす ことのできない おおきな ちがいを 感じてしまうのである。山田が 助詞を 関係語という 単語として あつかい、複語尾を 単語以下の 単位として 用言の 一部分として 位置づけた という 分析の 単位の 問題については、同時代の 松下大三郎の 批判を はじめ、おおくの 議論が すでに なされているので、ここでは これ以上 ふれない ことにする。

2)　成章の「かざし」には ふくまれず、山田の「副詞」には ふくまれる 語類は、山田の いう「情態副詞」である こと、また、成章の「かざし」には「副詞」だけでなく「代名詞(・接続詞)・感動詞」などや さらには 単語性の ない「接頭辞」に あたる ものまでが、いわば 雑然と 五十音順に あげられている こと、この ふたつの ことも よく しられた ことかと おもわれる。成章の「かざし」が、対象記述の 網羅性と 単位認定の 精密性とにおいて もっていた 不十分性・未分化性を 山田が 修正・発展させた、というのが おそらくは 学界の 通念であり、常識であろう。

　しかし、はたして そう いって いいのだろうか。成章の「かざし」は、情態副詞を ふくまない かわりに、「こそあど」つまり 疑問詞(未定詞)を ふくめた 広義の 指示詞を ふくんでいる。ということは、

　　「あはれ いさ いで」などの 〈なげき・感動〉
　　「え かならず げに よも」などの 〈かたりかた・叙法〉
　　「うたて よし あまり いと」などの 〈ねぶみ〜ほど・評価〜程度〉

「かく　ここら　さ　しか　いく　なに」などの　〈さししめし・指示〉
　　「いま　つねに　まだ」などの　〈とき・時間〉
　　「ことに　たとへば　まして」などの　〈とりたて・対比〉
　　「ともに　おのづから　まづ　また」などの　〈かかわり・関係〉

といった、共通して〈はなしての　基準や　たちばが　関与する　もの〉が、一類として　あつめられていて、素材表示的(referential)な　意味を　もった　ものは　意識して　さけられている、と　みとめる　ことが　できるのでは　ないかと　おもわれる。たとえば「ただに」の　項に、

　　「ただ」の二例に同じ。「に」文字添ひたるにて、<u>全く挿頭ならぬ詞とな</u>
　　　<u>れり。</u>
　　　是も『ナンノ事ナシニ』と里すべし　　　　　（『かざし抄』中巻）

と　ある　ことに　注意すべきである。また「いく-(幾)」「うち-」といった　語根や　接頭辞の　ような　ものが　混じている　ように　みえる　単位性の　問題も、意味機能の　根幹における　共通性(記号素性＝形態素性)を　形態的な　独立性・分離性(単語性)より　おもく　みて、作歌用語辞典としての『かざし抄』には　一類として　おさめたのだとは　かんがえられないであろうか。また、従来　指摘の　あった「つなぎ・接続」的な　ものは　時代的に　おおくは　なく、「さししめし・指示」的な　ものや「かかわり・関係」的な　ものに　解消できる　かもしれない　と　おもわれる。くわしくは　別稿を　期したく　おもうが、山田孝雄が『かざし抄』を「頗　雑駁なる点」「十分　精選せらるべき余地を　存せるなり」と　評したり、研究史家　竹岡正夫が「単語意識はなお確立していなかった」と　評したり　するのは　ピントが　ずれているのではないか　と　おもわれる。それは　西洋文典流の　いろめがねを　かけた　ものの　みかた、つまり　形態的な　単位性の　ものさしに　よる　裁断であって、「かざし」の　真義　つまり　その　機能的な　体系(functional system)の　つくられかた　そのものが　理解できていないのではないか　と　おもわれる。
　わたしの　みる　ところ、成章の「かざし」は、西洋文典でいえば adverb

（副詞）より particle（小詞）に、その発想において ちかい ものであった ように おもわれる。文字どおりの 管見の かぎりで いわせてもらえば、particle（小詞）は、古典ギリシア語において はなやかに 活躍した 語類であり（ex. J. D. Denniston *The Greek Particles*）、adverb（副詞）は、ラテン文法の とりわけ 論理的な 整理を通じて【構文的な】地位を かためてきた 品詞である ように おもわれる（ex. Priscianus *Institutiones grammaticae*）。そうした なかに あって、particle（小詞）は、品詞論においては 未発達な 部類 たとえば 副詞-以前 前置詞-以前【接続詞-以前】などとして あつかわれる ことが おおく、ときに adverb（副詞）に 編入され、ときに つまはじきされ、【おおくの ばあいは 無視されて、】いどころの 安定しない 語類（品詞）であった ように おもわれる。

3）　とすれば、問題は こうなる。──山田は なぜ、意味的にも 形容詞に ちかい 情態副詞を 用言とせず 副詞としたのだろうか。なぜ、たとえば「さやけし」「しづけき」「はるけく」は 形容詞で、「さやか（なり）」「しづか（なる）」「はるか（に）」は 副詞なのであろうか。山田の 副詞＝副用語の 本質は、非自用語 つまり 非述語性に あった はずであり、じっさい 情態副詞以外の 副詞は 基本的には 述語用法を もたないのに、なぜ 述語用法を もつ 情態副詞を 副詞に 編入しようと するのか。山田の「情態副詞」は、〈かざし・副用語〉という 成章以来の 規定と、〈動詞修飾の 品詞〉という 西洋文典流の 規定との、異質な ふたつの ものの 混同・混交ではないのか、そんな 疑問が わいてくる。従来どおり、「かざし」を "ad-verb" との 関係で とらえるにしても、それを "ことば-たすけ" と とらえるか、"動詞-ぞえ" と とらえるか、という とらえかたの ちがいに 関係してくるであろう。

　じっさい、のちには 吉澤義則や 橋本進吉らによって 形容動詞として 用言の ひとつとして たてられるのが 通説と なっていくのであり、そのうち、橋本進吉（1935）「国語の形容動詞について」が「情態の副詞は大部分は形容動詞となつて用言の一種となる」ため「副詞が他の副詞を修飾する事はなくなるのではあるまいかと思はれる」が「これは、情態の副詞に属する語

の 一つ一つについて、委しく調査した上でなければ断定出来ないのであつて」云々と 慎重に いっている とおりで、ただ その「委しく調査」が なされない 状態の まま、「情態副詞」が 再検討されない ままに 放置されている というのが 実情ではないか。

4） まず、山田自身が どう かんがえていたか、もう すこし くわしく みてみよう。

「静かなり」「堂々たり」「のどかである」など 説明存在詞「なり たり である」の ついた ものが「一の用言の如き用をな」し「形容詞に似たる意義と用をあらは」し、「その副詞は、修飾格に立てるものにあらずして賓格に立てるもの」(『概論』p.385-386) だと のべている。「賓格」と「述格」とから なる いわゆる「述語」に なる 以上、ふつうは 理論的に 副用語＝非自用語に いれられない はずである。

しかし、〈いわゆる 形容動詞は 一単語ではなく、副詞と 存在詞との 二単語だ、その 副詞自体は 賓格に たてる だけであって 述格には たてないから 用言ではないし、意味が 属性的 依存的である ため 呼格 主格に たてないから 体言でもない〉という 論理で、形容動詞説＝用言説や 状態名詞説＝体言説に 反対しようとする のであろう と かんがえられる。

ここには、「純粋形式用言」(論)や「存在詞」を 重視しすぎる という 問題が ある。山田は 述格＝陳述＝繋辞(コピュラ)を 用言の 本質とし、賓格＝属性を あわせもつ ものを「実質用言」とは いいながら、「純粋形式用言」(論)や「存在詞」(概論)ほどには 用言として 重視しようとしない。

時枝誠記の 詞辞理論における 辞＝主体的表現の 重視と おなじく、語彙的な もの 素材的な ものを 文法現象の 基礎に おく 文の みかたではなく、「実質用言」より「形式用言」のほうが 用言の 本質(＝陳述)を より 純粋に あらわす と かんがえ、実質(materials, substance)に もとづかないで 陳述という 関係づけが できるかの ように かんがえてしまう、地に あしの ついていない さかだち(倒錯)した かんがえかたである。(くわしくは 工藤 浩(2010)「こと-ばの かた-ちの こと」[『日本語形態の 諸問題』(ひつじ書房)] をも 参照されたい)

「言語の形に於いては分つべからざる」もの、意味・要素として いえば「属性」と「陳述」とを、語の 用法の「位格」で いえば「賓格」と「述格」とを、英語で いえば predicate 一語である ものを きりさいたのは、「形式用言」が 関係する 現象、つまり、

　　松は 緑なり。　体言＋なり
　　月 明かなり。　副詞＋なり

といった 例からであった。たとえば、

　　人 行く。心 動く。彼の 容貌は 父に 似る。　　（動　詞）
　　この 山は 高し。この 海は 浅し。　　　　　　（形容詞）

の ような「実質用言」の 例に、「形式用言」の 例を あわせて かんがえるのではなく、逆に 両者が 分離した「形式用言」に 両者が 一体化した「実質用言」を あわせようとしたのである。そのさい、その「形式用言」の 中心を しめる もの、「述格」の 中心を しめる ものは、山田文法の 大黒柱と いっていい「純粋形式用言」「存在詞」であった。意味としての 存在「あり」─非存在「なし」の ペアは、そして 品詞論的処置としての 存在詞「あり」の 存立は、山田文法の キーワード「陳述」の 基底に おかれる「肯定─否定」にも 通底する ものとして、簡単には とりかえの きかない 山田文法の 基本概念なのである。（非存在─否定の「なし」を 存在詞に いれなかった ことの ちぐはぐさに ついては、いまは ふれないで おく）

5）『論』における「純粋形式用言」を『概論』における「存在詞」を、重視する こと自体を 非難しよう というのではないが、自立する 語彙的 属性的な「存在動詞」（論）：「存在の 存在詞」（概論）も、非自立的で「補助用言化＝文法化」した 文法的 陳述的な「説明動詞」（論）：「説明存在詞」（概論）も、ひとしなみに 独立の 一単語と あつかうのは、機能的にも 形式的

にも いきすぎた 単純化だと いいたいのである。
　この 傾向を より 強固に おしすすめた 要因として、明治期の『日本文法論』では「純粋形式用言」と いっていた ものが、大正期の 日本大学の 講義草案の『日本文法講義』を へて、昭和期の 東北大学の 講義草案の『日本文法学概論』においては、「便宜の為」(『概論』p.199)と いいながら、「存在詞」へと、独立品詞 あつかいに した ことが あずかっている のではないか と おもわれるのである。大学教員の さがであろうか、教育・啓蒙の ため、便宜の ため と 称して、いきすぎた 単純化、というより ただしくは、理論の 貧困化が なされた ように おもわれるのである。教育・啓蒙、おそるべし。
　以上の ように、情態副詞が 副詞として 認定され、形容動詞(第二形容詞 ナ形容詞)が 1936(昭 11)年の『概論』に いたるまで みとめられなかった 理由は、説明存在詞「である」を 一単語として みとめた ことなのである。奇妙に 時枝文法の 形容動詞否定論と にてくる。山田文法では 存在詞の 設定から、時枝文法では 詞辞の 峻別から、そう なるのであるが、おそらく 歴史的には 時枝文法が 山田文法と 俗流現象学との あいだに うまれた"おにっこ"であった と いうべきなのであろう。ただ、以上の 存在詞の ほかにも、「情態副詞」を 認定した ことには いろいろな 問題が からんでいる ことを かんがえて おかなくては ならない と おもわれる。

6)　その ひとつには、主として 擬音・擬態語(音象徴)系の 副詞 たとえば「バタンと」「がたっと」など、形式動詞「あり」や「する」を 付して 活用する ことの けっして ない 無活用の ものが あり、また 語源的には 擬音・擬態語(音象徴)系でありながら より 一般的な(恣意的な)意味を 獲得して、「きちっと・きっちり(と)」「とろっと・とろり(と)」「堂々(と)」など、形式動詞「する」を 付して「～した」(連体)「～している」(終止)といった なかば「活用」らしき 変容を もち、みづからは それとの 対比で 連用相当に なる ものが あるが、それとても 古代語の タリ活用ほどには 一単語として 熟していない という ことが【橋本文法・学校文法など 通説的な ながれにおいて】情態(状態)副詞として のこした ことと 関

係しているだろう。情態副詞と 形容(動)詞・状態(的)名詞とが 連続する ことは、副詞説を とる 山田孝雄も、また 用言説を とる 松下大三郎(象形動詞)・川端善明(不完全形容詞)も、体言説を とる 金田一京助(準名詞)・渡辺実(情態詞)も、現象としては わかっては いるのである。こうした 連続・非連続の 問題は、分類の 境界現象としては 当然 おこりうる ことであって、本稿では これ以上 とりあげない ことにする。

7)　さらには、

  と　き・テンス系の 副詞：いま・かつて・いまに／しばらく・よく
    （tense）   ／まだ・もう／突然・とうとう etc.
  意　志・ムード系の 副詞：わざと・わざわざ・ひたすら・一途に
    （mood）   ／つい・ふと・不意に・うかつに etc.
  たちば・ボイス系の 副詞：たがいに・かわりに／自然に・みづから
    （voice）   ／直接(に)・ともに・いっしょに etc.

といった、形容詞に編入することの できそうもない ものも のこる。このような 動詞の もつ 文法的カテゴリ（ことの ありよう）に かかわる ような ものは、基本的に 述語用法を もたず、副用語(副詞)らしい ものであるが、いわゆる 陳述副詞や 程度副詞に いれる ことも できないので、仮称「様相副詞」として 副詞に のこさねばならない と おもわれる。
　しかし、その他 動詞の あらわす 行為(しごと)や 変化(できごと)の しかた(様態 manner)・ありかた(状態 state)の 面に おいて、「連用修飾」的に 語彙・属性の 側面から 動詞の 意味を 限定する もの、たとえば、

 業者が ピアノを とても うまく／ていねいに／てきぱき(と)はこんだ。
 にわの はなが なかなか うつくしく／きれいに／すっきり(と)さいた。

などは、活用の 有無に かかわらず、形容詞に おくりかえして 同等に あつかうべき ものであろう と おもう。

用言や副詞の本質的規定は活用の有無といった形態の問題ではなく、陳述の能力があるかどうかとか、属性・依存的かどうかといった意味・機能面にあることは、山田孝雄も松下大三郎もみとめていることなのだから、「無活用の用言」「欠如（＝偏性）形容詞」をみとめることに問題はないはずである。

　念のためにいえば、形容詞の本来的な活用形はク・キ（・ケ）といったカ行系の連用・連体の修飾語形（装定形）のほうにあって、シという終止形（述定形）のほうはのちにつくられた二次的なものである。

　以下はおぼえがき風にしるされる。

8）　松下の副詞は「他の概念の運用に従属する属性の概念を表して、他詞の運用を調節するものであつて、叙述性の無い詞である」と定義され、山田の情態副詞のうち、いわゆる形容動詞は「静止性の動作動詞」として、狭義の状態副詞は「無活用」の「形容動詞」や「象形動詞」としてあつかわれ、その外延（範囲）は、成章の「かざし」にちかい。内包（性格づけ）も、「他詞の運用を調節」することをもっぱらとし、「叙述性の無い詞」つまり述語にならない品詞だとする。ただしく、山田のいう自用語ならぬ副用語を、そして成章の「かざし」を、いいあてているといえるのだが、それが、情態（状態）副詞を「無活用」の用言とあつかうことによって、理論的に可能になりえた、ということに注意しておかなければならない。

　なお、「属性」ということばを松下も山田もひとしくつかっているが、そのなかみはおおきくちがっている。松下の用語法は、よくわからないところがのこるが、とくに専門用語としてではなく、「性質・性格」といった一般的な意味でもちいているのではないかといまは理解しておく。

9）　江戸─明治─大正と時代をへるにしたがい、「副詞」論は、富士谷成章─山田孝雄─松下大三郎というぐあいに、ジグザグに正─反─合

と 発展した。

　昭和は、橋本進吉の 形式主義、時枝誠記の 過程主義、渡辺実の 機能主義、森重敏の 意味主義、川端善明の 論理主義など、種々の 流派の いりみだれた 壮大な 過渡期、戦国乱世 群雄割拠の 時代であった。

　さて、平成の 現代は、副詞論の ひいては 品詞論の おおきな 発展期を むかえるべき ときでは ないだろうか。ついに、「ハキダメ」からの 逆襲の ひぶたは きって おとされたのである。

（2010 年 3 月 定年退職を 機に）

山田文法批判 ぬきがき

まえの 論文の 執筆が 大学の 定年退職期に かさなって 研究室の 本が つかえなかった 不足が あり、のちに 補説を ウェブに 付記した。要点を 抄出する。

1. 述格と 存在詞―「述格・陳述」に対する 絶対「統覚」性
1.1 「述語 用言」の 要素主義―混合と 化合

　山田は、述体の 文(句)において「述語 用言」に、文(句)の 中心・統一的な ちからとして、心理的な 統覚／論理的な 繋辞(決素)／言語的な 陳述を、みとめた。文全体から「述語 用言」という 部分に しぼりこむ、そこまでの 抽象は、現在でも 常識的と いってよく、主述の 相関にか；述語一本にか；という 問題は のこるが、ひとまず みとめてもよいだろう。

　しかし「言語の形に於いては分つべからざる」(『概論』p.698)属性と 陳述とを、賓格と 述格とを きりはなして その 相関関係を みようとしないまま、陳述・述格の ほうを あらわす 形式用言(存在詞)の 部分をこそ 用言の 本質だと みなしてしまうのは、その 両者の 成分を もった 実質用言(動詞・形容詞)を たんに たし算の 関係の 混合物としか みていない ことを しめす ものである。この 両者(実質用言)が、文の レベルにおいて、ものがたり文・しなさだめ文(佐久間鼎)、現象文・判断文(三尾砂)、現実性判断・観念性判断(森重敏)、動詞文・形容詞文(川端善明)といった ように、なまえや とらえかたの ちがいは しばらく おくとして 種類を ことにする こと、両者が たんなる 混合ではなく、かけあわされる ことによって いわば 化学変化を おこす 化合物に なる という だいじな ことを 山田は みおとしている、と いわなければならない。属性と 陳述とを あわせもった 実質用言 つまり 動詞や 形容詞は 文の レベルにおいて ことなっ

た 現実態＝述語として はたらく（機能する）のである。山田には そこが みえていない。山田も、分析だけでなく 総合の 必要な ことを いい それなりに 実践も しているが、その 総合は いわば たし算（分析結果の 総和）でしか ない。要素主義的な 偏向を のこした ままの 総合である。ゲシュタルト的な「全体」の 独自性が わかっていない。やはり 19世紀的な 統覚心理学の 時代の 基礎教養（パラダイム・研究方法）なのである。

　ただ これは、山田の いきていた 時代全体の 歴史的制約と いうべき ものであって、松下文法など 他の 文法にも あてはまる ことであり、個々の 文法学説の 批判としては 要求が 酷であろう。だが ここには、研究史上の ながれ・趨勢を はっきりさせる ために、明示的に 問題を 指摘しておく ことにする。そして、この 山田の「述体の句」の、［主体＋属性］陳述・［主格＋賓格］述格 という 文構造の 図式的な とらえかた——陳述・述格の「絶対性」——が、かの 時枝文法の「入れ子式」構文観——すべての 文は、〈文末の辞が つつむ〉という 共通点から、「月よ」（詞＋辞）に 結局は 収斂する「一語文」的理解に なる、つまり"構造なき 構文観・陳述論"——と、ほんの 一歩の ちかさに ある という ことも 指摘しておきたい。陳述・述格は、構造を 包摂して 対立関係や 相互作用の ない、別レベルの「統覚」なのであった。外見に だまされては ならない。時枝文法が 山田文法の"おにっこ"だと 称する ゆえんである。山田は「位格」を「句論」ではなく「語の運用論」で とき、松下には「詞の相関論」は あっても「断句論」は ないに ひとしく、時枝の 語と 文とが「質的統一体」だ と いうのは、くちさきだけ みかけだけである。（語＋零記号の辞）＝句＝文は いずれも つまりは〈詞＋辞〉の「入れ子」である。どの くろうとの 文法学説も、要素主義であった。橋本文法も である ことは わざわざ いうまでも あるまい。要素主義を 脱して、文の くみたてに 体系や 構造を 発見する ためには、ゲシュタルト心理学者 佐久間鼎や「場の理論」の 洗礼を うけた 哲学者 三尾砂 という 文法の しろうとを 必要とした ことを わすれては ならない。「象牙の塔」に こもりがちな 学界を 現実の 生活世界に ねざした ものに するには、ときに しろうと的な みかたも 必要なのであった。

1.2　存在詞の とりだし――『講義』『概論』　教師としての 堕落

　『論』においては「純粋形式用言」と 位置づけていた「あり」を、独立品詞なみに「存在詞」として 特立した 理由として、『概論』p.199 には、「性質は動詞にも形容詞にも通ずる点あり、意義は形容詞に似、形は動詞に似たり。用法の広きこと用言全般に影響するものなれば、特立させるのが便益多し。名目は便宜の為に存在詞と名づくべし。」と いうけれども、用法の 広さ「便益」から いえば、「陳述辞」と いうべきでは なかったか。ことは、ほんとうは「便益・便宜」では すまされないのだ。ことの 重大さ――自立語＝語彙性＝物質的基礎性と 付属語＝文法化＝関係的機能性との ちがい――が 山田には わかっていないのである。意味(面)の 抽象性・形式性 と いう 側面しか めに はいらない ようである。「存在詞」存立 という 重大な 処理を するには、語の 形式面(自立性／付属性)・機能面(実質性／関係性)の 観察が できていない という 点で 致命的な 欠落が あるのである。橋本文法(形式文法)以前、渡辺文法(機能文法)以前 という あたりまえの ことを、一世紀後に なっても わざわざ いわなくてはならない ことを かなしむ。

　「存在の存在詞」つまり 自立語としての 存在の 動詞用法は、特立の 理由に なっていないのだから、「存在詞」全体を 特立する ことは 合理的な 理由を もっていない ことに なる。しいて いえば、「性質は動詞にも形容詞にも通ずる点あり」という 点だけである。ただ、この点は、国学者も とっくの むかしに 気づいていて、山田も 指摘する ような あつかいの ゆれを 学者間に みせていたのであり、それは、「存在詞」を たてる ことで 解決できる ような ことではないのである。自立語としての「存在」という 特異な 意味に 由来する 問題であって、それは 西洋でも、have 動詞＝所有動詞とともに be 動詞＝存在動詞と なづけられて その 特異性に 注目されて きているのである。もちろん、その 助動詞用法にも 西洋でも 注目が あつまっているが、本動詞用法と 十把ひとからげに あつかう という 乱暴な あつかいは いくらなんでも していない。

1.3 「なし」を 存在詞に いれない 理由—時間空間の 有無

「なし」を 存在詞に いれない 理由としては、やはり『概論』(p.213–214)で、「あり」が 動詞全般と おなじように「時間空間を予想」し、「なし」が 形容詞一般と おなじように「時間空間を絶したる観念」を もつ と いう ことを 指摘する ところまでは まちがっていないが、『論』その他の テンス否定の 箇所で 山田自身が 論拠に している「超時」的な 用法を 用言一般が もっている こと、「存在」表現を 一般的に 問題に する 以上、その「超時」用法を 無視は けっして できない ことを わすれている。論は、まちがっては いないが、たけが たりない と いうべきだろう。結論が さきに あって、理屈を あとから こねている、記憶力の わるい 熱血教師 という 雰囲気が ただよう。東北帝国大学の 講義草案からと いう『概論』の くちぶりからして、「存在詞」に関する 学生の 質問を いたけだかに しりぞける ばかりで、みづからの 論の 不足を 反省する ところが みえない(「俗人」の「価値なき」「通俗的見解」)。きく みみを もたない 熱血教師 というのも こまりものである。念のために いえば、「なくあり＞なかり」の 存在を いうのは いいけれど、この 用法の ひろさは、説明存在詞 つまり「陳述辞」の 特異性であって、存在詞 特立の 理由には ならない ことは 前節にも のべた とおり。

この 両者を「別種の語とする所にわが国語の哲理的根拠の深きを見るに足るべきもの」(p.214)だと みえを きっているが、この みえが「時間」「空間」という〈状況・ばめん〉がらみである ことは 記憶しておいて よいだろう。

2. テンスと ムード—「複語尾」による 述語の 統一

2.1 時(tense)の 否定—『論』(1908)以来の 根本視点

山田は、『論』の 2か所で 時(tense)に とくに ふれている。複語尾・あゆひ論として『論』p.412–442 の「文法上の時の論」、副詞・かざし論として p.516–522 の「時及処の副詞につきて論ず」の 2か所である。

山田は、いかにも 国学者らしく、「時」を 考察するにあたって まず、

「時其の者の概念(の起原)」という「根本に遡」ろうとする(本義主義・根本主義)。また、「主観」「視点」「観察点(現在)」を 基準にする という、現今の deixis 性を 強調する (主観基準主義)。──ここまでの 学問の 根本態度自体は まちがっていない。

　しかし、岡澤鉦次郎の「時間式・動作式」というのは、推測するに 現代風に いえば テンス・アスペクトの ことかと おもわれ、岡澤は ここで、西洋語が tense 式 あるいは temporal aspect 式と 称すべき 言語である のに対し、日本語は 真に aspect 式と 称すべき 言語だ という ふうに「性質上の差」を 指摘しようとした ものと おもわれるが、それを 山田は、「全くは 了解すること 能はざるが故に」と 簡単に きりすてて、ハイゼなどに 代表される 旧説に もどる という 復古的な やくわりを はたしてしまう。すくなくとも 時間観念に 関しては、革新的・進取的とは いえず、守旧的・退嬰的である。この あたり、出典が あきらかで なく、また 当時の 雑誌を 完備した 図書館に しらべに でかける 体力も ないので、てもとに ある 岡澤の 単行本や 小林好日『国語学の諸問題』所収の「時化」に関する 論文などから 推定した。山田の 混乱の 責任が 岡澤の 理解と 説明にも あったのか どうか という 問題については 態度を 保留する。この 件の くわしい ことと、ついでに 仙台の 地を 舞台に 山田孝雄・小林好日・岡澤鉦次郎の 三者が 研究の 内外において どんな 関係に あったのか ということについても、わかい ひとに 期待する。

　のちに 佐久間鼎や 三尾砂に よって「しなさだめ文」とか「判断文」とか なづけられる ものが 超時間である ことを 指摘する ことも、時間表現の「主観(基準)」との 関係を 強調する ことも、それ自体は けっして まちがっていないが、論理に あれも これも という 両義性(ambiguity)や 矛盾形態を いれる ゆとりが なく、あれか これか という 叙法(mood)面への 一面的な 形式論や 固着図式(固定観念)に おちいってしまったのは、直情的なのが 国学の 伝統だ とはいえ、まことに おしまれる ことである。

2.2　いわゆる「**現在**」に つぎの 三種の 異類が あると し、

1）相対的の 現在
2）恒時——時間の区別を超絶
3）純粋なる断定——時間其の者を超絶
4）岡田（正美？）の「恒時」や スキートの「中性時」を 批判している。

　このあたりの 論理の はこびは、「現在（形）」「過去（形）」という 語形の 区別と、「現在」「過去」「未来」という 意味の 区別とを、混同している ところが ある ように みえる。テンスを 否定すべきだ という はげしい おもいこみが、ひとの 学説を、その 典型的ならざる 用法の 説明を、すなおに よめなく させている ようにも みえる。
　p.432に「時の区別を認むる基礎をOccurrence即 出来事（動詞）に認めむと欲す」と 指摘するのは よいが、岡澤の ただしく 指摘した テンスと アスペクトとの「二様の見解」つまり「時間式」「動作式」を 誤解ないし 曲解して、「時間式」と いうよりは「思想式（mood）」と いうべきだ と 我田引水したのは なんとも いただけない。「先入観」とは こういうのを いうのだろう。
　アスペクトの 概念は 山田文法には 欠落している と おもう。p.441に「客観的の時の関係的状態」として 別に 論ずる と いっているが、『論』『概論』には、否定の ための ひととおりの 言及 という 以上の 言及は ない と おもう。

2.3 **「吾人の説明」**として、
1）「現在」は 思想の直接表象＝意識其の者直接の活動
2）「過去」は 回想作用。おなじ 過去界の 事実「終る／終りき」
　　　　　　　　　　　　　　　＝直接に表象／回想
3）「未来」は 予期設想。おなじ 未来界の 事実「行ふ／行はむ」
　　　　　　　　　　　　　　　＝直接に表象（決定）／予期

と テンスを 否定し、叙法（mood）的に とらえる かんがえかたを しめしているが、「法（mood）」については、メークルジョンの 説明の うちの

"manner" の 意味を とりちがえたのか、「形体の用法」[活用(の種類)の こと?] と 誤解している ようにも みえる (p.441)。ご愛嬌と いうべきだろうか。それとも、ふるくは 大槻文彦・三矢重松から 金沢庄三郎・安田喜代門を へて、ちかくは 寺村秀夫の ムード(法)の 受容・認識の しかた とともに、まじめに 批判すべきだろうか。話題は、「きれつづき(断続)」の はたらき(機能)と「叙法(mood)」の カテゴリーとの 関係を めぐって、になる。前者は アルタイがた(型)の 言語には あるが、印欧語には ない(河野六郎)。印欧語には テンス・ムードの 定形／不(非)定形 という 用法の 区別が ある だけである。西洋文典に 真剣に まなぼうとした 研究者たちが その 不足を 不足と しらずに、あれこれ おもいなやんだ ところである。

2.4 この 節の 末尾には、

> 今、吾人は西洋の文典にてもかの時の三別といふ陳套なる説をすてゝ思想の状態を以て区別すべき必要ありと思ふ。然れども、かれの文典の観念は羅馬時代より流伝して、その根底かたく、加之自家の語を以て最進歩せるものなりなどと誇称せるが上に、他の語法と比較して真理を発見せむの熱心なく、一切自家の体制を以て他の語族の文法をさへ律せむとする如き驚くべき僻見有せるものなれば、到底一朝一夕に吾人の所説に賛同することなかるべし。見よかの民族心理学の創建者とも称すべきヴント氏の所説を。氏の如き思想家にありても、なほこの見易き理に思い至らず Tempola を既定の真理の如く説きて平然たり。吾人は到底わが国語の研究によりて世界の文法学に一大革新を与へざるべからず。ヴント氏の民族心理学の如きは、唯僅に印度欧羅巴語族の心理学にすぎず。吾人の前途多忙なるかな。(p.441–2)

と まくしたてて 意気軒昂な ところを みせている。ヴントの 民族心理学に 代表される 西洋中心主義に 異議もうしたてを している ところまでは その 意気や 壮と すべきであるが、あたまに ちが のぼってしまったの

か、テンス・アスペクトと ムード・モード (mode / modal dictum / objective mood) との 相関関係を おちついて かんがえてみる 余裕を うしなってしまった としたら、まことに 残念な ことである。たとえば「-た」の 語形における〈過去〉(テンス「V-した」現象記述文で) と〈想起〉(ムード「N-であった」判断説明文で) との 関係や、「V-ようとする」の 形式における〈直前相〉(アスペクト 無意志事態で) と〈意向相〉(モード 意志行為で) との 関係 などを 比較・参照する ことが 必要である。

2.5 副詞の 総論の 最後、下位分類の 直前に おかれた「時及処の副詞につきて論ず」という 節においては、いわゆる 時の副詞に つぎの2つが あると している。

    1）時間的形式を あらはせる もの　　　——体言
    2）属性の 時的制約を あらはせる もの　——副詞

時間・空間の 本性は、「一切事物の存在の普遍的形式」であり「最高概念 根柢 本原」であるから、副詞でなく 体言で あらわされて 当然だと している。ここまでは いいが、

> かかれば吾人の国語がこの一切事物を統括せる形式と観念の附属物たる副詞との間に明瞭なる区別をなせるは実に我が国民心理のいかに明晰なるかを表明するものといはざるべからず。吾人は今之を闡明にし得たるを感謝せざるを得ず。惟ふに西洋語にても其れらの文典にこの時間空間の形式を示すものを Adverb of Order と一括しながら、なほ之を以て副詞となし、且この性質を闡明にし得ざりしは、主として其の国民心理の不純なるに帰因せずばあらず。吾人は以上の理由によりて所謂時及場所の副詞といふものを説かざるなり。(p.519)

と ナショナルな ものが やはり 噴出してくる。係助詞「は」についての 有名な 国語教師時代（青年期）の「思い出」より、この 時間空間に関し

ての ほうが よほど 悲憤慷慨が はげしい。学問化・客観化が たりない から という ことであろうか。それとも、かれの 国粋思想にとって〈突如として「思い出」として噴出する〉ような「思い出」(原体験)が なにか 時間空間という 状況・ばめんに 関連して あったのであろうか。丸山も いう とおり、「年輪」という〈巧妙な表現〉も 時間空間に 関連しており、気になる ところである。ちちおやの 不本意な 中学校退職に ともなっての 自分の 中学校退学、以後 独学、という かれの 一生を 左右し、のちに 年齢の 詐称行為まで ひきおこさざるをえなく させた 事件(佐藤喜代治「山田孝雄伝」)の ときにでも、なにか あったのだろうか。このときか どうかは ともかく、なにか 前-学問的な ものの 存在が 推測・想定されるのである。ひとは 知性のみにて いくるに あらず、と おもう。

　それは ともかく として、ここ 副詞論では「すでに・かつて」は 追憶、「やがて・いまだ」は 予想という 心的情態の「時的意義を装定するもの」だと し、これらが 副用語であって、概念語ではない ということが 前面に うちだされ、「時」自体の 否定には 論理の 展開上 なっていない。

　「時の副詞」を 特立せず「情態副詞の中に編入」したのは 消去法によって であり、他の 情態副詞と「修飾方法も亦相似たり」と いう。他の 情態副詞一般と 同様、論理は 緻密に 展開している とは お世辞にも いえない。ただ、このあたりの 事情については、『山田文法の現代的意義』のまえの 章で 設定を 否定した ことに 関係する ことなので、これ以上 ふかいりしない。

　ただ ここでは、山田文法の「時」の 基本認識は、論理形式としては 体言の かたちで 肯定され、言語形式としては あゆひ(複語尾)としては 否定され、かざし(副用語)としては 肯定される、という 珍妙な 図式になる ことだけを 確認しておく。

2.6 以上の 全体に 対して、つぎの ように 原則的「理念的」に 批判できるだろう。川端善明「時の副詞」から 引用しておく。

　志向作用には必ずその志向対象が相関していなければならない。意識は

常に何かについての意識である。過去・現在・未来は、回想・直観・予期なる志向三作用の対象的性質として求められるのである。（川端善明 1964「時の副詞（上）」『国語国文』33-11 p.7 上段 原文 たて２段ぐみ）

動詞のテンスが文における主体的意味としての、右のごとき回想叙述・直感直叙・想像叙述のその形式で現にあるにしても、否、現にそうであるならば、その主体的作用に相関する客体的対象としての過・現・未を、文＝発言の内容的時として他方に<u>表現し得ない</u>ということは、あり得ないであろう。むしろ、両者は本来的に相関的なのである。（同上論文 p.7 下段。「<u>表現し得ない</u>」は、原文では 傍点強調）

理念的な過現未とアスペクトの完了・未完了は、現在【＝発話時】としての述語的実現において交渉するのである。現在【＝発話時】のプライオリティが両者を交渉させるのである。テンスとアスペクトにおける現在【＝発話時】のプライオリティは、それぞれの**主体的作用の側面**が、必ず現在【＝発話時】において成立するという根本的に自明な事実に、実は裏付けられている。（同上論文 p.8 下段。「**主体的作用の側面**」という 強調と【＝発話時】という 注は、引用者の もの）

これら とくに 前二者は、直接的には、細江逸記『動詞時制の研究』に対する 批判であると いうが、じつは やや 論述の 混雑ぎみの 山田文法の 批判も 当然 射程に いれた ものであったろう。言語形式のみならず、論理形式の 理解としても、一面観に おちいっている ことを わすれないように しよう。

ここでの 山田の 論理操作は、のちの 時枝の 詞辞非連続説と うりふたつの ふたご、もしくは みためは ことなるが じつは「ちちおや と おにっこ」の 関係に ある。直情・猛進的な 優等生とでも いうか、テンス・アスペクト・ムードが ないまぜ（複合的）になった 言語の 実相の 分析に たえられず、その どれか ひとつに わりきらないでは いられない 単純な 頭脳・論理と 評すべきである。「厳密なる二分法」（『概論』p.77）という それ

自体は 精密・緻密な 研究手法の、もっとも わるい かたちでの あらわれ である。かつては「杓子定規（しゃくしじょうぎ）な やりくち」という いい 比喩的表現も あったが、もう イメージ喚起力は なくなっている かも しれない。対象（現実）と 方法（論理）と、適用すべき ばしょを まちがえて いるのである。

　研究史の 発展の しかた、学説の うけつぎかたに 関しては「ヘーゲルの 説きけむ弁証法」を うんぬんした 山田も、体系（組織）的記述においては、排中律に したがう「古典（形式）論理」のみを「論理的」と みなした うえで、「快刀 乱麻を たつ」ごとく 単純明快な かたちで 適用する ことを めざした という ことなのであろう。弁証法理解の 当時の ひとつの ありかたを しる うえで 興味ぶかいが、理解不足は ともかくとして、原理の 理解の しかた自体に まちがいが あったと いうよりも、その（現実への）適用条件に 不都合が あったと いうべきなのであろう。

3. 喚体と 述体―山田文法の 独自性か

3.1 主観主義（方法論）批判

　言語に「としての 論理」（動詞形容詞の 区別）、「主観基準」（テンスの 否定）が 適用されるべきである ことは、言語という 表現（人間の 行為）を 問題に している 以上 あたりまえの ことであって、時枝も 強調した ように、通常「きりかぶ」と よばれる 指示対象（referent）が、規範・慣用（norma）どおり「きりかぶ」と よばれる ばあいも あれば、比喩的に「いい こしかけ」と 表現される ばあいも あるのであって、けっして その 主張は まちがいではないが、いきすぎると 言語の 問題に 純客観の ものが あたかも 存在するかの ように 誤解し、それを「根本から」排斥しようとして、論理展開の 偏狭さと 包容力の 貧困さとを もたらす となると、ことは みすごす わけにも いかなくなる。

3.2　複語尾論(形式論)・希望論(内容論)批判

　これら(複語尾)は用言の語尾の複雑なるものなるを以て用言の活用と同時に説くべき性質のものなれど、その各に又それぞれ活用を具有して頗複雑なれば、これを用言の本幹たる語尾と同時に説くは混雑を来すを以て別に一括して説かむとす。(『概論』p.205–206)

と いい、「形と性質とに於いて」「整然たる対応をなせる」複語尾組織を 希望の「たし」(中世以降 時代錯誤)という おきてやぶりを つかってまで 図式的に のべる(『概論』p.312–315)。「存在詞」とともに やはり「便宜」を もとめて 教師としての 誘惑に まけたと いっていい。松下文法の ように、動詞の 活用表(paradigm)に すすんで 文法範疇の 発見に いたらなかったが、複雑で「混雑を来す」のは、対象が ではなく、山田の あたまが なのであった。ほぼ 同時代の 三矢重松にも 芳賀矢一にも 松下大三郎にも 小林好日にも、こころみる ことが できて、山田に できない 道理は ない。ただ、創始者 山田に あまり おおくを もとめては いけないとすれば、後世の 山田文法学者は、師説(「(複語尾を)用言の活用と同時に説くべき」こと)を 継承しようともせず 批判しようともせずに、ただ 解説・礼賛する だけの 山田の もっとも いみきらう なまけものであり、現実を きりひらく ことを しない 三流解説者だと いわなければならない。山田文法を うけつぎ 発展させようとする 少数の 例外は、必然的に 独自の システムを 構築する 方向に すすんだ。森重 敏、川端 善明………あとは、baka＜waka＜woko・尾籠＞biroo な はなし。「ふがい ない 大学教授」(句読点 あえて 不記載)――これは 連体・喚体？ 倒置・述体？………こんにゃく問答？ 禅問答？

　終助詞(体言呼格)が からむ 喚体も あり、古代は、動詞未然形接続の 終助詞「な・ね」や「熟語」(分析的形式)の「まくほし」「まほし」が からみ、中世以降は、動詞連用形接続の 複語尾「たし」が からむ 述体も ある、といった〈希望〉の 表現を めぐっては、問題が おおい。連体句を 必

要条件と せず、助詞を のぞけば 自立語一語で「未開展の句」ならぬ「喚体の句」に なりうるのも 希望である。「もが」「もがも」といった 多音節の 助詞が 一次的な ものとも おもわれず、それこそ「存在詞 あらぬ＝なき」の 省略を 想定したくなる、つまり 述体を 想定したくなり、また 述体「動詞＋てしがな」との 連絡も つけたくなるが、どうだろう(cf. 浜田敦の 希求表現論)。『論』から『概論』へ 説明の 発展が すこしも みられず、先述の ような、複語尾「たし」の 強引な 挿入に よる こどもだましの 説明が まかりとおった ことは、手段(単純な 要素性)と 目的(複雑な 体系性)とを とりちがえた 背理 といってよく、広義の 精神活動に関する 既成の 体系——カント以来の「知・情・意(心的要素)—真・善・美(目標価値)」の 三位システム——に 言語の 体系(日本語)を ねじまげてでも つじつまあわせを する 論理主義 というか 心理主義 というか、原理主義 というか、おもいこみの すさまじさ、熱血教師の わるい 硬直面を、みさだめておくべきである。あんがい「希望喚体」が 山田文法の アキレス腱に なるのかもしれない。信奉者は いまでも よに おおい ようであるが。

　「みず！」は、「喚体の句」という 日本語独自の 文なのか、「未開展の句」という いわば 一語文に ちかい ものなのか、「略体の句」という「述体の句」の 省略文なのか、山田文法は はたして じゅうぶん 理性的に 論理が 展開しているだろうか。「万葉記紀歌謡」という 古代韻文の 独自性に、理論が 不当に ひきずられていないか、冷静に みなおしてみる 時期ではないか。

　「ま(く)ほし」については、『論』も『概論』も まったく ふれる ところが ない。『平安朝文法史』『奈良朝文法史』の、いわゆる ク語法に 関連する「熟語」の 部で、特異な ものとして かんたんに ふれるに とどまる。淵源が 問題なのであって、「熟語」＝「分析的形式(analytical form)」／「複合辞」などとして 積極的な 記述の 対象に なっている わけでもない。どうして なのだろうか。視座・視角の 方向性の 問題だろうか。文語(文章語)文法か 口語(口頭語)文法か という 対象の 差だろうか。古典語文法か 現代語文法か という 時代の 差だろうか。英文法の O. イェスペルセンや、国文法の 佐伯梅友：湯沢幸吉郎：中村通夫たちの 世代や 田中章

夫：森田良行：永野賢たちの 世代と 比較して、日本語学の 方法を 基礎から かんがえる 必要が ある。

日本語の文の時間表現

1. 時間表現の分化

1.1 一語文と二語文

　時間表現ということで、我々がまず思いうかべるのは、たとえば、

　　三年前に　はじめて　会ったとき、かれは　まだ　学生だった。
　　いまは　九州の会社に　勤めている。そのかれから、来年には　結婚する
　　　と　知らせてきた。

のようなものだろう。人間は、目の前にないこと、過去のこと未来のこと、そして空間的にへだたって実際には見ていないことどもを、思いうかべたり描写したりすることができる。うそもつける。人間は、二語文をもっているからである。

　　ワンワン！　　　キャッ、ごきぶり！
　　マンマ！　　　　オーイ、お茶！

のような一語文は、発話の現場にしばられていて、時間表現は分化しない。しいて言えば〈即自的な現在〉である。ただし、「ワンワン！」や「ごきぶり！」を現在と見、「マンマ！」や「お茶！」を未来と見なすこともできなくはない。しかしそれは、二語文をすでにもった人間が、そこで獲得した時間観念を一語文にもあてはめた場合、そうも言えるということであり、幼児の言語発達の観点からは、時の分化の萌芽をそこに見てとることもできるということである。萌芽をいうなら、「ワンワン！」に現在とともに確認を、「マンマ！」に未来とともに欲求を、見てとることもできる。つまり平叙文

と命令文という叙法(のべかた)の分化の萌芽も見てとれる。その表現手段としてイントネーションの分化のきざし(自然降下か、緊張持続か)もあるとすれば、叙法の分化の方が、時の分化に先行すると言えるかもしれない。しかし、それとても、きざしはきざしであって、即自的な〈表出〉というべきなのだろう。

1.2 命令文・意志(勧誘)文

  行け だまっていろ   食べてしまえ
  行こう だまっていよう 食べてしまおう

のような、命令文や意志(勧誘)文の場合、命令や意志などの叙法が成り立つためには、問題の行為が実現していないか、または少くとも完成・終結していないという前提がある。したがって時(テンス)は基本的に未来である。ときに「ソノママ走っていろ」のように現在を含むと見てもよい場合もあるが、過去はありえない。「おととい来やがれ！」が罵倒表現になるのはそのためだ。未来の内部を「すぐ来い／あした来い」のように細分化することはできる。また、シテイル・シテシマウのような動作のありよう・すがた(後述するアスペクト)は分化する。

 命令文・意志(勧誘)文は文構造の面でも特殊である。動作主体は、命令では二人称、意志では一人称、勧誘では一・二人称に限られ、ふつうは表現されない。表現されるのは、

  <u>田中</u>は行け。<u>鈴木</u>はここにいろ。
  (ほかならぬ)<u>君</u>が行け。
  (君が行かないのなら)<u>ぼく</u>が行こう。

のように、二人称内部の細分か、他との区別のための人称の明示(指定)が必要とされる場合だけである。人称制限はなくならない。

雨よ、降れ。　　春よ、来い。

が命令文だとすれば、雨や春は、話し手にとっては二人称つまり聞き手なのである。雨や春を二人称として考えられない人（近代人？）にとっては、この文は命令文ではなく願望文なのだろう。「雨が降ったら（いい）なあ」とほぼ等価になる。

　このように、命令文や意志文が、時間表現と文構造（人称構造）との分化に制限をもつのは、命令・意志という叙法が、一語文ほどではないにしても、発話の現場に強くしばられているせいである。あるいは、命令や意志の叙法で発話する現場は、生活の場、話し手が自らそこで活動している場からけっして切り離せないものだからだ、と言った方がよいかもしれない。

1.3　物語り文と品定め文

　では、いわゆる平叙文はすべて時が分化しているかといえば、そうではない。

　　クジラは　哺乳動物である。
　　象は　鼻が　長い。
　　水は　百度で　ふっとうする。

のように、個々のできごとではなく、物事の一般的な説明をする文（品定め文）には、時の区別はない。いわゆる〈超時〉の表現である。この品定め文の構造は、

　　　　　　　　　ナニ・ドンナ　ダ
　　総称主語「は」——名詞・形容詞述語

の形が典型である。これに対して、

　　さっき　台所で　お湯が　ふっとうしていた。

のような個別的で具体的なできごとを描きだす文(物語り文)において、時間表現は全面的に開花する。物語り文の典型は、動詞述語文である。

　先の「水は百度でふっとうする」という文は、形式的には動詞文であるが、「お湯が」ならぬ「水は」という〈総称主語は〉をもつ品定め文の構造の中に入ることによって、また一般的な説明という叙法に規定されて、一般化・超時化され、「〜するものだ」とほぼ等価な、いわば機能的に名詞文的なものになるのだと考えられる。

　逆に、形容詞・名詞述語の方も、

　　暗い夜だった(デアッタ)。　寒かった(クアッタ)。

のように「ある」の助けをかりて、なかば状態動詞文的になり、—タの形で過去を表わしうる。しかし、形容詞や名詞述語は本来、できごとの変化の側面を無視・捨象した表現なので、—タのつかない場合のすべてについて、過去と対立する意味での"現在"を示すと言ってよいかは疑問である(この点は「ある」という存在を表わす動詞にも同様の場合が<u>ある</u>)。

1.4　時の認識は、おそらく物事の〈変化〉に気づいたときに始まるのだろう。時間表現が動詞文において典型的に分化し、形容詞・名詞述語文においては未分化的であるのは、そのせいだろう。こうして、以下、時間表現を概観していく場合も、動詞の物語り文を中心に見ていくことになる。はじめに述語部分を、つづいて副詞的部分を見ることにする。

2.　動詞述語のテンスとアスペクト

2.1　時間表現に関係する述語形式

　動詞述語において時間表現に関係する形式としては、つぎのようなものがある。

① スルとシタ（接辞「た」の有無）
　　書く―書いた　　ある―あった
② 補助動詞
　　書く―書いている、書いてある、書いてしまう、書いておく
　　　（晴れてくる、ふえていく）など
③ 複合動詞
　　書きはじめる　書きかける　書きつづける　書きおわる　など
④ 組み立て形式
　　消えつつある　　着いたばかりだ　　行こうとしている　など

これらのうち、もっとも基本的な表現は、①のスル―シタの対立（ペア）で表わされるものと、②のうちのスル―シテイルの対立で表わされるものである。というのは、大半の動詞が、これら二つの対立のそれぞれにおいて、そのどちらか一方を選ばなければ、文の中に存在できないからである。つまりこの二つの対立は、義務的な〈文法的な対立〉なのである。スル―シタの対立をテンス（時制）と呼び、スル―シテイルの対立をアスペクトと呼んでいる。その他の形式も、〈動詞の表わす動きの過程の、どの段階（局面）を表現するか〉という意味を表わし、スル―シテイルの対立の表わす意味に近い面があるので、広義のアスペクトに入れられる。③と④とは、必要に応じて詳しく表現し分けるためのものであり、義務的ではない。とくに③は、語彙的な形式で、それ自身「書きはじめる―書きはじめている」のようにスル―シテイルの対立をもつ。これを局面動詞あるいは動作様態と呼んで区別することもある。②の残りのうち、シテシマウも「書いてしまっている」の形もあり、動作様態（感情性を合わせ持つ）に近い。シテアルとシテオクは、シテイルと共存せず、それだけ文法化の度合が高いと言えるかもしれないが、意味的に、それぞれ受身性や準備性といった、純粋に時間的アスペクト的と言えない面をももつ。それと関連して、つく動詞（事象）に制限もある（例：＊雨が降ってある。＊電気が消えておく）。

2.2 テンス

シタの形は、「昔々〜あった」「とっくに書いた」「いま着いたところだ」のように、遠い過去から直前の過去まで含めて（そのちがいは副詞にまかせて）、すべて過去つまり〈発話時以前〉を表わす。英語に訳すと現在完了形になるものがあることが、ただちに日本語のシタに完了の意味を認めるべき理由にはならない。英語の"past"と日本語の「過去」とには異なりがある、というだけのことだと、ひとまずは言っていい。

これに対して、―タのつかないスル形の方は動詞の種類によって二つにわかれる。ひとつは、運動（動作や状態変化）をあらわす動詞の場合で、「すぐ書きます」「ちかぢか刊行される」のように未来（発話時以後）を基本的には表わす。運動動詞のスル形は、個別具体的なすがたの現在を表わせない（「＊目下　書ク」とは言えない。「イマ　書ク」は直後未来だ）。そのため、あとでのべるシテイルの形で表わす（目下／イマ　書イテイル）。

もうひとつは、状態を表わす動詞（数は多くない）の場合で、「子どもたちは、いま庭にいる」「タバコならここにある」のように〈現在〉を表わすのを基本とするが、「あしたもここにいます」のように（副詞類を伴えば）未来も表わしうる。なお「AとBとはことなる」「この薬はよくきくよ」など〈関係や性能〉を表わすものは、〈品定め文〉的性格をもっており、ここの例とはしない方がいい。

「最近はときどき会う」のような文は、「昔はよく会った（ものだ）」のような文と一応対立して、テンスの対立をもつが、この場合、運動動詞「会う」が未来でなく、「最近」という〈広げられた現在〉の反復的動作を表わしている。これは一つの派生的な意味であるが、「最近は　彼女　おとなしいねえ」のような一時的状態の形容詞文に似て、「ときどき会う」全体が一種の〈状態〉として捉えられていると言ってもよいだろうか。

2.3 アスペクト

状態動詞の「ある、いる」は、＊アッテイル、＊イテイルのようなシテイル形をもたない。逆に「そびえている・すぐれている」などは、＊ソビエル、＊スグレルのようなスル形を通常は使わない。また「異なる―異なって

いる」のように形式的にはどちらもあるが、内容的にはほとんど違わない〈見せかけの対立〉をもつものもあるが、別扱いすべきである。残りの大半の動詞は、動き・動作か変化かを表わし、スル—シテイルの対立をもつ。
　シテイルの形は、動き・動作を表わす動詞の場合は、

　　こわしている・倒している・(雨が)降っている

のように、動き・動作の継続(持続)を表わし、変化を表わす動詞の場合は、

　　こわれている・倒れている・(水たまりが)出来ている

のように、変化の結果の継続(存続)を表わす。どちらも継続を表わす点では一つであり「継続相」と呼ぶ。〈運動(動きと変化)全体の中から継続の部分に注目して表現する〉のである。
　これに対して、スルの形は、先にも触れたように「あとで読む・あした来る」のように未来を表わし、個別・具体的なできごとの現在は表わせないために、「いま読んでいる」のように継続相の形が現在を表わす(ただし「最近よく来る」のような習慣的反復動作の場合は、広げられた現在を表わせた)。こうした違いは何によるかというと、スルの形が、シテイルの継続性とは異なったアスペクト的性格をもつためだと考えられる。その性格とは、結論を先に言ってしまうと、〈運動の過程を部分に分けずに、全体としてのまとまりに注目して表現する〉ことであり、「完成(完了)相」と呼ばれている。
　つまり、こういうことである。「書いている」という、動作の進行継続中の部分は、発話時において確認できる。かりに実際には書きあげられなかったとしても、それは部分に注目して表現する継続相にはかかわりのないことである。また「最近よく来る」という反復的な動作が存在することも、発話時において確認できる。しかし「書く」という動作が全体として完成(終結)するかどうかは、発話時には確認できない。できることは、未来において完成する(だろう)ことを、予定または予想として、あるいは自分が書き手なら、意志として確認・確言することまでなのである。スル形は、完成までを

含んだひとまとまりに注目するアスペクト的性格をもつからこそ、現在を表わしえないのだと考えられるのである。

2.4 パラダイム

以上の二つの対立を組み合せて図式化すれば、つぎのようになる。

	現在　未来	過去
完成相	する	した
継続相	している	していた

言語現象の深みに分け入っていけば、じっさいは、これほど簡単ではないのだが、物語り文のごく基本的な用法は、右の図式で説明できる。この図式で大事なのは、このうちのどれでも一つ、たとえば「する」は、文の中ではテンス的に未来、アスペクト的に完成という、二つの性格を兼ねそなえているということであり、さらには、〈物語りの叙法〉の中でこそ、これら四つの形がきれいに組織づけられているということである。

2.5 テンス・アスペクトの変容

テンス・アスペクト形式が物語り文の中でこそ、分化し組織づけられているのだとすれば、これらが他の叙法の中で用いられるとき、なんらかの変容をこうむることが起りうる。または、他の叙法の中ではテンス・アスペクトとして分化しないまま、古い意味が化石的に残っている場合もあるだろう。おそらく、

　　さあ、どいた、どいた！　　さあさあ、行ったり、行ったり！

のようなものは、近世以前、まだ「た(り)」が過去にはなっていなかった時代に発生した特殊用法が、命令的・一語文的形態のまま化石化したものだろう。また、

　　かりに、あした雨が降ったとしよう。

のような仮定文において、―タが「完了」あるいは「実現」の意味になることは、

　　もしあした雨が降った場合／降ったら………

のような類例とともに、仮定という叙法における意味の変容、あるいは古い意味の残存として体系的に処理できるだろう。また、

　　彼女は五年ほど前その土地を一度たずねている。
　　　（だから、犯人と知り合っている可能性がある）
　　この日記によると、彼女は去年の三月、あの男と街で出会っている。
　　　（だから、犯人を知らないはずはない）

などの用法は、シテイルの〈経験〉とか〈記録〉とか呼ばれる派生用法で、過去の時点も明示され、シタと言いかえても事実的にはかわりない。しかし、この表現は文章の中で、推理や意見を論証したり説明したりする場面に多く見られるようである。ということは、この表現は、過去の物語り文（シタ）とはやはりちがって、彼女の〈現在までの履歴〉についての論証なり説明つまり〈品定め〉なのだと言えるのではないか。とすれば、これも、ムードがらみのテンス・アスペクトの変容の一例ということになる。

3. 時の副詞的成分

　時間の語彙的表現のうち、述語のテンスやアスペクトに関与的であるものを中心に見ていく。説明の便宜上、時の名詞、時の形式名詞、時の副詞に分け、この順に見ていくことにする。

3.1　時の名詞
　これは、できごとの成立する時点・時期を示すのが本領である。

a　発話時を基準とするもの
　　おととい ― きのう ― きょう ― あした ― あさって
　　先々週 ― 先　週 ― 今　週 ― 来　週 ― 再来週
　　おととし ― 去　年 ― ことし ― 来　年 ― 再来年

b　他のできごとや場面時を基準とするもの
　　前々日 ― 前　日 ― 当　日 ― 翌　日 ― 翌々日
　　　　（その前 ― その時 ― その後）

c　客観時（非相対時）
　　朝　昼　夕方　夜　／　日曜日　月曜日　／　一九八五年

　aに属すものは、「に」をつけずにいわゆる副詞用法に立ち、「には」をつけて期限（主文の動きがそれ以前に成立するような相対時）を表わすものが多い。
　ところで、たとえば「きのう」は「きのう読んだ」では時点と言っていいが、「きのう読んでいた」では、時間幅をもつ期間として捉えられている。他のものもその両面をもつだろう。「時期」と総称した方がよいかもしれない。〈期間〉の意を明示するには「ひと月・一日中・三日間」のような時間数詞と接辞とによるか、「〜から〜まで」のように起点と終点（またはその片方）を明示して表わす。また〈頻度〉は「毎日・一日おきに・日曜ごとに」など接辞によって副詞化されたものが表わす。このように「時の名詞」と呼ばれるものは、文の中で副詞性をもちながらも、主語（や補語）となりうるまでに対象化・モノ化されたものであり、それゆえに時期（時点・期間）しか基本的には表わさない。

3.2　時の形式名詞

　これは時の従属節を形づくるもので、つぎのようなものが代表的である。

　　時期――（ル／タ）とき　ころ　折り　／　（タ）あと　／　（ル）まえ

期間――（ル／タ）あいだ　／　（ル）うち　まで(に)
　　頻度――（ル）たびに　ごとに

このほか、接続助詞とされる「(スル)と」「(シ)ながら」や複合辞「(スル)
や否や・が早いか」なども、時間関係を表わす。紙幅の関係でこれ以上立ち
入れない。

3.3　時の副詞
　a　発話時を基準とした時期・時点
　　① いま　／　目下　現在　このところ
　　　　　　／　最近　近ごろ　このごろ
　　② いましがた　さっき　こないだ　／　かつて　かねて
　　③ いまに　ちかぢか　いずれ　のちのち

①が現在、②が過去、③が未来、と一応言えるものだが、「いま」が直前過
去、直後未来の用法をもつことは前述した。その補完のためだろうか、「目
下・現在(このところ)」は現在の意がはっきりしていて、シテイルとのみ共
起する。「最近・近ごろ(このごろ)」はシタとも反復的なシテイルとも共起
し、過去を含んだ(広げられた)現在を表わす。なお、「いつか」は不定時を
表わし「――前に会ったね」「――暗くなっていた」「――また会おう」な
ど、過去にも未来にも用いられる。

　b　概括的時間量
　　しばらく　しばし　ながらく　いつまでも

　c　頻度
　　たえず　しじゅう　年じゅう　しょっちゅう　／　しばしば　しきりに
　　たびたび　よく　／　ときどき　ときおり　／　ときに　たまに

bの概括的時間量の副詞は、「一時間・十分ほど」などの時間量数詞に対応

するもので、相対的にはかった、不明確な時間量を表わす。所属語彙が少ないのは、いわゆる程度副詞「ちょっと・少し・少々・大分・かなり・随分」などが、時間量をも表わしうるからだろう。さらに「一生・生涯・終生」のようなもの(副詞的に用いられる名詞)もある。

　cの頻度は、語彙が豊富である。これは、独自の専用形態をもたない述語の反復のアスペクトに呼応するというよりむしろ規定するもので、頻度つまり〈反復の量〉を限定することは、副詞らしい働きなのだろう。先に、時の名詞の中に入れておいた「毎日・五分おきに」なども、名詞らしさは低く、副詞的である。なお、頻度の副詞は「一回・二度」のような度数数詞(これまた副詞性が高い)に対応するものだが、それに関連して「一度目・二回目」に対応する、

　　　c' 経験回数——はじめて(初めて←始めて)　ふたたび(再び←二度)

をここにあげておく。

　　　d　恒常——つねに　いつも

は、c頻度の極大として恒常(的反復)を表わし、cとちがって「——元気だ・——おとなしい」のような形容詞ともかなり自由に共起できる。さらに「いつも」は、「叱られるのは——兄の方だ」のような、ひっくりかえし文の、という条件づきではあるが、名詞述語文にも用いうる。その点「必ず・きまって・たいがい・たいてい」など、生起確率を表わすものにも似ている。

　以上は、大きくは時の名詞に対応するものである。以下は副詞に独自のものである。

```
e  もう──すでに(──とっくに)
   │    │
   まだ──いまだに
```

　これらは、それぞれペアをなしており、使用頻度もかなり高い基本語である。「もう」と「すでに」、「まだ」と「いまだに」の間の差は、どちらも主に文体的なちがいだと思われるが、そこから多少の用法上の差も生じている。だが、いまはそこまでは触れられない。「もう」と「まだ」で代表させておく。

　さて、モウとマダは、ともに多義的であり、なかなか性格がとらえにくいのだが、時の副詞としては、つぎのような述語形式と共起して用いられるのが基本的なようである。動詞ばかりでなく、形容詞・名詞の述語とも共起する。

　　もう──食べた　　　　食べている(結果存続)　暗かった　中学生だ
　　まだ──食べていない　食べている(動作持続)　明るい　　小学生だ

　このような話し手が自ら確認して叙べる物語り文での用法が基本的なものだと仮定して、これらからモウやマダの性格を考えるなら、モウは〈文の表わす事態が変化後の状態としてあると捉える〉ものであり、マダは〈文の表わす状態が変化前の状態としてあると捉える〉ものである、ということになる。「お昼はもう食べた」が、過去というより〈完了〉とか〈既然〉とかいう方がふさわしく感じられるのは、モウが〈変化後の状態〉という特徴を与えるからだろう。

　　　ぼくが来たときには、もう死んでいた。

のモウが「それ以前に」と言いかえられるのは、変化後の状態にあるということが、裏返せば、変化が基準時(「来た時」)以前にあったということだからだろう(ちなみに、この複文における「それ以前に」の意味を基本義と考え

た方が、時の副詞らしい規定なのだが、そうすると、マダとの対立性はくずれてしまう)。

　モウとマダは、「もう食べちゃったの?!」「まだ食べてるの?!」のような感嘆・なじりのムードで発話されるとき、〈早すぎる〉とか〈遅すぎる〉とかの評価的ニュアンスがつく。これは話し手の予想とのくいちがいであるから、〈意外性〉の特徴だろう。また「もう行け」「まだ行くな」のような命令(禁止)文では、"行くべきとき"という、計画ないし当為の時が話し手の頭にあるわけだ。こうした感嘆や命令のムードでの用法の方が基本的だとすれば、「話し手の心理的基準時より前(後)」という意味特徴を基本的なものとして考えることになるだろう。先に見たような、いわばクールな物語り的ムードの方を基本的と見るのと、どちらがよいか、おもしろい問題である。〈まだ〉のべたいことはあるが、〈もう〉紙幅がない。話を先に進めよう。

　　　f　基準時から動作や変化の起こるまでの時間量
　　　　すぐ　じきに　ただちに　／　やがて　まもなく　／　同時に

これは「帰ると すぐに 寝た」「その後 まもなく やって来た」のように用いられれば、先行の出来事と後続の出来事との間の時間の長さを表わす。とくに前後の脈絡なしに「電車は まもなく 参ります」といえば、発話時からの時間量を表わし、未来の代用となる。

　　　f'　とつぜん　急に　ふいに　いきなり
　　　f"　やっと　ようやく　とうとう　ついに

f'は、"前触れなしに"とか"意外に"、f"は、"苦労したあげく"といったような意味特徴をもち、純粋の時の副詞とは言いにくいが、変化や行為の成立・実現までの時間量の極小(f')と大(f")を表わすとも見うるので、ここにあげておく。「した」の形の述語と共起することが非常に多く、命令文には用いられない。ただ、f'は禁止文には用いられる。

  g 動作・変化の進行——しだいに　徐々に　だんだん
    類似の事態の累加——ぞくぞく　つぎつぎ
    不変化状態の持続——ずうっと　依然として　相変わらず

これらは、同一の出来事内部の、あるいは類似の出来事間の変化の進み方や、不変化という状態の(平常ではなく見えるほどの)持続を表わす。「しだいに～シテイク」「ぞくぞく出テクル」「ずうっと～シテイル」のように、述語のアスペクト形式と呼応して用いられることが多い。

3.4　以上で、ひととおり概観はおわるのだが、ひとつ、まだ気になることがある。時間表現といえば、「速度」もその一つではないか？　じっさい「すぐに」とか「急に」などは、変化の速度でもあるだろう。では、動作の速度を表わす「ゆっくり・急いで」も時の副詞に入れるべきだろうか。どうもそうはしにくい。これらは一般に、動作の様態を表わす状態副詞としか見られていないし、またそれでかまわないと思われる。どうやら、言語的には、〈等速度〉のものは時間的と見なされないようである。
 やはり、時の認識は〈変化〉の認知に始まる、ということであろうか。
＊   ＊   ＊
 時間表現のなかには、「春が来た」「行く年来る年」「長い間」など空間表現から転じたものが多いこと、また「昼―夜」「朝―晩(夕)」のような時間の分割のしかたにどんな特徴があるかなど、語彙論的にもおもしろい問題はあるが、もう紙幅がない。古代語や方言の時間表現についても、いっさいふれられなかった。話をこのようにせまく限ってもなお、ここに述べえたことは、問題の表面をかいなでしたものにすぎない。興味をもたれた読者は、ぜひ参考文献にあげた著作に直接あたっていただきたい。それへの案内となりえれば、この拙文の目的は達せられるのである。

〈参考文献〉
奥田靖雄 1985『ことばの研究・序説』(むぎ書房)
金田一春彦編 1976『日本語動詞のアスペクト』(むぎ書房)

佐久間鼎 1941『日本語の特質』(育英書院)
鈴木重幸 1972『日本語文法・形態論』(むぎ書房)
鈴木重幸 1979「現代日本語の動詞のテンス」(『言語の研究』むぎ書房)
鈴木重幸 1983「形態論的なカテゴリーとしてのアスペクトについて」(『金田一春彦博士古稀記念論文集 1』)
高橋太郎 1985『現代日本語動詞のアスペクトとテンス』(国語研報告 82　秀英出版)
寺村秀夫 1984『日本語のシンタクスと意味Ⅱ』(くろしお出版)
川端善明 1964「時の副詞(上・下)」(京都大『国語国文』33–11・12)

C

文から

《叙法性》へ

現代日本語の文の叙法性 序章

目　次

0. はじめに
1. 従来の研究と本稿の立場
2. 述語の形態的な構造
3. 文の構造・陳述的なタイプ
4. 叙述文の述語の叙法性
5. 語論・形態論的アプローチと、文論・構文論的アプローチ
6. 叙法性と他のカテゴリーとの関係

0.　はじめに

　ここに言う「叙法性 modality」は、文の文法的なカテゴリーである。哲学や様相論理学 modal logic でいうモダリティとは、無関係ではないが z、扱う対象の範囲も、扱い方も異なる。文法論の一分野としての動詞形態論でいう、叙法 mood——最も通りのいい規定は O.Jespersen (1924) の「文の内容に対する話し手の心的態度」だろう——それに対応して立てられる、文レベルの意味・機能的なカテゴリーが、叙法性である。

0.1　〈文〉は、伝えあい communication の機能を果たす、言語活動の最小単位である。極端な例をあげれば「絵！」と叫んだ場合、あるいは「これは何？」に対して「絵。」と答えた場合、それは1音 = 1 語 = 1 文である。言語場の中で、それは立派に言語活動の単位として機能している。伝えあいの単位であるために、文は、必ず、〈話し手〉が〈何を〉伝えるかの面と、〈いかに〉伝えるかの面とをもつ。一語文では未分化だが、通常の文では、ことがらの構造的な面と、主体の陳述的な面とに分けられる。

文法論としての文論は、個々の言語活動としての側面は切り捨てる。時間空間に限られた個々の場面的な意味や、個々の話し手のその場限りの態度・発話意図などは、分析の対象としては取り上げない。しかし、文法組織としての文に、一般化してやきつけられた、〈話し手性＝主体性〉の刻印は、消しされない。文論の対象となる。

　A.H.Gardiner（1951）や、E.Benveniste（1964）も言うように、文はたしかに、言語 langue の単位ではなく、言語活動 speech、話 discours の単位である。語彙と文法という言語の手段によって構成された文は、現象的には多様であり、量的には無限であるが、体系性を持たないわけではない。現象的に無限に多様な文は、陳述的なタイプとして、構造的なシェーマとして抽象され、類型化されて、有限の「型」として組織されている。文は、まさに言語活動の単位として機能するために、言語の〈構成体の型〉として、社会習慣的に存在させられる。アクチュアルな言語活動を支える、ポテンシャルなエネルギーとして、それは存在する。具体的な言語活動の中に、多少の変容を受けながら、生きつづける。

0.2　言語の基本的単位としての「単語」と、言語活動の最小単位としての「文」とを質的に区別する、文に固有な諸特性のうち、「いかに」に関するものを、〈陳述性・のべかた predicativity〉と総称することにする。この〈陳述性〉の諸特性を、どのような形で体系化すればいいかについては、まだ分からないことの方が多いのだが、問題になりそうなものを列挙すれば、以下のようになる。：印の右は、代表的な表現形式の例である。

　　叙法性・かたりかた modality：ムード　分析形（-にちがいない）
　　　　　　　　　　　　　　　　叙法副詞（おそらく）
　　伝達性・つたえかた communicativity：イントネーション　ムード
　　肯否性・みとめかた（porality）：「ない／φ」　否定副詞（けっして）
　　待遇性・ていねいさ politeness：「です・ます／φ」「お―」
　　対人性・もちかけ（phatic）：間投詞　間投助詞　終助詞

時間性・とき temporalness：テンス・アスペクト　副詞（かつて　まだ　もう）
cf. 局所限定性 deictic localization（location）
人称性・やくわり personal：人称代名詞　＊日本語では題述関係に絡む
空間性・なわばり spatial：指示詞「こそあど」＊日本語では語彙的

題述関係 theme-rheme（actual division）：「は／が／φ」　語順
対照性・とりたて（focusing）：副詞・副助詞（だけ　も　さえ　／　ただ
　　　　　　　　　　　　　　　　　　　とくに　たとえば）
感情性・きもち emotionality：副詞句（たった　あいにく　かわいそうに）
　　　　　　　　　　　　　　　　分析形（-に限る　-にすぎない）

0.3　以上のうち、最も基本的で中軸をなすものは、〈叙法性・かたりかた modality〉である。ここでは「叙法性」を、V.V.Vinogradov（1950、1955）にしたがって、〈話し手の立場からする、文の叙述内容と、現実および聞き手との関わり方についての文法的表現〉と、ひとまず、規定しておく。それは、客観的には、文の〈ありかた〉、存在の「様式 mode, mood」であると同時に、主観的には、文の〈語り方〉、話し手の「気分 mood」である。主観と客観の統合・総合として、それはある。叙法性の分化に応じて、いわゆる平叙文や疑問文において、時間性が分化し、おそらくは、題述（主述）構造も分化する。もっとも、叙法性と題述（主述）構造とは、分化した二語文においては、相互規定的なものと見なければならないが、それは時間性との相互関係も同じことである。

　文の叙法性は、動詞のムード語形を中心に、モーダルな助動詞（ex. らしい）や助詞（か、な）、複合述語を形成する分析的な形式（-にちがいない）などによる述語部分のほか、モーダルな副詞（たぶん、どうぞ）などによっても表わされる。文の叙法性、あるいは「モダリティ」[注1]については、研究が未発達なためもあって、それをどの範囲に限定すべきか、まだはっきりしていない。「副詞」が品詞論のはきだめであり、「連用修飾語」が文成分論のはきだめであるとすれば、「叙法性・モダリティ」は、文陳述論、文法カテゴリー論のはきだめである。叙法性を広くとれば、「みとめかた」や「ていね

いさ」や、聞き手への「もちかけ」も含まれることになるが、これらは日本語では、形態論的カテゴリーとして別に立てられるので、ここではひとまず区別して議論を進める。叙法性と伝達性との関係は、非常に難しい、未解決の問題があるので、ここでは触れられない。(cf. 第 3 節、Greple, Panfilov)

以下、節をあらためて、形式的な側面から検討して行くことにするが、その前に、文法論以外の分野での扱いや、文法研究史における主な研究の流れを、本稿の論旨に直接関わる範囲で、ごく簡単に概観しておきたい。

1. 従来の研究と本稿の立場

1.1 文法論としての叙法性論は、発話行為論 speech acts theory や実用論 pragmatics [注2] の扱う対象と密接な関係がある。そのいわゆる「間接的発話行為」には、文法的な面と、文法的でない面とが共存している。たとえば「あした来てくれますか？」は、特定の場面で依頼の意図で発話されるとしても、それは文法的には、相手の意向を問う疑問文の、二次的機能として扱われるべきだろう。それに対して「あした来てくれない？」は、文法的にも依頼としての機能が〈型〉としてやきつけられている、と考えられる。

「してください」は、形態論的には、利益態「してくださる」の「命令形」であるが、利益性に中立的な「する」から見れば「依頼形」だとも言える。「どうか教えて下さい」はたしかに「依頼」だ。しかし、「駅に行くには、この先の角を左に曲がって下さい」と言って道順を教えるのは、依頼・頼みではなく、「ていねいな命令・指示」だろう。「どうぞ・どうか」と共起しえない。一般に、対人的な待遇に関わる語は変化しやすいものだが、命令や依頼もその例にもれず、［する─しよう─しろ］に対応する丁寧体［します─しましょう─X］の系列のXの位置には、「しませ」が江戸時代には行われた（「立ちませい！」）が現在では失われ、尊敬体「しなさる」の命令形出身の「しなさい」が、あとを「補充」したと考えられている。が、この「しなさい」も、現在では使用域が限られ、見知らぬ人に道順を教えるような場面では用いにくいために、「してください」が、受益性をもつ依頼ならぬ「丁寧な命令」の領域に進出しつつあるのだろう。さらに、「してください」

を〈依頼〉として用いる用法も、目上には用いにくくなりつつあり、「どうか教えて下さいませんか」とか、「してもらう」系を用いた「どうか教えて頂けませんか」とかの、否定疑問文系列(注3)の表現手段が、依頼の表現形式として発達しつつあるように思われる。これらには、文法体系の「あきま」や「すきま」を埋めるという、体系的な要因がからんでいる。「間接的発話行為」に基づく表現をすべて、実用論の問題だとして、ひとしなみに文法論から切り捨ててしまうわけにはいかない理由は、ここにある。

　「してくださいませんか？」や「してくれない？」のような文を、否定疑問文としての面においてしか見ないような形式的な統語論 syntax とは、本稿の立場は異なる。形式的統語論は、意味論と対立させられ、それ故に形式的にならざるをえないのだが、本稿の文法論は、意味論とではなく語彙論と対立する。文法論も語彙論も、その内部に形式（論）と意味（論）とをもつ。これは、ソシュール的な〈記号〉概念に基づく、ごく常識的な立場であろう。記号論者 Ch.Morris の、意味論 semantics、統合論 syntactics、実用論 pragmatics、という三分類を、それとして議論する気はないが、本稿の立場の文法論では、その三つの面はそれぞれ、文法的な意味論、構文論、陳述論として扱われることになる。

　一般に、「モダリティ」とか「表現意図」とか「発話内的な力」とか言われるものも、文法論と実用論、両者の観察対象である。比喩的に言えば、音声に関しての、音韻論と音声学との関係に等しい。個々の場面での話手の意図の側面を実用論が扱い、社会習慣として一般化された陳述性・叙法性の面を文法論が扱う、ということになる。ただ、実用論が個々の場面を扱うとはいっても、学の対象として、なんらか「類型化」されざるをえないはずで、そこで再び、文法との間の、具体的なレベルでの境界づけに、頭を悩ます事になるだろう。しかし、それは当面の問題ではない。それを議論するには、どちらも研究の蓄積が少なすぎる。ここでは、基本的な立場・観点の違いを確認して置けば、こと足りる。

1.2　日本での文の陳述性の本格的な研究は、山田孝雄に始まる。山田は、おそらく、ヴントの心理学から〈統覚〉を、ハイゼの文法から〈陳述の力〉

を学んだものと思われる。文は、一語文をも含めて〈統覚〉によって統一される。述体の文は、用言の述格の〈陳述〉により、喚体の文（「妙なる笛の音よ」）は、体言の呼格により統覚される。述体の文の述語は、動詞の本幹のみでは「単純素朴なる陳述」しか表わせないため、「陳述の曲折をあらはさむが為に複語尾を使用するに至れり」としている。複文に関して、連体節の述語は、「花の／が咲く樹」とは言えても「花は咲く樹」と言えないから、主格と賓格とを対立結合する点で述格の力が全くないわけではないが、「は」をとれない点で十分の陳述をなしてはいない、とした。「陳述」性に、さまざまな種類と度合いとがあるという考え方である。大局的と言えば大局的、曖昧だと言えば、たしかに曖昧であった。

　この曖昧さが、のちに三尾砂（1939）や渡辺実（1953）らによって、「統一作用」と「断定作用」、「叙述」と「陳述」に分析され、「陳述」はさらに、芳賀綏（1954）によって「述定」と「伝達」とに精密化されて行く。複文論においても、南不二男（1964, 1967）によって、Ａ「ーながら」、Ｂ「ーので」、Ｃ「ーから」を代表とする従属句によって、文の陳述性の階層性（段階）が分析され、Ａ～Ｃの従属句に収まらない、話し「相手」に関わるＤ段階の命令形や終助詞が、最も「陳述」的なものだとされた。

　こうした分析自体は、正当な分析なのであるが、こうした研究方法の流れの中で、「陳述」という用語は、文の〈統一〉を語る用語ではなく、文の〈成立の決め手〉を語る用語に変質させられて行った。果ては、文成立の決め手＝陳述は、終助詞にあるとか、いや、終助詞だってその後に別の終助詞がくるから決め手ではなく、決め手はイントネーションだとか、いや、その後にくる休止 pause だと、議論された。いわば、文の外側へ外側へと「陳述」は押し出されて来た。「陳述」論の外形化であり、一種の末梢化である。かくして「陳述」はもはや、文の基本構造を語る語ではなくなってしまった。細分化、精密化それ自体は、大局を見失いさえしなければ、決して悪いことではないのだが、「陳述＝述べること」という文（述語文）の基本性格を指す示す用語の中身が、休止 pause だというのは、あまりといえば、あまりの変身ぶりである。

　なぜ、こうなってしまったのか。それは、時枝誠記の「入れ子型」構文論

に代表されるような、あらゆる文を「一語文」的に理解しようとする——文全体を「文末の辞」が包んで成立するとする——理論の当然の帰結である。文の構造面と陳述面との相互関係・相互作用を見ようとしない文理解の、それは必然的な到着点であった。山田孝雄にあっては、一語文的な喚体の文と、二語文的な述体の文とに通底するものとしては「統覚」があり、「陳述」は、述体の文における主格と賓格との結合関係を意味するものであった。

　本稿は、この山田孝雄の出発点に、その大局的な姿勢、把握の仕方において、あえて、立ち帰ろうとする。

2. 述語の形態的な構造

2.1　形態論的カテゴリーとしてのムードをどう認定するかには、さまざまな立場がありうるが、最も狭く限る立場は、動詞の文法的な屈折語形のみをムードとするものだろう。現代日本語の屈折語形は、

切	kak-u	oki-ru	k-u-ru	直説法	（終止・連体同形）
	-e	-ro	-o-i	命令法	終止形
れ	-oo	-yoo	-o-yoo	勧誘法	
......	......	......	......	......	......
続	kak-i	oki-ϕ	k-i	連用形	
	kai-te	-te	-te	中止形	
	-tari	-tari	-tari	例示形	接続形
	-temo	-temo	-temo	逆条件形	
	-tara	-tara	-tara	条件形	
き	kak-e-ba	-re-ba	-u-re-ba	仮定形	

のように、まず文中での位置、断続関係（切れ続き）を表示するが、そのうち、切れ＝終止形の3つの形をムード形式とする立場がある。ただ、そのうち「直説法」は、精密には終止・連体同形であり、形も無標的 unmarked

なので除いて、命令形と勧誘形の二つだけを認める立場もあるだろう。また、続き＝接続形のうち、-temo, -tara, -(r)eba の3つ、さらには、-tatte, -ru to, -ru／ta nara をも加えて、「条件的叙法」を叙法に加える立場もあるだろう。膠着・分析的な手つづきの「助動詞」も含めて、動詞以外にも広げれば、

$$
\left.\begin{array}{r}\text{動　詞}\\ \text{形容詞}\\ \text{名　詞}\end{array}\right\}\text{（テンス形）}\left\{\begin{array}{l}\text{だろう　らしい　みたいだ}\\ \text{ダそうだ}\\ \text{ナのだ　ノようだ}\end{array}\right.
$$

などがあり、文法的な派生用言・複合用言にも広げる立場に立てば、

書きーそうだ／たい／たがる／ます ‖ がちだ／がたい ‖ やすい／にくい
書かーない

なども候補になり、分析的な手つづきの、「補助動詞」「形式語」も含めれば

　　ーと　思う（思われる）　見える（見られる）　言う（言われる）　聞く
　　ーに　ちがいない　きまっている　すぎない　ほかならない
　　ーかも　しれない（わからない）
　　しても　いい　しては　いけない　しなければ　ならない
　　はずだ　わけだ　ことだ　ものだ　／　見込みだ　様子だ　気だ
　　ことが　できる　ことに　する　ことが　ある
　　　　必要が　ある　おそれが　ある　可能性が　ある　ふしが　ある
　　　　公算が　大きい　見込みは　小さい　ことは　必至だ

などがある。「形態論的形式」どころか、最後の二行など、文のレベルでも「文法的」な形式と見なせるか、議論の余地があるだろう。これは、文法化 grammaticalization の度合いの問題であって、実際には連綿として連なっていて、一線で区切ることは出来ないだろうと思われる。語彙と文法とは、同

じ土俵で対立するが故に、相互に作用し合い、移行することも起こる。このほか「終助詞」「間投助詞」と呼ばれる助詞 particle もあって、もっぱら聞き手への「もちかけ」方を示す。以上の諸形式は、互いに組合せて用いることができ、その際、承接の順序が大体決まっているが、これについては、第4節で述べる。

2.2 いわゆる疑問文は、上昇イントネーションと助詞の「か」とによって表わされ、形態論的なムードとして「疑問形」を立てることは難しい。「するか」を疑問形として立てるなら、「するよ」は告知形、「するね」は念押し形、として立てることになりかねない。しかし、文のレベルでの疑問文は、日本語では、上昇イントネーションを根拠として立てられる。イントネーションは、重要な構文論的な形式であり、ここに形態論的ムードとは別に、構文論的なモダリティ・叙法性を考えなければならない理由がある。文の叙法性の表現形式の中心が、動詞の形態論的なムード形式にあることは確かだが、それに尽きるわけではない。後述するように、人称構造や語順・位置なども、構文論的形式としてあるのであり、それらの総合として、文あるいは述語の叙法性は考えられなければならない。

3. 文の構造・陳述的なタイプ

3.1 文の陳述性、叙法性・伝達性は、文の構造性と切っても切れない、深い相互関係にある。構造的な二語文の分化と、陳述性の分化と、そのどちらが先かは簡単には言えない。

アッ、ワンワン！	キャッ、ゴキブリ！
ママ、ジューチュ！	オーイ、お茶！
ウン（mm……）？	エッ？　はあー？

のような、いわゆる一語文は、発話の現場にしばられていて、〈ここ―いま―わたし〉のことしか言えない (K.Bühler 1934)。基本的には、時間空間も

分化していないし、人称も分化していない。叙法性ないし伝達性は、発見―確認と、欲求―命令と、疑問とに、イントネーションが分化しているとすれば、分節記号の分化はなくても、叙法性・伝達性の分化の第一歩は踏み出されていると言っていいかもしれない。ただ、単なる叫びの「アッ」「キャッ」にくらべれば、「ワンワン！」は対象の名づけ性を持ち、「ワレ―アレ」関係は分かれているとも言える。「ママ、ジューチュ！」では、呼び掛けとしての2人称、求める物としての3人称、といった人称性も、分化の兆しを持ち、さらに深読みすれば、「欲求」の裏に、物の不在・欠如の知覚＝「否定」の萌芽や、事の未実現＝「未来」のめばえも、読み取れないわけでもないだろう。

しかし、萌芽や兆しや分化の第一歩が認められるとはいっても、典型的な二語文、叙述文(いわゆる平叙文)が、構造的にも陳述的にも分化して、現場以外のどんな事でも表現できるのとは、やはり質的に異なると言わざるをえない。ただし、このことは、一語文と二語文との間に、相互移行の現象や中間的事象がないという意味では、もちろんない。

3.2　次に、一語文と典型的な二語文との間に、命令・依頼文と、勧誘・決意文とを位置づけて考えてみたい。これらは、時間的には、事の未実現＝未来に限られ、テンスの対立はない。「おととい来やがれ」が悪態表現になるのもそのためだ。ただ、一語文とは違って、「すぐ／あした　来い」「そろそろ／あとで　行こう」のように、未来の内部を細分化することは出来る。「しろ／していろ／してしまえ」「しよう／していよう／してしまおう」などアスペクトも分化し、文論的な時間性は、不完全ながら、分化している。

命令・依頼文と勧誘・決意文とが、主語に人称制限をもつ事は、よく知られた事である。典型的な命令文は、2人称に限られる。とすれば「臆病者は、引っ込んでいろ」と、聞き手に面と向って言う場合は、「臆病者」は2人称だと言っていいだろうか。しかし、政治家が「貧乏人は麦を食え」と、一般化して言ったとすれば、この「貧乏人」は3人称と言わざるをえないだろう。だがその代わり、この表現は「貧乏人は麦を食えばいい／食うべきだ」のような当為的な叙述文に、限りなく近づく。「病気がはやくよくなっ

てくれ」は、実質的には「病気がはやくよくなりますように」のような「祈りの希求文」に等しい。

　以上のような両極の間には、「おいやな方は、どうぞお帰りください」のように、多数の聞き手の中から「—は」と仮定的に取り立てたり、「言い出した人が、最初にやりなさい」のように、聞き手の中から「—が」と選択的に指定したりするような例がある。聞き手の中から特定の相手を取り出す点では、2人称の命令・依頼文としての性格を持ち、多数の聞き手にとっては一般化されているという点では、3人称の当為的な叙述文としての性格をもつ。つまり両面性をもつ場合がある。命令文、叙述文と言っても、絶対的な境界で区切られているわけではなく、相互移行の現象が存在するのである。[注4]

　「しよう」の形は、1人称では決意、1・2人称（inclusiveな1人称複数[注5]）では勧誘を表わす。「明日は小雨が降りましょう」のような3人称では推量になるが、現代語としては文体的に別扱いすべきだろう。学校の先生がよく言う「ふざけていないで、ちゃんと掃除しましょう」は、先生自身は主体に含めない「2人称」表現だろうから、「遠まわしな命令」となる（生徒がこの表現に、教師の「偽善的な」態度をよみとるのも、一理はある）。「たばこの吸い殻は吸い殻入れに捨てましょう」という掲示は、1・2人称の勧誘のそぶりを見せてはいるが、じつは、2人称の遠まわしな命令文だろうか、それとも、不定人称の当為的な叙述文であろうか。いずれにせよ、人称構造と陳述的な伝達・叙法的な機能とが、深い相関関係にあることは間違いない。

　命令・依頼文や勧誘・決意文にはこうした人称制限があって主体が自明なため、通常は表現されない。表現される場合は「ポチ、来い」「田中さん、一緒に行きましょう」のように、呼びかけの独立語として表現されるのが典型的な文型であって、「—は／が」の形をした主語として表現されるのは、表現的に、特立、対比、指定といった「とりたて性」のある場合に限られる。主語を持つがゆえに「叙述文」的性格を持たされる場合も多い。

3.3　以上のように、文の陳述的なcommunicativeなタイプは、文の構造性、とくに主語の人称性と深く関わっているわけだが、その点、「痛いなあ」「う

れしいね」「うまいものが食いたい！」のような感覚、感情、希望を表わす（表出する）文も、よく知られているように、「のだ・らしい」のような判断文化する助動詞がつかない場合、叙述文では1人称に、疑問文では2人称に（「うれしい？」「行きたい？」）主体が制限される。これらも、典型的な叙述文とは区別すべきではないか、という問題が起こって来る。

　ところで、「先生の意地悪！」「風呂上がりのビールのうまさ（ヨ、ッタラ）！」のような文は、内容的には「先生は意地悪だ」「風呂上がりのビールはうまい」のような叙述文と極めて近く、それを「凝縮」的表現として「体言止め」にしたものである。これを「擬似喚体」または「擬似独立語文」と呼んでおこう。すると、それとは逆に、「さむい！」「とっても、うれしい」などの感覚・感情表出の文は、命令的な「さっさと立つ！」「さあ、どいた！どいた！」「おーい、ビールだ！（早く持って来い）」などとともに、「擬似述体」あるいは「擬似述語文」として扱えるかもしれない。なお、「したい・してほしい」などの希望・希求文の扱いは、あとで当為的な叙述文などと合わせて考えたい。

3.4　以上のような、人称性の制限と時間性の制限という、二つの制限性・未分化性によって、また、形態論的には屈折的な活用形として表わされ、しかも「切れ＝終止」形として働き、基本的には従属節化しない[注6]という特性によって、以上述べたような、構造的かつ伝達・叙法的な諸タイプを、まず取り出して置くことにする。叙述文（いわゆる平叙文）と質問文（疑問文）も含めて、〈構造・陳述的なタイプ〉をまとめて表示すれば、

　　・独立語文（「喚体」「一語文」）：テンス・人称、分化せず
　　　　　　　　　　　　〈ここ―いま―わたし〉
　　＊擬似喚体（体言どめ）

　　・意欲文（「はたらきかける文」）：テンス、人称、制限あり
　　　命令・依頼文（2人称）
　　　勧誘文（1・2人称）

決意文(1人称)

　・述語文(「述体」「二語文」)：テンス、人称、ともに基本的に制限なし
　　叙述文(「平叙文」)
　　質問文(「疑問文」)
　　＊　擬似述体(感覚・感情表出文など)
　　？　希求文(希望文　祈り文など)

のようになる。独立語文を、叫び、呼び掛け、あいさつ、かけ声などに下位区分することは省略する。質問文(疑問文)に関しては別稿を期することにして、次に、最も叙法性がはなやかに分化している叙述文の述語の内部を見て行くことにする。

4. 叙述文の述語の叙法性

4.1　これから、叙述文における叙法性の分化を見て行くが、今まで以上に多様な諸形式があって議論が錯綜しそうなので、はじめに、叙述文の述語の、叙法性を表わすと思われる諸形式を、暫定的な分類と注記をほどこして一覧することにする(網羅的ではない)。

A　基本的叙法性
　　※テンスを持った出来事を受ける。自らはテンスが、無いかまたは変容する。
　a) 捉えかた―認識のしかた　　　　　　　　　cf. epistemic modality
　　　　　　断定↔推量：するφ↔するだろう　　　だ↔だろう
　　　　　　　　／　と思う(思われる)　―のではないか
　　　　　　伝聞：そうだ　／　(んだ)って　　という(話だ)
　a' たしかさ―確信度：にちがいない　　かもしれない
　　　　　　　　かしら(だろうか)

C 文から《叙法性》へ

　　　a"　見なしかた―推定：らしい　　／　　と見える　　　cf. evidentials
　　　　　　　　　様態：ようだ　　みたいだ

　　b）説きかた―説明のしかた
　　　　　　記述↔説明：するφ↔するのだ　　　　だ↔なのだ
　　　　　　解説：わけだ　　／にほかならない
　　　　　　　　　　といっていい［aとbの中間］

B　客観的叙法性（もしくは「出来事様相」）
　　※用言語幹に接尾。連体形を受けるものも、テンスの対立は、無いか中和（する）。
　　　派生・複合用言として自らがテンスを持つ。ただし、現在か超時が多い。

　　c）ありかた―出来事の存在のしかた（Sein）　　　　cf. alethic modality
　　　　兆候：しそうだ
　　　　確率：しがちだ　　しかねない　　しやすい　　しにくい
　　　　　　　しないともかぎらない　　することもある
　　　　可能：することができる　　しうる　　―られる　　-eru
　　　？ 必然：するφ　　デなければならない　　トイウことになる

　　d）なしかた―行為の規範的なありかた（Sollen）　　cf. deontic modality
　　　　許可：してもいい　　してもかまわない（へいきだ）
　　　　不許可：してはならない　してはいけない（したらだめだ）＊二義的
　　　　適切：するといい　　したらいい　　すればいい
　　　　不適切：するといけない　したらいけない（してはまずい）＊二義的
　　　（勧告）する／した方がいい　　するがいい
　　　　義務＝否定の不許可：しなければならない　しなく―てはいけない
　　　（不可避）否定の不可能：せざるをえない　しない―わけにはいかない
　　　　当然：す（る）べきだ　／　するものだ　　することだ［Aのbか］

e）のぞみかた―情意のありかた　　　　　　　　cf. optative, volitive
　　　希望：したい　　したがる
　　　希求：してほしい　　してもらいたい（いただきたい）
　　　意図：するつもりだ　　する気だ
　　　企画：してみる　　してみせる　　してやる　　（しておく）
cf. e'感情　評価：―に限る　―にすぎない　するまでもない　するにおよばない
　（emotive）程度：〜されて（〜しくて）ならない　〜しくてたまらない

4.2　大きく、A基本的叙法性と、B客観的叙法性^(注7)とに分けたが、その理由を列挙すれば、以下のようになる。

1）Aの諸形式は、「するだろう―しただろう」「するらしい―したらしい」「するのだ―したのだ」のように、前接部にテンスの対立があるが、Bには、「するといい／＊したといい」「することができる／＊したことができる」「しそうだ／＊したりそうだ」のように、前接部にテンスの対立がない。「する／した方がいい」は両形あるが、テンスとしての対立は「中和」している。

2）叙法性は、話し手の〈発話時〉の態度・関わり方であるから、それ自体にはテンスがない。その点、「だろう」は問題ない。伝聞の「そうだ」は「そうだった」の形があり得るが、実際にはほとんど用いられない。「らしかった」「―のだった」などの形は、あるにはあるが、客観的な時間の叙述というよりは、回顧・詠嘆性、確認・強意性など主観的な「モーダル」な用法が目立つ。Bの諸形式は、A以上に過去形が、少なからず用いられるが、それとその多くは、反事実性の用法であったり、過去か現在か超時かによって自らの意味を変化させたりする。ABともに、叙法的である所以である。（なお、後述）

3）みとめかたに関しても、Bの中には「＊しなかりたい」「??しないべきだ」「?しないことができる」など、前接部にみとめかたの対立がないものがある。d）の当為的な「なしかた」の諸形式は、自らの意味と形式自体に肯定否定の対立がくいこんでいる。

4）相互承接の面で、他のカテゴリーも含めて図式化して見ると、

```
ヴォイス―アスペクト―客観的M／認め方―テンス―基本的M―もちかけ
```

例）読ま―せ―られ―て　い　―たく（は）―なかっ　―た　―のだ　―ね
　　怒ら―れ　　―て　い　―なく―ても　よかっ―た　―のだろう―よ
　　行か―せる　　―ことができ―なければならなかっ―た―かもしれない―のだ―そうだ―よ

のようになる。細かいことはおくとすれば、渡辺実が喝破したように、より客観的論理的なものが前に、より主観的情意的なものが後に来るという傾向があるが、BがAの前に来ている。また、同類のものは相互承接しないのが基本で、「?する―かもしれない―にちがいない」などとは、まず言わない。「する―かもしれない―だろう」は言うが、その際「だろう」は推量から「念押し」に意味変化している。「する―かもしれない―らしい」では「らしい」は推定ではなく「伝聞」である。ことばは、たしかにうまくできている。ただし、この形式的な相互承接が、文の意味機能的な階層性を忠実に反映しているとは、限らない(cf.すべきではない／??しないべきだ　とめてくれるな／とめないでくれ)。絶対化は禁物である。

5)複文の従属節との関係で言えば、Aの多くは、南不二男の言うC段階の「が・けれど・から・し」などの接続助詞による、独立性の高い従属節に現われるが、連体節や条件節や「ので・のに」など、南のB段階の従属節には現われない(にくい)のが基本である。Bの諸形式は、おおむね、南のB段階の従属節に現われる。ただし、Aのうちa')確信度とa")推定・様態は、この点、例外をなし、B客観的叙法性の方に近い。

以上を要するに、AB それぞれの内部に、それ相当の異なりを含むのであるが、大局的に言って、A基本的叙法性は、前接部にテンスやみとめかたの対立をもつ〈出来事〉を受け、自らはまともなテンスを持たずに、話し手の出来事に対する態度――意味的には、ことの認識のしかたと、説明のしかた――を表わす、叙法性らしい叙法性である。これに対して、B客観的叙法性は、前接部にテンスやみとめかたの対立を持たず、自らがテンスの対立を持つ点で、自らを含めた全体で〈出来事の様相〉を表わすと言える。ただ、その「様相」は、文の終止の位置に立ち、主語の人称性とからんだ場合には、

話し手の関わり方・態度——意味的には、蓋然性判断、当為的な態度、意欲的な情意など——になるという意味で、「条件づきの叙法性」と言える。

4.3 ここで、以下では触れられない細かい注記をしておく。Bのうちのc「ありかた」とd「なしかた」は、それぞれ様相論理学で言う alethic modality と deontic modality に対応するものであるが、日本語では、後者はよく発達しているが、前者つまりカント以来の「現然・可能・必然」の三様相は、ぴったりした形式が少ない。「しなければならない」「しなくてはいけない」などは、alethic な必然というよりは、deontic な必要ないし義務である。「することができる・読める」などの「可能」は、能力可能と状況可能とを含めて、事態の可能性というより、人間（有生）の行為の可能性である。事態の可能性は、むしろ「―かもしれない」のように認識の仕方として表現を受ける。また、事態の「ありかた」は単なる可能性としてよりも、むしろ「しそうだ・しがちだ」のように蓋然性ないし確率性として、表現される。科学的な論説文などに、必然性や可能性の表現を見出すことはありうるが、まだ翻訳くささが抜けない。必然性は、日常言語において、基本的には、無標的 unmarked な形の直説法（断定）で表わされるということは、日本語に限ったことではないだろう。また、必然性と偶然性は、「必ず・必然的に」とか「偶然・たまたま」とかの副詞が、確率性（きまって、よく、とかく）や 頻度性（たまに、ときどき）からの発展として、その系列の延長線上で表現している。

　d）の deontic な「なしかた」の形式の多くが、「ば・と・たら・ても・ては」のような条件的な形と「いい・いけない・ならない」のような評価的な形容詞とからできていることは、興味深い。記述・説明と当為・命令とをつなぐものは、「評価」だから。また、deontic logic でいう「義務」は「行為しないことの不許可」であり、modal logic での「必然」は「否定することの不可能」であるが、日本語の「しなくてはいけない」「しなければならない」「せざるをえない」などの義務・必要・不可避（必然）の形式が、まさにその通りの二重否定によって表わされていることも、注意しておいてよい。なお、不許可と不適切は、「したら／ては　いけない」では、多義的という

か、連続的である。(意志・行為的な「けんかをしたら／てはいけないよ」と、無意志・成り行き的な「けんかになったら／てはいけないね」とを比較。終助詞の違いにも注意。)

　e)の情意の前接部が動詞にほぼ限られるのは、意味的に当然と言うべきか。c)も動詞が圧倒的に多いが、「大きそうだ」「学生でありうる」のようなものもあり、d)は「大きくてもいい」「学生でなければならない」などと言えるものも多い。e'の評価や程度は、あるいは名詞、あるいは動詞、あるいは形容詞と、かたよりがある。なお、A基本的叙法性は、テンス・みとめかたをもつ出来事・命題につくのだから、当然、品詞的制限はない。

5.　語論・形態論的アプローチと、文論・構文論的アプローチ

　先に4.2の2)で述べたように、発話時の態度を表わす叙法形式は、原理的に現在であって、テンスを持たない。命令の「しろ」勧誘・決意の「しよう」推量の「だろう」は、この点では問題なく、叙法形式である。それに対して「らしい」や「ようだ」は、「らしかった」「ようだった」という過去形も持つ点で、純粋な叙法形式とはいいがたい。同様なことは、連体節や条件節に入りうるかどうかという点でも、言える。「らしい」や「ようだ」は、B客観的叙法性に近い性格をもつと言うべきだ、ということであった。

5.1　しかし、ひるがえって考えてみると、「しろ・しよう」は「する」の、「だろう」は「だ」の一つの活用形であった。ところが「らしい」「ようだ」が、テンスや連体や条件の用法をもつという時、それは、活用形ならぬ代表形式lexemeとして、扱われていたのである。いわば、レベルの異なるもの、比較してはならぬものを比較していたのだ、とも言える。比較するなら「らしい」や「ようだ」の一つの活用形と比較しなければならない。「ようだ」は、終止形(直説法)の「ようだ。」を「だろう。」とを比較すべきなのだ。「らしい」の場合は、終止・連体が同形なので、やっかいな問題がからむが、比較としてはやはり、終止・連体形の終止用法「らしい。」が選ばれるべきだろう。とすれば、「ようだ。」や「らしい。」は、テンス的に現在であ

り、従属節に入らないと、トートロジカルに言える。終止の位置の「ようだ。らしい。」は、発話時の「何か」である。こう考えるのが、文論の立場である。〈注8〉

　問題は、その「何か」が話し手の認識の仕方(ex. 推定)なのか、ことがらの存在の仕方(様子・様態性)なのか、ということになる。この主体的・志向作用的側面と、客体的志向対象的側面とは、言語の意味としては本質的に、どちらかにかたよりながらも常に共存すると、わたしは考えているが、としても、それは程度的な段階差をもって、切れ続いているわけで、「らしい」や「ようだ」が、そのどのあたりに位置するのかを測らなくてはならない。その際、それらが終止形(直説法)という、無標的 unmarked な、出発点的な形であるということが、有標的 marked な形の「だろう」と、やはり差を持つだろうとは考えられる。じっさい、「だろう」は「だ」とちがって、名詞だけでなく、動詞・形容詞に直接しうる点、「だ」の活用系列からはみ出している、というより、この点をもって「だろう」は「だ」とは別の助動詞とするのが、通説なのであった。「だろう」は、叙法形式として先鋭化して「措定(断定)」から独立し、断定と対立するに至った、と言える。

5.2　終止か、連体か条件的接続形かなどの「切れ続き」、文中での位置 position によって持たされる、他の部分との機能的な関係・むすびつきの中で、各活用形は、独自の意味機能を持たされることがある。「ようだ」が、様態ないし推定という叙法的な意味を持つのは、じつは、基本的には終止形においてであり、連体形「ような」や連用形「ように」は、例示や比況(比喩)の意味が基本である。テンスとムードは、発話時に関わるカテゴリーゆえに、終止の位置において、基本的に発達するものである。「ようだ」のような終止述語用法と、「ような」「ように」のような修飾語用法とで、意味のありかたに違いがおきるのは、当然なのである。「らしい」も連体用法において、たとえば「武家屋敷らしい門構えが見えてきた」「鈴木さんらしい声が聞こえた」のように、推定(どうやら——らしい)なのか、接尾辞とされる「らしさ」(いかにも——らしい)なのか判定に迷うような、中間的ないし二面的な例が、終止用法に比べてはるかに多くなるだろう。

こうして、文論としての叙法性の研究においては、まず終止の位置において対象を分析すべきであり、次いで、連体や条件等の位置にも用いられる場合は、それを複文における用法として分析するわけだが、その際、意味や機能に変容が生じていないかどうか、入念に調べてみる必要がある。同じ語 lexeme の活用メンバーだからといって、意味が同じだとは限らないのである。先に叙法性の諸形式を、AとBとに分けたのは、文論としての扱いというより、いわば、複合述語、あるいは助動詞・補助動詞の「形態論」としての扱いであった。それは、叙法性の表現形式のデュナミス(潜勢・可能態)としての面を知るために、ぜひとも必要なものであったが、文の中の一定の位置に実現することによって、つまり「語順・位置」という構文論的形づけによって、身につけ、やきつけられていく意味や機能も、文論としては、見過ごすわけにはいかないのである。

　この節で、語論か文論かという形で問題にして来たことは、要するに、文構造の「階層性・包摂性」と、文カテゴリー(叙法性など)の「体系性・対立性」とを、どう折合いをつけて分析していくか、という問題であった。「が」と「は」の対立のない連体節における「彼が学生であるのは確かだ」の「彼が」と、対立のある主文における「彼が学生である。」の「彼が」とでは、明らかに価値が異なる。後者は、選択指定性ないし新情報性をもつのに対し、前者はその点、中立である。連体の「した」と終止の「した」が、テンス的に異なることは、一部の抽象好みの学者を除いて、もう常識と言っていいだろう。

6.　叙法性と他のカテゴリーとの関係

　最後に、叙法形式と、みとめかたやテンスや人称性との関係を見て、一応のしめくくりをつけることにしたい。例に「してほしい」を取り上げよう。〈注9〉

　この形の否定形としては、否定が前に来る「しないでほしい」と、後に来る「してほしくない」とがある。後者「してほしくない」は、形は「ほしい」という希求の否定であるが、意味的には、希求という気持ちの欠如——

これは「してほしいの／わけではない」や「してほしくはない」が表わす——ではなく、「しない」ことの希求である。「すべきで（は）ない」も、意味的には当為の欠如ではなく、「しない」ように「すべきだ」という意味だ。〈注10〉【＋補注】これと似たことは、「よくない・このましくない」「おもしろくない・うれしくない」など、評価や好悪の感情を表わす形容詞にも見られることで、希求や当為の「感情性・評価性」のあらわれだろう。

こうして、「してほしくない」と「しないでほしい」とは、外形ほどの違いはない、類義的な形だということになる。しかし、まったくの同義であるわけではない。前者「してほしくない」と後者「しないでほしい」との間には、人称表現の表わされかたに、差が出て来る。前者が「わたし、あなたになんか、看病してほしくないわ」とか「君に同情など、してほしくないな」のように、1人称や2人称の表現と共起して用いられることが少なくないのに対して、後者の方は、「もう見送らないでほしいな」「そんなに、気にしないでほしい」「あんなことは、もうけっして、しないでほしいの」のように、表現されない場合が非常に多い。さらに、前者は「あの人には来てほしくないわ」のように3人称のニ格補語をとる例があるが、後者「？あの人には来ないでほしい」は、ない（少ない）のではないか。また、後者は2人称をニ格「？君に（は）来ないでほしい」で言うより、「君は来ないでほしい」のように、格としては「ゼロ＝名づけ格」の主題として言う方が普通である。前者はこの点「君は／には来てほしくない」のどちらも普通に言えるだろう。以上の差は、「してほしくない」が、希求の叙述文としての性格をより濃くとどめているのに対して、「しないでほしい」は、依頼・命令文としての性格を獲得しつつある、ということの現れだと考えられる。

次に、テンスをからませて、過去形「してほしくなかった」と「しないでほしかった」とを比べて見ると、もはや、手元の資料は貧弱すぎて、私の語感に頼らざるをえない面が多いが、前者「してほしくなかった」は、小説の地の文に多く、登場人物の過去の気持ちを単に描写している場合が多そうだし、後者はそれもあるが、「最後まで、あきらめないでほしかったのに」のような、「反実的な」もはや叶えられない望みを表わす場合が多いのではないだろうか。だがそれにしても、「過去形」になると、両者の差は現在形よ

り小さくなるとは、言えそうである。〈終止の現在〉において、叙法的性格はのびのびと発揮されるということであろう。

　だとすれば、もっとも基本的で直截な〈終止の肯定の現在〉の形「してほしい。」に立ち戻らなければなるまい。方向はもう見えている。この形は、「あの人は君に来てほしいのだよ」のように「のだ」などで判断文化されないかぎり、希求主体は1人称（質問文では2人称）に限られ、ふつう表現されない。この点、「したい」と同じである。ニ格補語は、「あの人に来てほしいな」のように3人称もありうるが、2人称の場合は「あなたに今すぐ来てほしいの」のような形のほかに、「鈴木君、すぐ来てほしい」のように、呼び掛けの独立語として現われることもある。これは、命令文・勧誘文の基本文型であった。「してほしい」や「してもらいたい」などを「希求文」として、叙述文から取り出すべきではないかという議論の根拠は、こんな所にもあるのである。

　ただし、終止の肯定の現在の形が、人称構造にからんで、話相手（や自ら）へのはたらきかけを表わす「意欲文」的になるのは、このほか、先の一覧表の、Ｂｄの当為的な形や、Ａｂの説明的な形にも起こることである。これらは、3人称・不定人称の構造で用いられることも多く、先の一覧表に示したような、一般的・客観的な意味を表わすのだが、主体が2人称の構造の場合（ふつうは表現されないが）、「もう帰ったらいい」（すすめ・勧告）「黙って出かけてはいけないよ」（さしとめ・禁止）「もちろん君が行くべきだ」（さしず・指令）「はやく帰って来るんだよ」（さとし・説諭）などのように、「もちかけ」の終助詞「よ」などの助けも借りて、相手に働きかける意味で用いられる。こうした用法が、それぞれの形式においてどれだけ定着しているか、詳しく調べて見なくてはならない。だが、それには、各論としての別の章が、用意されなくてはならない。

　この節で問題にしたことは、つきつめて言えば、対話か独話か、地の文か会話文か、といった「場面と文脈」の問題を、どのように一般化して陳述論に組み込んで行くか、という問題であった。実用論やテクスト言語学と切りむすぶ地点に、ふたたび、たどりついたところで、この序章を終えることにする。

[付記] 本稿は、日本語学科の第 1 期生が三年生になった 1987 年度の、学部特殊研究「日本語構文論」の「序章」と「第二章　文の陳述性」との一部を、主として方法論に関わる部分を中心に、書きあらためたものである。やや啓蒙的な言い回しが残ってしまったことを、お許し願いたい。この、難儀で退屈な講義に、辛抱づよく耐えて、最後までついて来てくれた学生諸君に感謝する。講義中、講義後の質問と、講義中の手応えや無反応とによって、考え直させられ、書きあらためた部分も多い。

　本稿は、奥田靖雄氏の一連の研究から、根底的な影響を受けて書かれている。それは、引用するような類いの、部分的な影響ではないと思われたのだが、どの深さまで理解しえているかは、また別問題である。読みくらべて、批判していただければ幸いである。

【注】
〈注 1〉Ch.Fillmore のいう "Modality" や、三上章や寺村秀夫らの「ムード」は、文の二大分割として、"Proposition" や「コト」と対をなし、テンス・アスペクト、あるいはヴォイスをも含むものであり、本稿のものとは、立論の基礎を異にする。

〈注 2〉「実用論」という訳語について、つまらぬ誤解を避けるため、一言する。それは、この「実用」という語には卑俗な connotation を含めてはいない、ということである。この訳語の出典はドイツ語学にある。英米語学系の用いる「語用論」という訳語は、「誤用論」と同音衝突を起こす「チンプン漢語」になり、日本語学者としてはぜひとも避けるべきだと考えた。なお、「実用」という語の、日本的な卑俗さを避けたいという理由は、「実用主義」哲学を生んだアメリカの、その言語を主たる研究対象とする英語学者が言うと、ちょっとこっけいである。
自分の文章には「実用論」を用いられる池上嘉彦氏が、リーチの訳本では「語用論」に妥協されたことを、影響の大きい本だけに残念に思っている。これも「英語帝国主義」の余波の一つであろうか。悪貨が良貨を駆逐して行く。

〈注 3〉典型的中立的な質問においては、肯定否定の対立は不要である。「行くか」も「行かないか」も論理的には等価だ。【補：いわば、疑問文という環境において肯定否

定の「対立」が「中和」する。そして、音声現象の場合とは異なり、「意味」をもつ文法現象においては】こうした場合は通常、unmarked な形がその役を担い、marked な形は、別の機能、たとえば、イエスを予想する「同意求め」になったり、ここでのように、行動を期待する「依頼」になったりするのではないか（推測）、と考えられる。

〈注4〉 これらの表現を発生的に、あるいは規範 norm として、「コンタミネーション」と扱うべきかどうかは、いまは問わない。混線・汚染【contamination＝こんぐらかり（亀井孝訳）】だとしても、それが起こりうる、または起こりやすいことの、体系的な要因を、ここでは解明したいのである。

〈注5〉 1人称複数のたとえば「僕たち」は、「君たちが行かないのなら、僕たちが行こう」のような聞き手を除外した exclusive な用法では、決意を表わし、「僕たちもそろそろ行こう」のような聞き手を含めた inclusive な用法では、勧誘を表わす。日本語学では、前者を1人称単数と合わせて「1人称」、後者を「1・2人称」と呼び慣わしている。
なお、「あっしら」「手前ども」を除外形 exclusive だと言う言語学者がいたが、どうだろうか。たしかに、謙譲語のために、聞き手を含めぬ除外の用法に立つことが多いだろうが、「おめえさんらが行かねえんなら、あっしらが行きやしょう」「そちら様がいらっしゃらないのでしたら、手前どもが参りましょう」では決意、「あっしらもそろそろ行きやしょうぜ」「手前どももそろそろ参りましょう」では勧誘を表わし、除外形の用法に限られるわけではないだろう。日本語には「が・は・も」のような、とりたての形が頻用され、それらが表わす指定性・排他性・共存性などが、除外と抱合との用法に相当する役割を果たしているからではないかと思われる。除外・抱合の両形をもつ言語では、「とりたて」的な表現とどのような関係をもつのだろうか、知りたいと思っている。

〈注6〉 「行くにしろ行かないにしろ」「行こうが行くまいが」など慣用句的なもの等以外。

〈注7〉 この「客観的」叙法性という用語は、M.Greple や V.Z.Panfilov らのそれとは、内容が異なる。好ましくないが、前稿の「擬似的」という用語の消極性を嫌っての変更である。

〈注8〉 要素的・外形的には、「よう—だ」は［様態の断定］、「らしいϕ」は［推定の断定］と言いたくなるかもしれないが、そう単純には言えないことは、「疲れている

ようだろう」の「だろう」が推量ではなく念押しになること、「？しているらしいだろう」はやや落ち着かないが、言うとしたら念押しであること、からわかる。「様態・推定」は、念押しならぬ「推量 ⇔ 断定」の対立とは共存しないのだ。

〈注9〉「してほしい」という形の、女性語的、関西方言的色彩が気になる方は、「してもらいたい」に置き換えて読んでほしい（もらいたい）。論旨に変わりはないはずである。

〈注10〉第4節では、「しないべきだ」に ?? 印を付けたが、この形が生じる「合理」的な理由はあるし、じっさいに、若い人からこの形を聞いたこともある。(cf. してくれるな⇒しないでくれ、の歴史的変化）
【補注：若い人以外では、「書くべきか、書かざるべきか」（筒井康隆）のような「-ざるべき-」の形が定着しかけているようである。ただ、今のところ、対句形式にほぼ限られているようであるが。】

〈**参考文献**〉――本稿を書くにあたって直接、参照または引用したもののみ――
奥田靖雄 1985a『ことばの研究・序説』(むぎ書房)
奥田靖雄 1985b「文のこと 文のさまざま(1)」(『教育国語』80)
奥田靖雄 1986a「まちのぞみ文(上) 文のさまざま(2)」(『教育国語』85)
奥田靖雄 1986b「現実・可能・必然(上)」(『ことばの科学』むぎ書房)
奥田靖雄 1984–5「おしはかり(1・2)」(『日本語学』3–12, 4–2)
奥田靖雄 1986「条件づけを表現するつきそい・あわせ文―― その体系性をめぐって――」(『教育国語』87)
奥田靖雄 1988「文の意味的なタイプ――その対象的な内容とモーダルな意味とのからみあい――」(『教育国語』92)
鈴木重幸 1972『文法と文法指導』(むぎ書房)［とくに「6 文法について」の章］
山田孝雄 1908『日本文法論』(宝文館)
山田孝雄 1936『日本文法学概論』(宝文館)
川端善明 1978「形容詞文・動詞文概念と文法範疇――述語の構造について――」
　　　　　　　(『論集 日本文学・日本語 5 現代』角川書店)
三尾　砂 1948『国語法文章論』(三省堂)
三尾　砂 1939「文における陳述作用とは何ぞや」(『国語と国文学』16–1)
渡辺　実 1971『国語構文論』(塙書房)
渡辺　実 1953「叙述と陳述――述語文節の構造――」(『国語学』13/14)

芳賀　綏 1954「"陳述"とは何もの？」(京都大『国語国文』23–4)
南不二男 1964「述語文の構造」(国学院大『国語研究』18)
南不二男 1967「文の意味について」(国学院大『国語研究』24)
南不二男 1974『現代日本語の構造』(大修館)
工藤　浩 1982「叙法副詞の意味と機能」(国語研『研究報告集(3)』秀英出版)
Vinogradov,V.V. (1950) "O kategorii modal'nosti i modal'nykh slovakh v russkom jazyke"
　　(ロシア語のモダリティのカテゴリーとモーダル・ワードについて)
Vinogradov,V.V. (1955) "Osnovnye voprosy sintaksisa predlozhenija"
　　(文のシンタクスにおける基本的な諸問題)
　　［どちらも、1975 年の『ロシア語文法　著作集』ナウカ、モスクワに所収］
Panfilov,V.Z. (1971) *Vzaimootnoshenie jazyka i myshleniya.* Nauka. Moskva.
　　　　　　　　(言語と思惟との相互関係)
Panfilov,V.Z. (1977) "Kategorija modal'nosti i ejo rol' v konstituirovanii struktury predlozhenija i suzhenija" (モダリティのカテゴリーと、文構造と判断構造との構築における、その役割)(『言語学の諸問題』'77–4)
Grepl,M. (1973) "K podstate modalnosti" (モダリティの本質について)
　　［『チェコスロバキアの言語学』(1978)所収のヴァシリエワのロシア語訳にる］
Petrov,N.E. (1982) *O soderzhanii i objome jazykovoi modal'nosti.* Nauka.Novosibirsk.
　　　　　　　　(言語的モダリティの内包と外延)
Petrov,N.E. (1984) *Modal'nye slova v jakutskom jazyke.* Nauka. Novosibirsk.
　　　　　　　　(ヤクート語のモーダル・ワード)
Petrov,N.E. (1988) *Modal'nye sochetanija v jakutskom jazyke.*Nauka. Moskva.
　　　　　　　　(ヤクート語のモーダルな語結合)
Desherieva,T.I. (1988) *Kategorija modal'nosti v nakhskikh i inostrukturnykh jazykakh.*
　　(ナフ諸語および他構造の諸言語におけるモダリティのカテゴリー)Nauka.
Khrakovskij,V.S.,Volodin,A.P. (1986) *Semantika i tipologija imperativa. Russkii imperativ.*
　　(命令法の意味論と類型論。ロシア語の命令法) Nauka. Leningrad.
Jespersen,O. (1924) *The Philosophy of Grammar.* George Allen & Unwin. London.
　　＝半田一郎訳 1958)『文法の原理』(岩波書店)
Palmer,F.R. (1979) *Modality and the English Modals.* Longman.
　　＝飯島周訳(1984)『英語の法助動詞』(桐原書店)
Palmer,F.R. (1986) *Mood and Modality.* Cambridge UP.
Lyons,J. (1977) *Semantics.* vol.2. Cambridge UP.
Bühler, Karl (1934, 1965²) *Sprachtheorie.* Gustav Fischer Verlag, Stuttgart.

　　　　= 脇阪豊他訳(1983–5)『言語理論(上・下)』(クロノス)
Gardiner, Alan H. (1932, 1951 2–ed.) *The Theory of Speech and Language*. Oxford UP.
　　　　≒ 毛利可信訳述 1958『SPEECH と LANGUAGE』(研究社　英語学ライブラリー)
Benveniste, Emile (1966) *Problemes de linguistique generale*. Gallimard. Paris.
　　　　= 岸本通夫監訳 1983『一般言語学の諸問題』(みすず書房)
Mathesius, Vilem (1961, 1975) *A Functional Analysis of Present Day English*
　　　　　　　　　　on a General Linguistic Basis. [J.Vachek ed.] Mouton, The Hague.
　　　　= 飯島周訳(1981)『機能言語学』(桐原書店)
Leech, Jeoffrey N. (1983) *Principles of Pragmatics*. Longman.
　　　　= 池上・河上訳(1987)『語用論』(紀伊國屋書店)

　　N.E.Petrov と T.I.Desherieva の本は、言語によって実にさまざまなモダリティ組織があることを教えてくれ、ロシア語その他の印欧語にそれほど遠慮せずに、日本語の叙法性組織についての一案を提示する勇気を与えてくれた。
　　F.R.Palmer (1986) は、類型論の立場で書かれた重宝な教科書で、多くの興味深いことを教えられたのであるが、日本語に関する部分は、日本語の組織全体を問題にしているのではないとは分かっていても、典拠選びの悪さもあって、やや粗略で粗雑である。それは、他の言語の部分の信用性をも疑わせかねない。
　　一般言語学者、言語類型論者は、典拠とする研究の質の善し悪しを見抜く力をもっていなければならない。それには、広い視野が要求されることはもちろんだが、個別言語と自ら格闘し、どこまで深く掘り下げて研究しているか、ということも関わって来るだろう。類型論の質の高さは、その研究者の個別言語学者としての質の高さに規定されると思う。類型論の流行が、砂上の楼閣を築くに終わらないように、用心したいものである。

文の機能と 叙法性

1. 文とその機能

たとえば、次のような文章断片を、思い浮かべていただきたい。

　　朝から浮かぬ顔をしている。きのう酒を飲み過ぎた<u>のだ</u>。
　　道行く人が傘をさしている。雨が降ってきた<u>ようだ</u>。

　話したり書いたり 聞いたり読んだりする 言語活動の場に、現実態として現われてくる〈文(sentence)〉もしくは〈発話(utterance)〉と呼ばれるものは、話し手と聞き手との伝え合い(communication)の機能を はたす 最小の単位であるが、同時に、通常は〈単語〉と呼ばれる 既成の 記憶のなかに たくわえられた要素を組みあわせて作られる構造物でもある。
　それを文法論の立場から とらえなおして言えば、言語活動の所産として見られた〈文〉は、言語作品(いわゆる談話と文章とを あわせて こう呼ぶ)という構造体の中で はたらく要素であるとともに、単語から組み立てられる構造体でもある。つまり、研究領域としては、いわゆる文章論と構文論との二つの領域、分析レベルに またがるものであり、両者を つなぐ(媒介する)単位、エレメントである。これから述べようとする、文の はたらき(機能)の複雑さは、この二重性によって もたらされるものと考えられる。
　文の内部に分け入って分析的に言えば、文の主要部として機能する〈述語〉は、文の中に要素として含まれている諸単語を統合する(内的な)機能を もつとともに、自らの属している文を、場面・段落の中の一要素として 他の文と結びつけ 関係づける(外的な)機能をも はたす。
　先の例で言えば、「飲み過ぎたのだ」という述語は、「きのう・酒を」という文の成分を統合するとともに、前文の「朝から浮かぬ顔をしている」とい

う現象の〈記述〉に対して、その結果に対する原因について〈説明〉するものとして、自らの属する文を関係づけている。また、「降ってきたようだ」という〈推定〉述語は、「雨が」と対立的に結合するとともに、前文「道行く人が傘をさしている」という、それ自体としては現象の〈記述〉にすぎぬ ことがらを、自らの推定の〈根拠〉たらしめる、つまり、〈根拠と推定〉という関係のなかに 自他ともに 位置づけるのである。

　以上の例は「連文」――文の連接を以下こう呼ぶ――の場合だが、同じことは、複文における 従属節と主節との関係においても、現われる。また、連文・複文ともに、順序を逆転させることもできる。それぞれ、一括して例示しよう。
［例文における( )は 省略可能、／は 置換可能(な類義例)をさす。］

〈記述 と 説明(的推量)〉
　　朝から浮かぬ顔をしている。酒を飲み過ぎた<u>のだ(ろう)</u>。
　　朝から浮かぬ顔をしているが、酒を飲み過ぎた<u>のだ(ろう)</u>。
　　酒を飲み過ぎた<u>のだ(ろう)</u>。朝から浮かぬ顔をしている。
　　酒を飲み過ぎた<u>のか／のだろう</u>、朝から浮かぬ顔をしている。

〈根拠 と 推定〉
　　道行く人が傘をさしている。雨が降ってきた<u>らしい／ようだ</u>。
　　道行く人が傘をさしているところを見ると、雨が降ってきた<u>らしい／ようだ</u>。
　　雨が降ってきた<u>らしい／ようだ</u>。道行く人が傘をさしている。
　　雨が降ってきた<u>らしく／ようで</u>、道行く人が傘をさしている。

複文の場合、従属節の形が「朝から浮かぬ顔をしているが」「道行く人が傘をさしているところを見ると」のように接続関係が言い分けられたり、逆順の場合は、「酒を飲み過ぎた<u>のか／のだろう</u>」のような挿入句の形をとったり、「雨が降ってきた<u>らしく／ようで</u>」のように中止法の形をとったりして、〈文法的な形づけ〉を異にする点で、そうした制約のない連文とは異

なっている。連文関係によっては、いわゆる接続詞の使用に差が出ることもあるが、それは義務的＝文法的なものではない。通常 文法論の対象が複文までとされ、連文が文法論の対象とされないのは、このためである。つまり、顕在的な〈形づけ〉を受けないために、文法論の対象とは 通常 みなされないのだが、潜在的にもせよ、環境に対する対他的な〈関係づけ〉が存在していないわけではない、と わたしは考える。

　次に、次のような肯定・否定表現（「みとめかた」の範疇という）も、現代日本語では、一文の範囲を越え、連文の間で照応をもつ。同じことは、複文関係でも言える。やはり一括して示す。

　　　ここには三人しかいないから／。だから、麻雀が出来ない。
　×　ここには三人(だけ)いるから／。だから、麻雀が出来ない。
　　　ここにいるのは三人(だけ)だから／。だから、麻雀が出来ない。

　まず、はじめの二例に注目すると、論理的な数量としては、「三人しかいない」も「三人(だけ)いる」も同じだが、「麻雀が出来ない」という否定文と共起できるのは、前者の否定文の方だけである。しかも、おもしろいのは、同じ「三人(だけ)」でも、「三人(だけ)いる」という修飾語用法とは異なり、三例めのように「三人(だけ)だ」と述語用法として用いられると、「麻雀が出来ない」という否定文と共起できるようになる、ということである。したがって、この現象は、文法的(形式的)な否定性と呼応しているのではなく、麻雀をするのに必要な「〈期待値〉四人に達していない」という否定的な〈評価性〉が、この照応を ささえ うながしているのだと考えられる。

　同じ形をした 要素としての単語が、文(構造)の中で、修飾するのか 述定するのか という〈文の成分〉としての機能の違いに応じて、異なった意味を もたされるのである。「部品」としての潜勢(デュナミス)的な意味と、「部分」としての顕勢(エネルゲイア)的な意味との差だと言っていいかもしれない。

　ちなみに、単語が文の中で もたされる意味(もしくは「意味合い」)が、辞

書的な意味(もしくは「意義」)にくらべて、はるかに複雑で ふくみ・ふくらみを もつのも、このためだと考えてよいであろうが、今回は これ以上 立ち入れない。話を、文法的な方面に限らせていただく。

　ついで、小説の地の文など「物語り(narrative)」の文体(語り口)では、過去の出来事の記述において、単純相「した」と持続相「していた」というアスペクト形式が次のような連文的機能をもつことも、すでに よく知られている。(たとえば 寺村秀夫 1984)

　　その夜は金沢のホテルに<u>泊まった</u>。翌日、能登に向かった。
　　その夜は金沢のホテルに<u>泊まっていた</u>。夜中に地震があった。

客観的事実として同一の「その夜 金沢のホテルに泊まった」という事態は、「翌日」の出来事「能登に向かった」との〈連なり〉の中に置かれるときは、単純相「泊まった」の形で表現され、同じ時間帯の「夜中」の出来事「地震があった」との〈出会い〉として描かれるときは、持続相「泊まっていた」の形をとるのである。つまり、単純相「した」と持続相「していた」との使い分けは、事態の客観的な時間の長さによるものではなく、他の出来事との関係のなかで決定されるものなのである。(参照 奥田靖雄 1988)

　やはり同様の現象は、接続助詞「と」で つなげられる複文でも見られる。たとえば、

　　太郎は、家に<u>帰ると</u>、すぐ風呂に<u>入った</u>。
　　太郎が家に<u>帰ると</u>、奥さんがあわてて電話を<u>切った</u>。
　　太郎が家に<u>帰ると</u>、奥さんが風邪をひいて<u>寝ていた</u>。
　　太郎が新聞を<u>読んでいると</u>、こどもがゲームをしようと<u>言った</u>。

において、持続相を用いない 前の二例は、同一主体であれ別主体であれ、「家に帰る」出来事と「風呂に入る」や「電話を切る」出来事とは、同一場面での即時・瞬時の差とはいえ、〈連なり〉の関係にある。主節か従属節かに持続相を用いる 後の二例は、「家に帰る」と「寝ていた」とが、「新聞を

読んでいる」と「〜と言った」とが、同一場面での〈出会い〉の出来事として とらえられている。

　以上 見てきたように、出来事の述べかた（叙法性）と、出来事間の時間関係の とらえかた（時間性）とは、一般に、構文的機能と連文的機能との「二重の機能」を はたす、といってもいいのではないかと思われる。ラテン文法以来の伝統的なグラマチカが、そしてレトリカが、いわゆるテンス・ムードの記述と説明に多くのスペースを さいてきた、その所以も、ここにあるのであろう。

　ところで、近代言語学の一分野としての「文法論」や、その下位分野としての「構文論」は、一般的に言って、特定の場面や文脈の中で決まってくるような、個々の発話行動に特有な側面は、もちろん切り捨てる。たとえば、

　　ぼくは、君を きのう ここで待っていたんだよ。

という文（発話）を扱うとして、それが表わす、時間と空間と人間関係に定位された一回一回の場面的な指示（「ぼく・君・きのう・ここで」が何を指すか など）や、その場限りの感情的な態度や発話の意図（親しみか なじりか うらみ言か など）は、文法論者の観察や理解の対象では もちろん あるが、分析の対象としては採り上げない。不当な抽象にならぬように注意しながら、ときに いとおしみつつ、切り捨てる（捨象する）。

　たとえば、次のような連文構造の中に置かれた場合の情意的なニュアンス（ふくみ）は、文の音調（intonation）によって それなりの色づけを受け取るだろうが、文法（制度）として定着した特性、パターン化されたタイプとは、まだ言えないであろう。

　　・ どうして来てくれなかったの。なにかあったの。
　　　 ぼくは、君を きのう ここで待っていたんだよ。

　　・ なにをやってたんだい。ひどいやつだなあ。
　　　 ぼくは、君を きのう ここで待っていたんだよ。

260　C　文から《叙法性》へ

・ぼくは、君を　きのう　ここで待っていたんだよ。
　　雨は降ってくるし、おかげで、風邪ひいちゃったよ。

しかし、次のように図式化できる文の意味と機能の〈型(pattern)〉は、まちがいなく文法論の分析対象であり、そうした文の型の中に一般化して　やきつけられた〈陳述性(predicativity)〉の刻印は、具体的な場面から文法面で抽象されても、文から消え去りはしない。

一人称シテ	二人称ウケテ	過去　の　　　　行為
ぼく(ガ)	君を	きのうここで待っていた(コト)
は		んだ　よ
主　　題	述	部　　説明と告知

右の例で言えば、〈説明〉という陳述的な意味を表わす「のだ」は、主題(thema)「ぼくは」についての説明として、述部(rhema)「君をきのうここで待っていた」を結びつける機能(構文機能)を　はたすとともに、前後に置かれた文に対しても、その事態なり言明なりに対する〈説明〉として、自らを含む文を結びあわせる機能(連文機能)をも　はたすのである。
　この連文機能までは、文法論としての構文論が、連文論・文章論と分野を分かつにしても、その切り結ぶ接点もしくは分水嶺として、自ら取り扱わなければならない分析対象だと　わたしは考える。

2.　叙法性(modality)の組織

2.1　「叙法性」という範疇の　とらえかた　について

　ここで叙法性(modality)というのは、時間性や題述性などとともに、上述の〈陳述性〉の下位類をなすものであり、形式的に言えば、動詞の形態論的範疇としての〈叙法(mood)〉に対応して　たてられる構文論的範疇である。現代日本語の叙法は、次のような語尾変化(屈折)による三語形を中核にもち、

文の機能と叙法性　261

子音語幹(五段)	母音語幹(一段)		混合(変格)	
kak-u	oki-ru	uke-ru	k-u-ru	叙述法
kak-e	oki-ro	uke-ro	k-o-i	命令法
kak-oo	oki-yoo	uke-yoo	k-o-yoo	勧誘法

ついで、次のような助動詞の膠着による 述語の合成体や、

動　詞		スル／シテイル		(φ)だろう　らしい　みたいだ
形容詞	}		}	(ダ)そうだ
名　詞		シタ／シテイタ		(ナ)のだ　(ノ)ようだ

次のような「派生」「複合」の語形成手順による 文法的な派生体、

　　書か-ない
　　書き-そうだ　　-たい　　　-たがる　　　-ます
　　なり-やすい　　-にくい　／　-がちだ　　-がたい

などを、周辺に従える範疇である。[「φ」は 記号ゼロの意]
　さらに、形式的な独立性を保持する「補助動詞」「形式語」などとの組合せによる「分析的な形式」として、

　　と 思う(思われる)　　見える(見られる)　　言う(言われる)　　聞く
　　に ちがいない　　きまっている　　すぎない　　ほかならない
　　かも しれない　　わからない　／　か知らん［→ かしら］
　　して**も** いい　　して**は** いけない　　しなけれ**ば** ならない
　　はずだ　わけだ　ことだ　ものだ　つもりだ　／　様子だ　気だ etc.
　　ことが できる　　ことに する　　ことが ある
　　必要が ある　　おそれが ある　　可能性が ある　　節が ある
　　公算が 大きい　　見込みは 小さい　／　ことは 必至だ etc.

などがある。

　以上 全体をとおして、一般的に、前のものほど文法化・形態化されており、後のものほど語彙性が高く文法性が低い。最後の二行にその一部を掲げた、新聞や論説などに多用される「迂言的」な表現などになると、形態論レベルの「叙法形式」どころか、構文論レベルでも「叙法性形式」と見なせるか、議論の余地があるだろう。これは、〈文法化（grammaticalization）〉の度合いの問題であって、実際には連綿として連なっていて、一線で区切ることは出来ないだろうと思われる。以上のような諸形式の連続性は、「膠着」タイプといわれる日本語にとって、本質的に避けがたい連続性であって、境界画定にあまり神経質になるのは、少なくとも得策ではないと思われる。

　以上のような連続的な広がりにおいて存在する叙法性表現の定義としては、次の三つの学説が主要なものと考えられる。すなわち、

　　H. Sweet（1891）*A New English Grammar.* の序説の "mood" の定義
　　主語と述語との間の種々に区別される諸関係を表わす文法形態

があり、山田孝雄（1908）の「陳述」に受け継がれており、

　　O. Jespersen（1924）*The Philosophy of Grammar.* の "mood" の定義
　　文の内容に対する話し手の心の構え（attitudes of the mind）

があり、時枝誠記（1941）の「辞」にその精神は受け継がれており、

　　V. V. Vinogradov（1955）「構文論における基本的な諸問題」における
　　　　　　　　　　　　　"modal'nost'"（原文ロシア語）の定義として、
　　発話内容と現実との様々な諸関係を表わす文法的形式

があり、奥田靖雄（1985）などの「モダリティ」に受け継がれている。

　このうち、イェスペルセンの定義が、最も単純明快であり、また基礎的なものだとは思われるが、それを修正・精密化したかに見える、現代の通説的

文の機能と叙法性

定義、

　　　文の内容に対する　話し手の　発話時の　心的態度

を、日本語に機械的に適用しようとすると、

　　　彼は　行き‑たく‑ない‑よう‑でし‑た。

といった文において、過去形をとりうる「たい」「ようだ」／「ない」のようなものが、ひとしなみに(真正の)モダリティから除外されることになりかねないように見えるが、それでよいだろうか。この論法でいくと、英語のModals(法助動詞)は、"must"のみという奇説を生じるのでは、と心配になる。

　また「です・ます」は、どうなるだろうか。「でした」「ました」と過去形になるからといって、過去における聞き手に対する「ていねい」の態度ではあるまい。過去の出来事に対する　発話時の「ていねい」の態度であろう。「のです」も「のでした」の形はあるが、過去における「説明」ではあるまい。「会いたかったよぉ！」と久々に再会して発することばが、単純過去の願望であろうはずがない。

　たしかに、渡辺実(1953)の叙述―陳述連続説や南不二男(1964)の文四段階説などが明らかにしたように、接辞や助辞の形態的な相互承接順序は、文の意味機能的な階層性を、大局的な照応の傾向として反映してはいるが、一対一的な対応関係にあるわけではないのである。(工藤浩1989)

　肯定・否定の「みとめかた」との関係から言っても、「したくない」は、「したい」という希望の欠如ではなく「しない」ことの希望であるし、「すべきで(は)ない」も、「すべき」ことの否定ではなく「しない」ように「すべきだ」という当為である。こうした形態と意味との「矛盾」は、ときに若い世代に「行か<u>ないべき</u>よ」とか「教え<u>ないべき</u>じゃん」とか言わせたり、熟年世代でも、断筆宣言をした筒井康隆氏などをして「書くべきか書か<u>ざるべきか</u>」などと、(エセ)擬古的表現を採用させたりもしていて、形態的な相互

承接順序と、文の意味機能的な階層性との、大局的な照応の根強さを うかがわせる。「とめてくれるな おっかさん」という江戸語的表現から、「とめないでくれよ おかあちゃん」といった現代的表現への歴史的な変化も、この大局的な照応の ひとつの現象であろう。「してほしくない―しないでほしい」のように類義形式として併存し、意味・機能の棲み分けへ――前者は否定的〈希求〉にとどまり、後者は 否定的〈依頼〉へ向かうかに見えるような事例も、ある。（後述）

　このように、叙法性形式と テンスや みとめかたとの関係は、複雑にからみあっており、機械的な割り切りは禁物である。

2.2　本稿での定義と その説明

　以上のように考えて、あいまいでも、対象を広めにとって研究を出発させるために、〈叙法性〉を 次のように定義しておく。

> 話し手の立場から定められる、文のことがら的な内容と、場面（現実および聞き手）との
> 関わり合い（関係表示・関連づけ）についての文法的な表現形式。

この定義を分析的に説明すれば、外部との関係における要点は、

> 言語場を構成する必須の四契機である、話し手・聞き手・素材世界・言語内容、
> という四者間の〈関係表示〉である。

ということであり、文の内部における部分関係としての要点は、

> 叙法性は〈客体面と主体面との相即〉として存在する。
> 　客体面＝文の〈ありかた〉　存在の「様式 mode 〜 mood」
> 　主体面＝文の〈語りかた〉　話者の「態度〜気分 mood」

ということである。外的には、現実(状況)や聞き手との関係づけによって、いわゆる〈場面・文脈的な機能〉が生じ、内的には、意味・機能の、次のような〈両面性〉を生み出す。

　この両面性は、文内における位置によって、表面化したり裏面化したりはするが、デュナミスとして基本的には常に共存する、と考えてよいように思われる。

【例証１】助詞「か」の意味構造における、主体的な〈疑問〉性と 客体的な〈不定〉性

　文末の終止用法「あした行かれますか？」において、〈疑問性〉が表面化し、文中の不特定詞用法「どこか遠くへ行きたい」において、〈不定性〉が表面化し、そしてその中間の「どこからか、笛の音が聞こえてくる」のような 挿入句的な間接疑問句の場合に、〈疑問性〉と〈不定性〉とは ほぼ拮抗する。

【例証２】助動詞「ようだ」の意味構造における、客体的な〈様態〉性と 主体的な〈推定〉性

　「まるで山のようなゴミ」「たとえば次のように」などの「連体」や「連用」の「修飾語」用法においては、ことがらの〈比喩性〉や〈例示性〉といった ことがらの〈様態性〉の面が表立っており、「どうやら まちがった<u>ようだ</u>」のような「終止」の「述語」用法において、主体的な〈推定性〉が表面化することになるが、「だいぶ 疲れている<u>ようだ／ように見える</u>」のように、〈様態性〉と〈推定性〉とが ほぼ拮抗する場合も多いし、「副詞は まるで ハキダメの<u>ようだ</u>」のように、〈様態性〉ないし〈比喩性〉の叙述にとどまることもあって、複雑である。この複雑さは、（構文的に）副詞の使用をも うながすが、連文構造の中で意味解釈の方向が定まることも多い。

【例証３】過去形「した」の意味構造における、ムード性とアスペクト性とテンス性

　現代日本語において、終止の位置にたつ場合、現象記述的な動詞文「きのう田中さんが来まし<u>た</u>。」において、典型的な〈過去〉を あらわし、「いけない、きょうは女房の誕生日<u>だった</u>。」や「そうだ、あした田中さんが来る<u>んだった</u>。」といった名詞文やノダ文などの、判断や説明をあらわす 非記述

的な文において、〈想起性〉というムード的な意味が表面化したり、「奇しくもその日は父の命日であった。」や「そう言って、大きなため息をつくのであった／のでした。」のように〈詠嘆性〉や〈回想性〉といったムード・テンス的な意味が あらわれたりする。連体や条件の位置にたつと、「あした雨が降った場合／たら、中止します。」のように、〈以前〉ないし〈完了・実現〉といった相対的テンスないしアスペクト的な意味をあらわし、はては、「うがった考え／？彼の考えは うがっている」「変わった人／あの人は変わっている」など、意味変化を受け、形態変化も喪失しつつ、連体詞化ないし状態詞(第三形容詞)化するものも、ある。

　従来、文の中での「位置」のちがいや、他の部分との「きれつづき(断続関係)」にもとづく「機能」のちがいといった〈構造〉的な〈条件〉を精密に規定しないまま、叙法性形式(助詞・助動詞)の意味の「本質」を「主観的か客観的か」もしくは「主体的か客体的か」などと、単純二項対立的に峻別しようとする論議が多かったが、多くは実り豊かな論争にはならなかった。どちらにも 一面の真理は やどっているのだから、ある意味では当然だと言うべきであろう。

2.3　分析の観点と基準

　文の機能は、二重であった。文の要にたつ叙法性形式の振る舞い(機能)も、二重である。その二重の振る舞いを記述するために、叙法性形式は、少なくとも二つの観点から記述されることになる。

　まずは、その形式の、文の〈部品・要素〉として もちうるポテンシャルな特性が記述され、ついで、その形式の、文の〈部分・成分〉として はたらくアクチュアルな特性が記述される。そして、しめくくりとして、両者の記述結果の分析と総合が試みられ、その見やすい形として体系的な〈分類〉が提示される、というのが理想なのであるが、研究の現状は、その理想にほど遠いところに ある。

　まず、第一の「ポテンシャルな特性」の記述のための切り口(観点)としては、時間性と みとめかたと 人称性といった、他の文法範疇との相関関係が あげられる。その分析の基準については、ここでは一覧的に列挙するに

とどめる。第三節で、一事例研究として、ひとつの形式を とりあげて、具体的な適用を試みる。

- ○ 時間性(テンス・アスペクト)との接続関係と、
    その相互作用的な変容の ありかた。
    - ・ 前にテンスの対立を もった出来事を、うけるか どうか。
    - ・ 後にテンスの対立が、あるか、ないか。
    - ・ 対立が、まともな対立か、見せかけの対立(中和)か。
    - ・ 対立が、機能変容していないか、
    - ・ 機能負担量(使用頻度)に かたよりが ないか。
- ○ みとめかた(肯否)の対立を もつか どうか。どんな対立か。
- ○ 疑問文の中に もちいうるか、どうか。
    - ・ もちいた場合、確認的／熟考的 など、機能変容するか どうか。
- ○ 文の人称性の特質(一般／不定／特定など)との共起関係。

　第二に、叙法性形式の「アクチュアルな特性」の個々の記述と、総括的な分析・分類において、まず とられるべき観点は、文内において たちうる機能的位置は なにか、ということである。
　かつて金田一春彦(1953)が、ダロウ・ウ・ヨウ・マイなど「不変化助動詞」という形態に着眼して提出した問題も、「引用節」の問題をひとまず棚上げにして言えば、その たちうる機能的位置が〈終止述語〉に限られる という構文特性を もった形式の問題として、とらえなおされる ことになる。
　通常の助動詞は、〈終止述語〉のほか〈中止述語〉や〈条件述語〉や〈連用修飾〉〈連体修飾〉等の機能的位置に たちうる多機能の形式だということになり、その機能的位置ごとに、つまり、連文構造や複文構造の中で記述を深める必要がある、ということになる。
　〈発話時〉の〈話し手〉の〈態度〜関係づけ〉という特性に分析される、構文論レベルの叙法性の研究としては、まずは〈終止述語〉という機能的位置において、分析が開始されなければならない。たとえば、助動詞「ようだ」を、不変化助動詞「だろう」と比較しながら分析しようとするとき、ま

ず比較対照されるべき対象は、連体形「ような」の用法や連用形「ように」の用法ではなく、終止形「ようだ」の用法なのである。

2.4 分類案の仮説的提示

〈叙法性〉の研究のためには、〈時間性〉と〈人称性〉との分化を主たる基準にして、まず「文の構造・陳述的なタイプ」を、次のような三種に分類しておく必要がある。

2.4.1 文の構造・陳述的なタイプ

a 独立語文—テンス・人称、分化せず
 「感嘆文」：キャッ、ゴキブリ！　オーイ、お茶！
 「疑問兆候」：ウン？　エッ？　はあ?!
 「応答文」：はい　ええ　／　いいえ　いや　／　もちろん
 「よびかけ」：田中さん！　おにいちゃん！　（弟よ！）

b 意欲文—テンス・人称に、制限あり
 ・命令〜依頼文(二人称)：ポチ、来い！
 　　　　　　　　　　　　田中さん、こちらに来てください。
 ・勧誘文(一・二人称)　：さあ、行こう。
 　　　　　　　　　　　　田中さん、一緒に 行きましょう。
 　決意文(一人称)　　　：（ぼくが）行こう。

c 述語文—テンス・人称、ともに基本的に制限なし
 ・叙述文(いわゆる「平叙文」)
 　　　無題文〜物語り文〜現象文(「が」)
 　　　　しとしとと 雨が 降りつづいている／いた。
 　　　有題文〜品定め文〜判断文(「は」)
 　　　　人間というものは、悲しい動物である。

・疑問文
　　　　一次的疑問文―質問文・確認文・試問文・問い返し文
　　　　二次的疑問文―熟考／感嘆／依頼／修辞的な 疑問文

2.4.2　叙述文の 叙法形式　一覧

　右の、文の構造・陳述的なタイプの中で、叙法性が もっとも はなやかに分化しているのが〈叙述文〉であり、以下に、その〈叙述文〉における 主要な叙法形式を、一覧的に例示する。

　AとBに大別する基準は、前接部にテンスの対立を もつ(A)か 否(B)かである。その他、先に二・三節で触れた種々の分析基準がどう適用され、この分類が えられるか については、工藤浩(1989)に述べたことがある。この一覧は、次節に とりあげる形式の背景をしめすためのもの ということで、細部は省略させていただく。

A　基本的(主体的)叙法性―「叙述の様式」
　a　捉えかた―認識のしかた
　　　　　　断定⇔推量：するφ⇔するだろう
　　　　　　　伝聞：そうだ　／　という(話だ)　　(んだ)って
　　　　　　　推論：はずだ　／　ということになる
　　　a' たしかさ―確信度：にちがいない　　かもしれない　　かしら
　　　a" 見なしかた―推定：らしい　／　と見える
　　　　　　　様態：ようだ　　みたいだ

　b　説きかた―説明のしかた
　　　　　　記述⇔説明：するφ⇔するのだ
　　　　　　解説：わけだ

B　副次的(客体的)叙法性―「出来事の様相」
　c　ありかた―出来事の存在のしかた(Sein)
　　　　兆候：しそうだ

　　　　傾向：しがちだ　　しかねない　　　なりやすい
　　　　　　　　しないともかぎらない　することもある
　　　　可能：することができる　　　しうる　　　-られる
　　　　必然：するφ　（デ）なければならない

　d　あるべかしさ―行為の当為 Sollen（規範）的なありかた
　　　　許容：しても　いい　　　しても　かまわない
　　　　不許容：しては　ならない　　　しては・たら　いけない
　　　　不適切：すると　いけない　　　したら・ては　いけない
　　　　適切：すれば　いい　　　したら　いい　　　すると　いい
　　　　適当：した・する方が　いい　／　する・したが　いい
　　　　必要：しなければ　ならない　しなくては　いけない
　　　　　　　せざるをえない　　　しないわけには　いかない
　　　　当然：す(る)べきだ　／　するものだ　　　することだ

　e　のぞみかた―情意（感情と意志）のありかた
　　　　願望：したい　　　したがる
　　　　希求：して　ほしい　　　して　もらいたい
　　　　意図：するつもりだ　　　する気だ
　　　　企図：して　みる　　　して　みせる　　　して　おく

3.「してほしい」における、意味と機能の相互作用

　最後に、ひとつの例証として、叙法形式が、他のみとめかたやテンスや人称性の範疇との相関の中にあり、自らの構文的な位置にしたがって意味と機能に変容をきたす、そのありさまを素描してみたい。相対的に成立が新しく、歴史的にも地域的にも位相的にも、いまだ変容（ゆらぎ）の中にあると見られる「してほしい」を例に取り上げよう。B副次的叙法性の e「のぞみかた」に属する形式である。

3.1 形態・統語論的性格

 まず、形態(語構成)的には、中止形「して」と補助形容詞「ほしい」との組合せによる「分析的形式」であるが、活用はイ形容詞型であり、連用形副詞法を もたない点は、いわゆる感情形容詞や願望態「したい」と同様である。

 ただ、願望態が「<u>とても</u>行きたいところ」「水<u>が／を</u>飲みたい」のように、程度副詞をとり、ガ／ヲの交替があるのと異なり、

　？とても 買ってほしい。　　？非常に 読んでほしい本
　この本 を／？が 買ってほしい。

などとは言いにくい点、統語(文構造)的には、形容詞(述語文)性は低い。(なお「この本<u>が</u> 買ってほしい<u>のだ</u>」のように、本を選択指定的に とりたてる「が」は、格機能より とりたて機能が卓越した例であり、別扱いすべきものである。)

3.2 陳述論的性格

 終止・肯定・現在で Ａ基本的叙法性の形式がつかない(単純終止の)場合、主体が一人称に制限される点も、基本的に願望態「したい」と同じである。しかし、願望態の否定体が「したくない」だけで「×しなかりたい」とは言えないのに対し、「してほしい」の否定体としては、否定が前に来る「しないでほしい」と、後に来る「してほしくない」との二つの形がある。「してほしくない」は、形は「ほしい」という希求の否定であるが、意味的には、希求という気持ちの欠如——これは「してほしい<u>の／わけ</u>ではない」や「してほしく<u>は</u>ない」が表わす——ではなく、「しない」ことの希求である。「すべきで(は)ない」も、意味的には当為の欠如ではなく、「しない」ように「すべきだ」という意味だ、ということは、先にも述べた。これらと似た〈対極〉的な性格は、評価形容詞「よくない・このましくない」や感情形容詞「おもしろくない・うれしくない」など、評価や好悪の感情を表わす形容詞にも見られることで、当為や希求の裏にひそむ「評価性・感情性」の現

われではないか と考えられる。
　こうして、「してほしくない」と「しないでほしい」とは、外形ほどのちがいはない、類義的な形だということになるわけだが、まったくの同義であるわけではない。両者には、人称関係の表現に差が出て来る。前者「してほしくない」が

　　でも、**私**、もうあの人に<u>帰って来てほしくない</u>の
　　君なんかに 同情など、<u>してほしくない</u>な。
　　あの人には <u>来てほしくない</u>わ。

のように、一人称の主体や二人称・三人称の相手が、ともに表現される形で用いられることが少なくないのに対して、後者「しないでほしい」の方は、表現されない用例の方が圧倒的に多い。

　　もう<u>見送らないでほしい</u>な。
　　そんなに、気に<u>しないでほしい</u>。
　　あんなことは、もうけっして、<u>しないでほしい</u>の。

　また、後者「しないでほしい」の方は、二人称を表現する場合も、

　　？　**君に**(は)もう 来ないでほしい。

と、ニ格(与格)で言うより、

　　君は もう 来ないでほしい。

のように、格としては「はだか格（＝名格）」の〈主題〉として言う方が ふつうである。この点、前者「してほしくない」は、ニ格の

　　君には もう 来てほしくない。

の類例は、実例を もとめうるが、次のような主題タイプの

　？ **君は** もう 来てほしくない。

の類例は、手元の資料には なかった。「あの人は ともかく、君は ……」といった対比性の高い構文では言えるような気もするが。
　以上のような、人称と格体制のちがいは、「してほしくない」の方が、希求の叙述文としての性格を より濃く とどめているのに対して、「しないでほしい」の方は、依頼文としての性格を獲得しつつある、ということの現われだと考えられる。
　次に、テンスをからませて、過去形「してほしくなかった」と「しないでほしかった」とを比べてみたいのだが、実例が極度に少なくなり、残念ながら確実なことは言えなくなる。
　手元のデータベース（約 352MB）――主要データは、新潮文庫 270 編分の近代小説と、1995 年 1 年分の毎日新聞全紙面と、1997 年 9 月から 2002 年 8 月まで満 5 年分の朝日新聞主要紙面――で検索してみると、次のような数値になるのである。

　　してほしくない　　　　　197 例　　しないでほしい　　　　374 例
　　してほしくなかった　　　 10 例　　しないでほしかった　　　3 例

　この数値から、しかし、少なくとも次のことは言えるだろう。現在形の「しないでほしい」が 374 例で、4 者の中で もっとも多く、過去形の「しないでほしかった」が 3 例で、とびぬけて少ないことは、「しないでほしい」の方が「依頼文としての性格を獲得しつつある」という先の分析を補強するものであり、「してほしくない」と「してほしくなかった」とが、量的にその両極の間にあることは、「してほしくない」も「してほしくなかった」も、「希求の叙述文としての性格を より濃く とどめている」ことの現われであろう。叙述文こそ、まともなテンスの対立をもちうる文のタイプなのだから。

逆に言えば、叙法性表現が はなやかに活躍する場は、発話時に直結する場であり、形態的には〈終止の現在の肯定〉という無標の出発点的な形式が使用される場である、ということにもなる。

3.3 希求から 依頼へ

先にふれた「しないでほしい」ばかりでなく、出発点的な肯定体「してほしい」も、終止の位置で用いられた場合は、依頼文的な価値をもつことが、それ以上に多くなる。しかし「してほしい」という分析的形式自体は、連体・条件など文中の位置にも たち、人称的にも主体が一人称に限られるわけでもなく、また過去や否定の形をも とりうるものであって、それらに共通する「してほしい」自体の意味は、〈依頼〉ではなく、他者への〈希求〉であった。

こうした「してほしい」が、依頼に準ずる〈意味〉を実現しうるようになるのは、形態的に〈肯定〉の〈現在〉の形をとり、構文機能的に〈終止〉の位置に たったうえで、さらに、構文意味的に〈一人称のシテ〉と〈二人称のウケテ〉と組合わさる場合であり、

| 一人称のシテ | 二人称のウケテ | 動作の希求 |
| わたしは | あなたに | 来てほしい。 |

という文は、依頼文に準ずる文とも解釈しうるようになる。しかし厳密には、この文はまだ、希求の叙述文としての性格の方が基本的であろう。というのは、この文は、

　　　　じつは　わたしは　あなたに　来てほしい <u>のです</u>。

のように、「じつは」という副詞や「のだ」という助動詞と共起しうるのだが、「のだ」が叙述法の形にしか後接しないことは いうまでもないことであるし、「じつは」という副詞も、

×　じつは　来てください。　／　来てくださいませんか。

のような依頼の文には用いられないものだからである。
　それが、意味上の〈一人称のシテ〉が文法的に消去され、〈二人称のウケテ〉が、〈補語〉としてではなく、〈独立語〉として、あるいは〈主題〉として機能する場合には、かぎりなく依頼文に近づく。それは次のように図式化できるが、左の「機能的構造2」は、依頼文や勧誘文など〈意欲文〉の基本文型でもあったのだ(268頁【2.4.1　文の構造・陳述的なタイプ】参照)。

意味的構造	：一人称のシテ	二人称のウケテ	動作の希求
機能的構造1：	主題	補語	叙述性述語
〈叙述文〉	わたしは	あなたに	来てほしい。
	わたしは	あなたに	来てほしくない。
↓			
機能的構造2：	〈消去〉	独立語／主題	意欲性述語
〈意欲文〉	φ	田中君、すぐ	来てほしい。
	φ	きみは、もう	来ないでほしい。

3.4　さらに　願望へ　か

　ここ30–40年ほどの間に、「してほしい」は、次のような〈無意志〉的な出来事にも、多く用いられるようになってきたようである。その際、その対象は、ガ格で出てくる。また、連体の例もある。

　　こういう若者が　もっと　ふえてほしいんです。
　　もっと　雨が　降ってほしいですね。
　　かかってほしい曲　ベストテン(あるテレビ番組の企画名)

次のような例も、動詞としては意志動詞であるが、二人称者がガ格で出ており、依頼文というより、むしろ願望文に近い。

子犬／坊や／わたし の横には あなたが いてほしい
(小坂明子作詞「あなた」(1973 年世界歌謡祭 グランプリ受賞曲。JASRAC 出 0506222-501)
小林瑞代 1996『あなたが そばに いてほしい』(Wings comics)

　これらの用法は、願望文「あると いい(なあ)」「あったらなあ」などへの接近もしくは競合と言えるだろうか。かりに そうだとして、その機能分担は どのようなものになるのだろうか。同じく願望といっても、より意欲(表出)的か より叙述的かといった 叙法性のちがいだろうか、実現可能性の大小といった 事態の様相性のちがいだろうか、せつなさ・はかなさ といった 主体の感情・評価性のちがいだろうか。むろん、これらの特性は択一的である必要はない。しばらく、推移をリアルタイムで見まもっていきたいと思う。

[参考文献]

Sweet, H. (1891) *A New English Grammar*, Part I. Introduction. Oxford UP, London.
　　[半田一吉(抄訳)1980『新英文法―序説』(南雲堂)]
Jespersen, O. (1924) *The Philosophy of Grammar*. George Allen & Unwin, London.
　　[半田一郎(訳)1958『文法の原理』(岩波書店)]
Vinogradov, V.V. (1955) "Osnovnye voprosy sintaksisa predlozhenija"
　　(構文論における基本的な諸問題)[1975『ロシア語文法 著作集』(ナウカ)所収]
山田孝雄 1908『日本文法論』(宝文館)
時枝誠記 1941『国語学原論』(岩波書店)
奥田靖雄 1985『ことばの研究・序説』(むぎ書房)
奥田靖雄 1986「まちのぞみ文(上)」(『教育国語』85)
奥田靖雄 1988「時間の表現(1)(2)」(『教育国語』94・95)
寺村秀夫 1984『日本語のシンタクスと意味Ⅱ』(くろしお出版)
金田一春彦 1953「不変化助動詞の本質 1・2」(『国語国文』22 巻 2・3 号)
渡辺 実 1953「叙述と陳述―述語文節の構造―」(『国語学』13/14)
南不二男 1964「述語文の構造」(国学院大学『国語研究』18)
工藤 浩 1989「現代日本語の文の叙法性 序章」(『東京外国語大学論集』39)

こと−ばの かた−ちの こと

1） 一般に「副詞」とか「かざし」とか よびならわされている ものには 形態的に 無変化の「不変化詞」とも よばれる ものが おおく ふくまれている。いわば「副詞」や「かざし」は 基本的に 形態論的には かたちづけられていない ということなのだが、では「副詞」や「かざし」は 文法的に かたちづけられておらず、語彙・意味的に 分類しておけば それで いいといった ものなのだろうか。じっさい 近代日本語文法論の ちち と いわれる 山田 孝雄（1908）『日本文法論』も それに ちかい ことを いって、なやんでいる。なやみながらも、その 語彙・意味的分類を ほどこさないと おちつかない というか ものたりない という 常識感覚も おさえきれない といった ところであったのだろう。「陳述副詞はかかる性質のものなるが、又其の意義の差により述語の様式に特別の関係を有せり。之を述ぶるは文典の職にはあらねども一二概括して示さむとす。」(p.530) と のべて、「概括」的に「意義の差」を しめしている。これが なければ、かれの 陳述副詞論も きわめて さびしい ものに おわったであろう。1500ページを こえる 大著に「声音論を 欠く」ことを、「狭義の 文法」に かぎる ことを、「緒言」で わざわざ ことわっておく 山田が なやみながらも 最低限の ものを しめしているのである。「意義の差」を「文典の職にはあらねども」と ことわりながら「示さ」ざるをえない「常識」は どこから くるのであろうか。山田は はたして 矛盾した こと、無用の ことを しているのだろうか。

そんな ことは ないだろう。たしかに 形態論的には かたちづけられていないが、しかし 構文論的に 文内での 位置（いわゆる 語順）や 他語との むすびつき（いわゆる 文型）といった〈かた・かたち〉で あらわされているのでは ないか。そんな ふうに おもわれるのである。構文論の 未発達であった 形態論時代とも いうべき 時代に いきていた 山田 孝雄（1908）が

なやむのも 無理は ない。単語は まず 文の なかに もちいられ、その なかで 現実態と なる。単語に とって 構文論的機能の ほうが 一次的であり、形態論の 体系（システム）は その 語形態にまで あらわれてくる 沈澱であり 凝結であり 定着である。中国語（シナ語）に 形態論が あるか どうか うたがう ものが いるにしても、構文論の ひいては 文法論の 存在を うたがう ものは たぶん いないだろう。それは 中国語（シナ語）や 近代英語の ように ほとんど 形態論らしい 形態論を もたない ものも 語順や 補助語（形式語）といった 構文論的な 手順で 文法的な かたちづけを うけて いる ことを 経験的にでも しっている からであろう。

　ということで、「言語の 形式」の 問題は、「こと-ばの かた-ち」という ぐあいに こと（事・言）と かた（型・形）とが カタコト コトカタ と おとを たてて やってくる 母音交替形でも ある ことに ちょっとの あいだ たちどまって かんがえを めぐらせて みようと おもう。

　「かた-ち」の「かた」は 形容詞「かた-い」動詞「かた-む」「かた-る」と 同源だろう。「す-がた」は おそらく 複合語であろう（cf.「す-はだ」「す-あし」）。「かたち」の「ち」が「はた-ち（二十歳）」「みそ-ぢ（三十路）」の「ち」に ちかいのか、「をろ-ち（大蛇）」「いの-ち（命）」の「ち」に ちかいのか、ということは いま ここでは とわない ことに する。

　発端は、とある 出版社から でる ことに なっている 文法事典に「言語形式」という 題で ちいさな 文章を いそいで したためた ことに ある。いそがせられた こと（ひとを いそがせた わりには なんと まだ 刊行されて いない ようだが）と 枚数制限が あった ことで、かきたりない おもいの すこし のこる ものであった。今回は すこし のびやかに かかせてもらおう と おもう。「とある 出版社」も 文句 あるまい と おもう。

2）　てもとの（パソコンに はいっている）辞典『広辞苑』によれば、「かた（型）」は「個々のものの形を生ずるもととなるもの、または個々の形から抽象されるもの。」、「かたち（形）」は「感覚、特に視覚・触覚でとらえ得る、ものの有様（ただし色は除外）。」と かかれている。

　ちなみに、その 漢語的表現「形式」に ついては、「(form) 事物の内容に

対し、外から認められるものとしての形。特に、個々の形に重点を置く場合と、通じて見られる型に重点を置く場合とがあり、また、内容と切り離していることを強調する場合がある。」と 一般的に かいた のち、「哲学用語」として「物事の材料・内容と切り離して、構造・型・枠組を抽象してえられるもの。材料・内容を整序し統一する働きをもつ。哲学上の概念としては形相と言われる。質料。」という つかいかたを 紹介している。まあ、その 意味記述は 常識的な ところと いって いいだろう。

では、言語学の 世界では どう かんがえられているだろうか、筆者の 興味と 関心に ふれてくる かぎりに ざっと みておこう。

3) 「言語は 思考・思想の形式である」という 意味での 言語の 形式という 用語法は、さがせば プラトンや アリストテレスの 書物になど 古代ギリシアの むかしから あると おもわれるが、研究対象として とくに とりあげ くわしく 論じたのは、人文学者として 有名な ヴィルヘルム・フォン・フンボルト(W. von Humboldt)であろう。その 遺稿を 死後 1836 年に編集・刊行した『(通称)カヴィ語研究序説』(邦訳名は 亀山 健吉(1984)『言語と精神』)の "Sprachform" が 最初であろう。フンボルトは 言語の 形式を 外的言語形式と 内的言語形式とに わけ、外的言語形式に おおくのページを さいているが、その 外的言語形式は 音声形式とも よばれ、その意味は 音声 という 悟性(知性)の レベル(の 感覚)で とらえられる 形式という 意味であって、当然 語や 文の 構成も ふくまれており、通常の 言語学者が まず あつかうのは これである(ときに 誤解される ように 音声学・音韻論の 意味では ない)。かれ自身の ことばを かりれば、「精神は分節化した音声を思考の表現にまで高めてゆく役割を果すわけであるが、精神のこういう仕事の中にみられる恒常的なもの、同じような形態を取り続けているものを、できるだけ完全にその関連性において把握し、できるだけ体系的に表現したもの」であり、「発話の構成・構文の規則などを遙かに超えた拡がりを持っているのであるし、更に語を形成する時の規則をすら大幅に超えたものである。」という スケールの おおきい ものである。細部に 精密化を うけていない 部分が のこされている とはいえ、本質的に だいじな

基本線は ほとんど すべて きちんと のべられている。

　内的言語形式 というのは、よく わからない ことも あるが、理性の レベルで はたらく もので、知性（理念）のみならず 感情や 意志（情意）をも ふくめた 総合的な 人間精神の 形成に はたらく ものと かんがえられている ように おもわれる。「言語の 完成」に ついて のべた 部分で、それは「音声形式と内面的な言語法則とが結合したとき」に おきると し、また、それは「綜合的な 働き」であって「言語を産み出す精神の活動に常に支えられた綜合作用」であると くりかえし のべている。この あたり、「知性」的な「外的言語形式」で それを こえた「理性」の レベルの ことを のべようと している せいか、わたしには よくは 理解できない 部分が のこる。とともに、「かた（形・型）」なくして「こと（言）」も「こと（事）」も ないし、その 逆も 真だ と いおうと している 本稿に とって きわめて 象徴的な ことでは ある と いって いいだろう。

　マルティや ヴァイスゲルバーなど「新フンボルト学派」と よばれる ひとたちには ふれないで、新大陸 アメリカの サピアに いそぎたい。

4）　サピア（E. Sapir）の 生前 唯一 市販された 単行本である サピア（1921）『言語』の 第4章と 第5章は、どちらも「言語の 形式（form in language）」と 題され、相対的に 独立して はたらく「文法的手順」と「文法的概念」とを「形式」の ふたつの 側面と みて それを 副題で わけて 考察し、第6章「言語構造の 類型」という 総合に つなげていく 構成に なっている。文法的手順の 主要な 6つの タイプ として、並置（語順）・合成・接辞づけ（派生）・音韻交替の 4つが 単位の おおきい ものから ちいさい ものへの 順に（つまり 文から 語への 方向で）とりだされ、ついで 擬音・擬態と いった 音象徴（⇔言語記号の 恣意性）に かかわる 重複（畳語）と、超分節（⇔言語記号の 分節性）的に 語に かぶさる アクセント（強弱・高低）の 変異との 2つが つけくわえられる。つづく 2つの 章で、概念の タイプ（型式）と 構造の タイプ（類型）が くわしく かつ 総合的に あつかわれるが、それを「一般的な 形式（general form）」とも みていた（第6章 冒頭）ことに 注意すべきである。

また、原著の ちいさな 索引では、"Form" の 項に "See Structure" と わざわざ ことわっている ことにも 注意しておきたい。つまり サピアは 第4章から 第6章までの 3つの 章で ことばの "Form" の ことを あつかおうと している ことは あきらかなのである。

　ちなみに、第2章は「言語の音声」であるが、それを、一般が そう する ように「言語の 形式（form in language）」としては あつかっていない。「個々の 音は、正確に かんがえれば、けっして ことばの 要素では ない。なぜなら、ことばは、有意味な 機能体であるが、音そのものは なんの 意味も もたないからである。」とまで いっている。意味を もつ 以前の 音そのものには "Form" 性を みとめていないのである。

　さらに、第6章「言語構造の類型」で ラテン語と シナ語とを 比較し、「ラテン語」を「内的形式を有す」と ともに「外面的にも 有形式」と するのに 対し、「シナ語」は「外面的に 無形式」だが「内的形式を有す」と し、「『内的無形式（の言語）がある』というのは、ひとつの幻影であると信じざるをえない」と している あたりには、フンボルトと おなじ 古典的な 精神（方法）を 感じとらざるをえない。20世紀後半を いろどった コンピュータ時代の 二項対立的・二律背反的「形式」観と いかに ちがう ことか。

5）　ヴント心理学を 基礎と した 19世紀的な 1914年の『言語研究序説』から いかにも 20世紀的な 1933年の メカニスト宣言とも いえる『言語』へと 自己変革を とげた ブルームフィールド（L. Bloomfield）は、後者の 第10章「文法的形式」から 第16章「形式類と語彙」の 諸章で、心理的要因を 潔癖に 排する たちばからの 記述方法を くわしく 論じている。ちなみに、その 直前 第9章が「意味」である ことにも 注意しておきたい。結論的に いえば、「言語形式（linguistic form）」は「最小 または 合成された 有意味単位」であり、音素の 結合に よる 語彙的形式と、語順・抑揚（二次音素）・音声的変容（音声交替形）・形式の選択などに よる 文法的形式からなると し、感覚器官に とらえられる かぎりで 記述する ための 諸単位を「音素・形態素」といった（当時としては）新造語を もちいて 煩瑣なまでに こまかかく 設定した。さいわい、半世紀以上の ときの ながれが、煩瑣な

よけいな ものは ながしさり、「音素・形態素」といった 本質的で 基本的な ものだけ のこしてくれている。

　日本では、服部四郎が これを 技術的な 面のみ うけつぐ かたちで、「具体的言語単位と 抽象的言語単位」との 区別を たてて 操作的に より あつかいやすい かたちに 整理した うえで、「付属語と 付属形式」とを 区別する 具体的な 手順・基準を 提示するなど している。これも 部分的では あるが、橋本 進吉の 形式重視の たちばを より 先鋭的な かたちに しあげる という 点で、一度は とおらなくてはならない 通過点であったのだろう。ただ、自立語と 付属語の 区別も わすれ、サピアの いう ネイティブの 「(単)語意識の たしかさ」を 付属語に みようと する むきも 服部の 亜流には いて、技術主義・操作主義も、いきすぎると 本末転倒を ひきおこして しまいかねない ようである。

6)　明星学園・国語部(1968)『にっぽんご 4の上 文法』と その 解説である 鈴木重幸(1972)『日本語文法・形態論』は、さきに ふれた アメリカの サピアや ロシアの ヴィノグラードフ(V. V. Vinogradov) (1947)『ロシア語』などを うけつぎ、田丸文法・宮田文法や 松下文法・佐久間文法などを 発展させる かたちで、日本語の 品詞全体に わたる「形式・形態」の 具体的な 組織化・体系化を こころみている。

　分析的な 形式「して いる」を ひとつの 機能体として みとめる ことによって、「する―して いる」という 対立、つまり アスペクト という 文法的な カテゴリを 発見し、記述する ことにも 成功したし、「yar-e」「し-ろ」「し-なさい」「して ほしいんだ けど」「して ください」「して いただけませんか」など さまざまな かたちで あらわれる 命令的な モダリティを 統一的に とらえる ことにも 成功した。記述は いまだしい としても。

　奥田靖雄(1985)『ことばの研究・序説』などは、サピアの 並置(語順)という 文レベルの 部分を 拡充発展させる かたちで、不変化詞としての 副詞や 用言の 終止連体形など 語レベルの 形式で 区別されない ものに ついて その ありかたを かんがえた。ブルームフィールドらに よって すでに とりだされていた「位置(position)」や「分布(distribution)」といった

より 形式化された 手段、それに 単語の カテゴリカルな 意味(categorical meaning)を くみこんだ「連語の かた(型)」や「文の 内部構造(さらに 意味的構造・機能的構造に わけられる)」が、いわば 構文論的な 形式として はたらく と みている。

　たとえば、

　　（a）ゆっくり あるかない。　［ゆっくり あるか］ない。
　　（b）しばらく あるかない。　しばらく［あるかない］。
　　（c）ろくろく あるかない。　cf. ×ろくろく おもく／事故では ない。
　　（d）けっして あるかない。　cf. ○けっして おもく／事故では ない。

などを くらべてみると いいだろう。ちょっと て(操作)を くわえれば、外見上 おなじ ような かたちを していても、文の 意味的・機能的な 構造が それぞれ ことなっている ことは みやすい ことだろう。そして この ばあいにも、文の「かたち」が ちがっている と いうだろう。

　さらに、アスペクト(性)や モダリティなどの 文法的な カテゴリに おいては、その ありかたを きめる 条件(環境)として 文を こえた「段落の 構造」も 形式として はたらく、と する かんがえを しめしている。

　たとえば、つぎの ような 例文では、

　　（a）その 晩、○○ホテルに とまった。翌日 能登に むかった。
　　（b）その 晩、○○ホテルに とまっていた。夜間 地震が あった。

おなじ「その 晩、………とまる」という できごとが、他の できごとと つらなり(連鎖)と とらえられれば「した」と 表現され、他の できごとと であい(共存)と とらえられれば「していた」と 表現されるのである。つまり できごとの 連鎖か 共存か という「段落の 構造」が〈した―していた〉という アスペクト形式の どちらを つかうか ということを きめている という わけである。客観的な 時間の ながさ(継続 という 時間量)が きめているのでは ないのである。

以上の ように、ことばの かたちに ついての かんがえは、おおきくは フンボルト ⇒ サピア・ヴィノグラードフ ⇒ 奥田靖雄、と ふかめられて きた と かんがえられる。

7)　専門用語としての「かたち・形式（form）」という 術語は、一般に 内容 または 質料（素材）に 対して コト（しごと・できごと）が おこる「しかた・ありかた」を いう 術語であるが、そのさい、かたちを、内容と 密接な 連関の なかに あって コトの 構成の 骨格を なすと みる たちばと、内容と 無関係な 単なる 外部と みる たちばとが、おおきく ことなる 両極の かんがえとして ある。かたちの ことを、前者では「形相」、後者では「外形」とも よびならわしていて、かたちに 対する かんがえかたの ちがいに よって、さまざまな 研究方法や 分析手法の ちがいが うみだされて いる。
　と、中立を よそおえば こう いわざるをえないが、本稿では 当然、前者つまり 形式と 内容の 密接な 連関を 重視する たちばに たとうと している わけで、そこでは、かたちが〈コトが おこる「しかた・ありかた」〉で ある という 点に 注目したい。
　この ばあいの「-かた」は ふつう「方」という 漢字を あてるが、この どの 漢字を あてるか ということは ひとまず（古代）中国語の 問題であって、（古代）日本語の 問題では ない。とくに アクセントが ちがう という ような 問題が なければ 同一語・多義語と みる ほうが 定石に かなって いる と かんがえられる。もともと 空間的な「方向・方角」を あらわして いた ことばが どのようにして「方法・状態」的な 意味（ex. 料理の つくりかた・いたみかた）に 抽象化したか、また、それが「形」や「型」という 意味と どう 関係するか、については くわしくは まだ あとづけられないが、論理的に ありえない 変化だとも おもえない。
　一歩 ゆずって「かた（形・型）」と「かた（方）」とが 別語だ としても、コトと カタとが 母音交替形として ある ということには かわり ない。「ことば」が 型・形や 方法・状態の 意味の 語と 相即不離の 関係に ある ということが だいじな ことなのである。「ことば」が 個別・具体的な

「かたち」や 一般・抽象的な 「かた」と、そして 無意志的な 「ありかた（状態）」や 意志的な 「しかた（方法）」と、密接な 関係に ある という ことが 肝要なのである。「ことば」の 意味 という それ自体 としては 感覚に とらえられない ものが 音形として 「かた（形・型・方）」と 母音交替形と して ペアを なす ものとして とらえられている という ことが 肝腎な のである。

　思考対象 としての できごと や しごと という 意味の コトは、おそら く 言語・コトバ なくして 存立しないだろうが、その コトは 「かた（形・ 型・方）」との 連関 なくしては 生じない とすれば、どういう ことに な るだろうか。ものごとの 「みとめ（認識）」や 「かんがえ（思考）」は、ことば （言語）の かたち（形式）に しかた ありかた（方法・状態）の レベルまで とりつかれている という さだめ（宿命）を もっている ことに なるだろうか。

　こうして〈コト なくして カタ なし、カタ なくして コト なし〉とい う ことになる。「こと」と 「かた」とが 一方だけでは なりたたず、同時 に からみあって 成立する 二即一の できごとであり、他即自の しごとで あり、相即不離の ことがらである ことが すこしは あきらかに なったで あろうか。　　　　　　　　　　　　　　　　　　　　　　　　　合掌。

　くどい かもしれないが、合掌した とき、みぎの ては ひだりの てに さ わっているのだろうか、さわられているのだろうか。言語的には ヴォイス （voice, 態 diathese）の 問題であり、ことばと ことがらとの 対応が 一対一 の 対応ではない ことを ものがたり、また 触覚 という 低級 とされる 感覚の はなしでは あるが、みぎてと ひだりてとは てを あわせる とい う ことがらにおいて からみあい、ついには とけあうのであろうか。
　　　　　　　　　　　　　　　　　　　　　　　　　　　ふたたび 合掌。

D

みとり図 2葉

付録 図表

1) 語と文の組織図

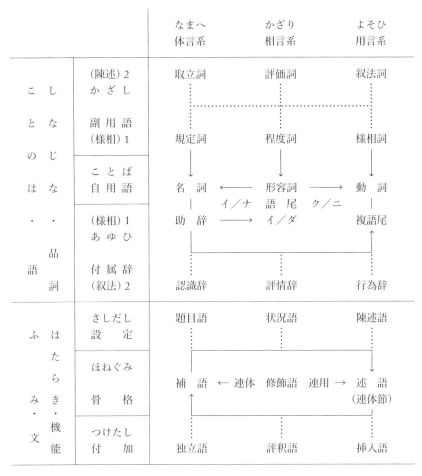

\# 自用語（名詞―形容詞―動詞）の 中核的な 結合体を まんなかに おいて、その まえと うしろ に それぞれ 二重に くみあわせる かたちで、「かざし」 と 「あゆひ」 との 組織を 配置し た 品詞の 関連図であり、また 構文配置の(回帰的な)相対図である。

2) 動詞述語の パラダイム
- **動詞**の 叙法 (**活用**)

			記述	説明
叙述	断定	現在	する	するのだ
		過去	した	したのだ
	推量	現在	するだろう	するのだろう
		過去	しただろう	したのだろう
意欲	勧誘		しよう	
	命令		しろ	

- 動詞の 時間 (**拡張活用**：語形と 派生との くみあわせ)

テンス＼アスペクト	完成(全一)	不完成(継続)
現　在	す　る	している
過　去	し　た	していた

　　＋アスペクト性：していく してくる ／ してある しておく ／ しはじめる etc.

- 動詞の **派生態** (derivation ／動詞複合体 verb complex)
　　様態　しそうだ しがちだ しやすい ／ してしまう ／ するつもりだ
　　情意　したい してほしい ／ すべきだ しなければならない ／ してみる

- **述語**の 分析形式 (**合成述語** complex predicate)
　　様相　ようだ らしい そうだ はずだ ／ かもしれない にちがいない
　　評価　ても／ば／と／たら いい　　ては／ば／と／たら いけない

#このパラダイムは、奥田靖雄の モダリティ論に 原型的に もとづきながら、自分なりに かたちづくり(formation)を 重視し 作成した 動詞述語カテゴリーを 集成した 図式。
　形式は 網羅的でも なく、周辺域などは まだ 思索 試作の 途上である。

初出一覧：出版刊行順 配列

1974 「たった」は副詞か連体詞か　　　　　　　　（『言語生活』275）
1976 「もし線路に降りるときは」という言い方　　（『言語生活』299）
1977 限定副詞の機能　　　　（松村明教授退官記念『国語学と国語史』）
1982 叙法副詞の意味と機能　　　　（国立国語研究所『研究報告集3』）
1983 程度副詞をめぐって　　　　　　　（渡辺実編『副用語の研究』）
1985 日本語の文の時間表現　　　　　　　　　　　（『言語生活』403）
1989 現代日本語の文の叙法性 序章　　　　　（『東京外国語大学論集』39）
1996 「どうしても」考　　（鈴木泰・角田太作編『日本語文法の諸問題』）
1997 評価成分をめぐって　　　（川端・仁田編『日本語文法　体系と方法』）
2005 ［書評］渡辺実著『国語意味論』　　（『日本語の研究』第1巻第1号）
2005 文の機能と叙法性　　　　　　　　（『国語と国文学』82巻8号）
2010 こと‐ばの かた‐ちの こと（須田・新居田編『日本語形態の諸問題』）
2010 「情態副詞」の 設定と「存在詞」の 存立（『山田文法の現代的意義』）
2011 山田文法批判 ノート　　　　　　　　　　（白馬日本語研究会）
　　　http://www.ab.cyberhome.ne.jp/~kudohiro/criticism_yamada.html
　　　という 口頭発表の 記録（サイト）から「山田文法批判 ぬきがき」
　　　を 抄出。

#表記法については 時代とともに 発表ばしょの ちがいに よっても こと なってきている。わたしの 表記方針が かわっていく あとも 無定見で は けっして ない ことを どうか ご理解 いただきたい。「ワープロ 半角ス ペース」の 設定だけで かんたんに わかちがきが 実行できる ことを 一般 に すすめたい くらいである。表記を くふうし、表現 文体を ねりあげ る つとめに おわりは ない。

【著者紹介】

工藤浩（くどう ひろし）

略歴

1947年3月 うまれ、小学時代 東京―大阪―東京 といききして言語形成期をそだつ。東京大学大学院博士課程（国語学）中退。国立国語研究所 主任研究官、東京外国語大学 教授をへて、現在 東京外国語大学 名誉教授、三鷹日本語研究所 主宰。

http://www.ab.cyberhome.ne.jp/~kudohiro/index.html

副詞 と 文
Adverbs and Sentence
Kudoo Hirosi

発行	2016年10月26日　初版1刷
定価	4800円＋税
著者	Ⓒ 工藤浩
発行者	松本功
印刷・製本所	株式会社 ディグ
発行所	株式会社 ひつじ書房
	〒112-0011 東京都文京区千石2-1-2 大和ビル2階
	Tel.03-5319-4916　Fax.03-5319-4917
	郵便振替 00120-8-142852
	toiawase@hituzi.co.jp　http://www.hituzi.co.jp/
	ISBN978-4-89476-788-1

造本には充分注意しておりますが、落丁・乱丁などがございましたら、小社かお買上げ書店にておとりかえいたします。ご意見、ご感想など、小社までお寄せ下されば幸いです。

刊行のご案内

日本語要説
仁田義雄ほか著　定価 1,900 円＋税

講座　言語研究の革新と継承　1
日本語語彙論 I
斎藤倫明編　定価 3,600 円＋税

講座　言語研究の革新と継承　2
日本語語彙論 II
斎藤倫明編　定価 3,600 円＋税